2026년

표준주택가격 조사·산정 업무요령

국토교통부. 한국부동산원

Jinhan M&B

Contents

Contents

Contents

부 록

I

표준주택가격 조사 · 산정 계획

Ⅰ 표준주택가격 조사·산정 계획

1 표준주택가격 조사·산정의 개요

가. 조사·산정의 목적

매년 공시기준일 현재의 표준주택에 대한 적정가격을 산정·공시하여 국가·지방자치단체 등의 기관이 행정목적으로 개별주택가격을 산정하는 경우에 그 기준으로 적용하기 위함

※ 2005. 1. 14 주택의 적정가격을 공시하는 주택가격공시제도 신설

나. 조사·산정의 근거

「부동산 가격공시에 관한 법률」 제16조에 의해 국토교통부장관은 용도지역·건물구조 등이 일반적으로 유사하다고 인정되는 일단의 단독주택 중에서 선정한 표준주택에 대하여 매년 공시기준일(1월 1일) 현재의 적정가격을 조사·산정하고, 중앙부동산가격공시위원회의 심의를 거쳐 이를 공시함

다. 표준주택가격의 개념

1) "표준주택가격"이라 함은 「부동산 가격공시에 관한 법률」의 규정에 의한 절차에 따라 국토교통부장관이 조사·산정하여 공시한 표준주택의 적정가격을 말함

2) "적정가격"이라 함은 해당 주택에 대하여 통상적인 시장에서 정상적인 거래가 이루어지는 경우 성립될 가능성이 가장 높다고 인정되는 가격을 말함

라. 표준주택가격 공시의 효력 : 「부동산 가격공시에 관한 법률」 제19조제1항

국가·지방자치단체 등의 기관이 과세 등의 업무와 관련하여 개별주택의 가격을 산정하는 경우에 그 기준으로 활용됨

2 2026년 표준주택가격 조사 · 산정의 추진일정

가. 2026년 표준주택가격 조사 · 산정의 일정

'25. 8. 4	표준주택 선정 및 가격산정 의뢰	국토교통부
'25. 8. 7 ~ 8. 29	표준주택 조사 · 산정자 교육	국토교통부 및 한국부동산원
'25. 8. 4 ~ 12. 9	표준주택 선정 · 조사, 지역분석 및 가격산정(안) 산정	조사 · 산정자
'25. 10. 17	공시가격 시장분석 회의	국토교통부 및 한국부동산원
'25. 10. 21 ~ 10. 24	지사 자체 검토	한국부동산원
'25. 10. 27 ~ 11. 4	표준주택 선정결과 심사(시가수준 기초심사)	국토교통부 심사위원단
'25. 11. 13 ~ 11. 14	공시가격(표준주택 · 표준지간) 균형협의	조사 · 산정자
'25. 11. 20 ~ 11. 26	시가수준 심층심사	외부 점검단
'25. 11. 20 ~ 11. 26	지자체 사전검토	국토교통부
'25. 12. 1 ~ 12. 9	조사 · 산정보고서 사전검수	국토교통부 심사위원단
'25. 12. 10 ~ 12. 11	공시가격 특별점검	국토교통부
'25. 12. 18 ~ '26. 1. 6	표준주택 소유자 및 시 · 도 및 시 · 군 · 구의 의견청취	조사 · 산정자
'25. 12. 24	공시가격(안) 시 · 도 협의회	국토교통부
'25. 12. 31 ~ '26. 1. 7	공시가격 심층점검	외부 점검단
'26. 1. 5 ~ 1. 7	지사 자체 검토(용도지역 변경 등 특성확인)	한국부동산원
'26. 1. 8 ~ 1. 15	표준주택 선정 재심사 및 조사 · 산정보고서 검수	국토교통부 심사위원단
'26. 1. 16	공시가격 특별점검	국토교통부
'26. 1. 19	조사 · 산정보고서 접수	국토교통부
'26. 1. 20	중앙부동산가격공시위원회 심의	국토교통부
'26. 1. 23	표준주택가격 공시	국토교통부
'26. 1. 23 ~ 2. 23	표준주택가격 이의신청 접수	국토교통부
'26. 3. 3	이의신청 심층심사	외부점검단
'26. 3. 5	이의신청 재조사 · 산정보고서 검수	국토교통부 심사위원단
'26. 3. 11	중앙부동산가격공시위원회 심의	국토교통부
'26. 3. 13	표준주택가격 조정공시	국토교통부

나. 2026년 표준주택가격 조사·산정의 세부일정

구 분	추 진 내 용	추 진 일 정
• 조사 의뢰 및 조사자 교육	• 표준주택 선정 및 가격산정의뢰 • 표준주택 조사·산정자 교육	• '25. 8. 4 • '25. 8. 7 ~ 8. 29
• 표준주택 선정·조사 및 가격산정	• 표준주택 선정·조사, 지역분석 및 가격산정 - 거래사례 등 가격자료구축 - 지역특성·주택가격동향 등 분석 • 표준주택 증감요청 • 표준주택 조정통보	• '25. 8. 4 ~ 12. 9 • '25. 9. 19 ~ 9. 23 • '25. 9. 30
• 지사 자체검토	• 지사별 자체 검토	• '25. 10. 21 ~ 10. 24
• 표준주택선정 결과심사 (시가수준 기초심사)	• 표준주택 선정결과 심사 • 표준주택 시가수준 기초 심사	• '25. 10. 27 ~ 11. 4
• 가격균형협의	• 공시가격 시장분석 회의 • 공시가격(표준주택·표준지간) 균형협의	• '25. 10. 17 • '25. 11. 13 ~ 11. 14
• 시가수준 심층심사	• 시가수준심층심사(외부점검반)	• '25. 11. 20 ~ 11. 26
• 지자체 사전검토	• 표준주택 선정 및 가격 지자체 사전검토	• '25. 11. 20 ~ 11. 26
• 조사 산정보고서 사전검수	• 조사·산정보고서 사전검수	• '25. 12. 1 ~ 12. 9
• 공시가격 특별점검	• 주요 표준주택 특별점검	• '25. 12. 10 ~ 12. 11
• 표준주택가격 의견청취	• 표준주택예정가격 의견청취 - 소유자, 시·도 및 시·군·구 의견청취 결과서 작성	• '25. 12. 18 ~ '26. 1. 6
• 특성정정	• 표준주택 선정결과 심사 후 특성 정정	• '25. 12. 18 ~ '26. 1. 6
• 시·도 협의회	• 표준주택가격(안)에 대한 시·도 공시 협의회 개최	• '25. 12. 24
• 공시가격 심층점검	• 의견제출 검토 결과 및 표본심사	• '25. 12. 31 ~ '26. 1. 7
• 지사 자체검토	• 지사별 자체 검토 (용도지역 변경 등 특성 재확인)	• '26. 1. 5 ~ 1. 7
• 표준주택 선정 재심사 및 조사·산정보고서 검수	• 표준주택 선정 재심사 및 조사·산정보고서 검수	• '26. 1. 8 ~ 1. 15
• 공시가격 특별점검	• 공시전 오류 점검	• '26. 1. 16
• 표준주택 조사·산정 보고서 접수	• 표준주택 조사·산정보고서 접수	• '26. 1. 19
• 표준주택가격 공시	• 중앙부동산가격공시위원회 심의 • 표준주택가격공시(관보공고)	• '26. 1. 20 • '26. 1. 23
• 표준주택가격 이의신청	• 이의신청 접수 • 이의신청 표준주택 조사·산정 • 이의신청 심층심사(외부점검단) • 이의신청 표준주택 재심사(심사위원단) • 조사·산정보고서 접수 • 중앙부동산가격공시위원회 심의 • 표준주택가격 조정공시(관보공고)	• '26. 1. 23 ~ 2. 23 • '25. 1. 26 ~ 2. 27 • '26. 3. 3 • '26. 3. 5 • '26. 3. 10 • '26. 3. 11 • '26. 3. 13

※ 2026년 표준주택가격 조사·산정 추진일정은 사정에 따라 변경 가능

3 2026년 표준주택가격 조사 · 산정의 기본방침

기본방향

◈ 철저한 현장조사와 지역분석	⇨	공시가격의 **정확성 제고**
◈ 실거래가격 등 가격자료 수집 · 분석	⇨	공시가격의 **적정성 제고**
◈ 단계별 가격균형협의 강화	⇨	공시가격의 **균형성 확보**
◈ 공시가격 현실화 계획 이행	⇨	공시가격의 **균형성 확보**
◈ 소유자 의견청취 및 지자체 협의강화	⇨	공시가격의 **투명성 확보**

가. 공시가격의 정확성 제고

1) 표준주택 선정기준에 따라 토지 및 건물의 선정기준과 지역의 변화 · 가격층화 등을 종합적으로 반영하여 대표성 · 중용성 · 안정성 및 확정성 있는 표준주택을 선정

2) 선정된 표준주택의 적정가격 산정을 위해서는 세밀한 지역분석, 정확한 주택특성 조사 및 주택가격수준 조사 등이 필수적이므로 현장조사를 철저하게 실시

※ '16. 9월부터 의견청취 절차가 법제화 되었으며, 소유자에게 표준주택 공시예정가격과 주택특성 조사사항을 병기한 의견청취문을 발송하고 있으므로 조사 · 산정자들의 철저한 특성조사 수행이 요구됨

※ 특히 연말에 용도지역 등이 변경되는 경우가 있으므로 각별한 주의 필요

– 연말 용도지역이 변경되는 등 특성변경내역을 재확인하는 기간을 별도로 운영하며, 조사자는 지방자치단체의 고시문, 착공신고서 등 특성변경 사실을 확인할 수 있는 자료를 확인

3) 특성 및 주택가격수준 조사의 오류를 방지하기 위해 한국부동산원 조직차원의 검증체계를 구축하고 다단계 검증을 통해 오류 방지

– 선정심사 및 시가수준 기초심사시, 가격열람 전 및 최종공시(안) 제출 전 지사별 자체 검토 실시

4) 온라인을 통하여 행정기관 등에서 제공되는 인문 · 사회 · 경제통계 자료를 수집하는 등 지역요인에 대한 기초자료를 면밀히 조사

5) 표준주택과 인근 표준지의 토지특성이 객관적으로 조사되도록 표준지 조사 · 평가자와 상호 협의함. 다만, 광평수 토지 일부에 표준주택이 있는 경우 등 토지 · 주택 특성을 일치시키지 않는 것이 합리적인 경우에는 표준주택과 인근 표준지의 토지 특성을 일치시키지 않을 수 있음

6) 표준주택 선정결과 심사 시 조사 · 산정자별 현장조사도면(전산도면포함), 가격 조사자료 검수를 통하여 현장조사의 성실성 등을 철저히 심사하고, 현장조사를 불성실하게 수행하는 등 조사 · 산정 과정상 중대한 과실이 있는 경우 징계를 요청할 수 있음

※ 충분한 자료수집을 통한 공시가격의 적정성과 균형성 확보

나. 공시가격의 적정성 제고

1) 「부동산 거래신고 등에 관한 법률」에 따라 신고된 부동산거래 신고가격의 적정성을 검토하고 주택공시가격 산정에 활용

※ 실거래신고가격을 주택가격 조사 · 산정에 최대한 활용할 수 있도록 자료를 제공

2) 최근의 거래사례, 수익사례, 평가선례 및 주택동향 등을 철저하게 수집, 분석하여 다양한 가격형성요인이 반영된 적정가격으로 표준주택가격을 조사 · 산정함

– 관계법률 등에 의한 각종 공법상의 행위제한 변경내용 등을 반영한 가격자료를 수집

3) 기존 심사 및 검증체계에 외부전문가를 활용한 공시가격의 점검체계를 확대 운용

4) 시 · 도 및 시 · 군 · 구와의 공시대상 선정, 가격 및 특성(안) 의견청취 등의 협의절차를 내실 있게 진행하여 공시가격의 적정성을 제고

다. 공시가격의 균형성 확보

1) 주택가격은 표준주택가격 간의 가격균형성 유지가 가장 중요하며, 적정가격 반영을 위한 계획(「부동산공시법」 제26조의2)에 따라 주택공시가격이 적정가격을 반영할 수 있도록 조사 · 산정

2) 인근지역 내 유사가격권대별로 표준주택가격(시가수준) 간의 가격균형성을 검토하여 표준주택가격(시가수준)의 균형성 제고 및 민원의 소지를 예방

3) 시 · 도, 시 · 군 · 구 및 전국단위의 가격균형이 유지되도록 가격균형협의를 충실히 이행하되, 한국부동산원 각 지역본부장 및 지사장 책임 아래 실질적인 협의 추진

라. 공시가격의 투명성 확보

1) 공시예정가격 및 주택특성에 대한 주택소유자 등의 의견청취는 주택소유자의 사전권리구제 절차이므로 주택소유자의 정확한 주소를 파악하여 의견청취 필요

- 부동산공시가격알리미 사이트에서 휴대전화 문자메시지 전송서비스를 신청한 경우에는 해당 표준주택 최종 공시가격을 문자메시지로 수신받을 수 있으며, 검토결과(반영 · 미반영 여부 및 사유) 및 향후 일정 등을 안내 받을 수 있음 (휴대전화 문자서비스)

2) 표준주택가격 결정통지문은 발송되지 아니하므로 최종 공시가격은 2026. 1. 23.부터 국토교통부 부동산공시가격알리미 사이트(http://www.realtyprice.kr)에서 확인할 수 있음. 주택소유자 등의 의견청취 시 이를 적극 홍보하고 아울러 민원인 등과의 상담 시 친절한 상담을 통해 공시가격에 대한 대국민 신뢰성 확보

3) 주택소유자 등의 의견제출 및 이의신청 처리 시 가격산정 절차 등을 상세하고 친절하게 안내하여 추가 민원을 차단하고 공시가격에 대한 대국민 투명성과 신뢰성 확보

- 표준주택 소유자가 이의신청한 경우 조사자가 비교 거래사례를 토대로 사정보정, 시점수정, 지역요인 및 개별요인 등 비교를 거쳐 산출한 공시가격 산정 근거를 이의신청한 소유자에게 설명 및 제공

4) 주택소유자 의견제출 내역에 대한 조사 · 산정자의 조치사항을 기재하고 의견청취문이 반송된 주택에 대한 인수인계 철저

Ⅱ 표준주택가격의 개요

Ⅱ 표준주택가격의 개요

1 표준주택가격 조사 · 산정의 개념

□ **단독주택 산정 : 표준주택(국토교통부) + 주택가격비준표 적용(지자체)**

1) 국토교통부는 표준주택을 선정 및 조사 · 산정하고 주택가격비준표를 작성함 지자체에서는 주택가격비준표를 적용하여 개별주택가격을 산정함

2) 표준주택은 전체 단독주택 중에서 표준주택의 선정 및 관리지침상 선정기준에 따라 선정하고, 선정된 표준주택의 가격을 조사 · 산정함

3) 주택가격비준표는 표준주택과 개별주택의 가격형성요인을 비교하여 시 · 군 · 구에서 개별주택가격의 대량 산정이 가능하도록 작성함

4) 시 · 군 · 구는 주택실사를 통해 특성이 유사한 표준주택을 선정한 후, 주택가격비준표를 적용하여 개별주택가격을 산정함

5) 표준주택으로 선정된 주택은 해당 주택의 표준주택가격을 개별주택가격으로 봄

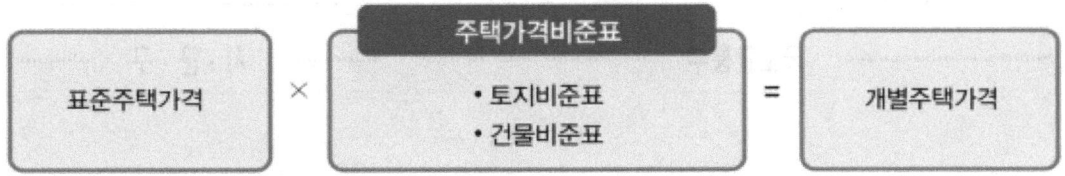

표준주택가격 × 주택가격비준표 (• 토지비준표 • 건물비준표) = 개별주택가격

2 표준주택가격 조사 · 산정의 절차

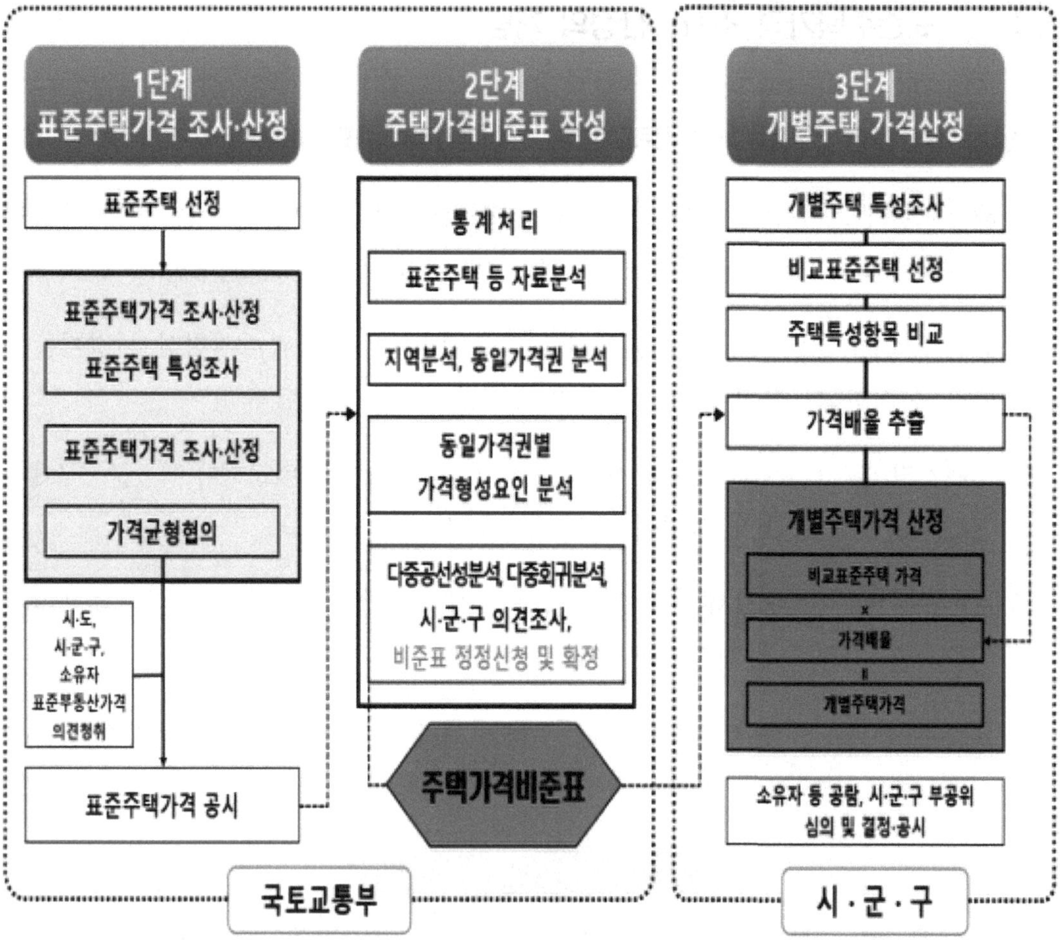

3 개별주택가격의 산정

가. 개별주택가격은 비교방식에 의하여 산정함. 공시된 표준주택가격을 기준으로 인근의 유사한 주택특성을 지닌 개별주택의 가격을 산정하는 방식임

나. 비교방식에 의한 개별주택의 가격산정 절차는

1) 산정의 기준이 되는 비교표준주택을 선택하고,

2) 비교표준주택과 산정대상 개별주택의 주택(토지 · 건물)특성을 비교하여 서로 다른 특성을 찾아낸 다음

3) 서로 다른 주택(토지 · 건물)특성에 대한 가격배율을 주택가격비준표에서 추출한 후

4) 비교표준주택가격에 가격배율을 곱하여 개별주택가격을 산정함

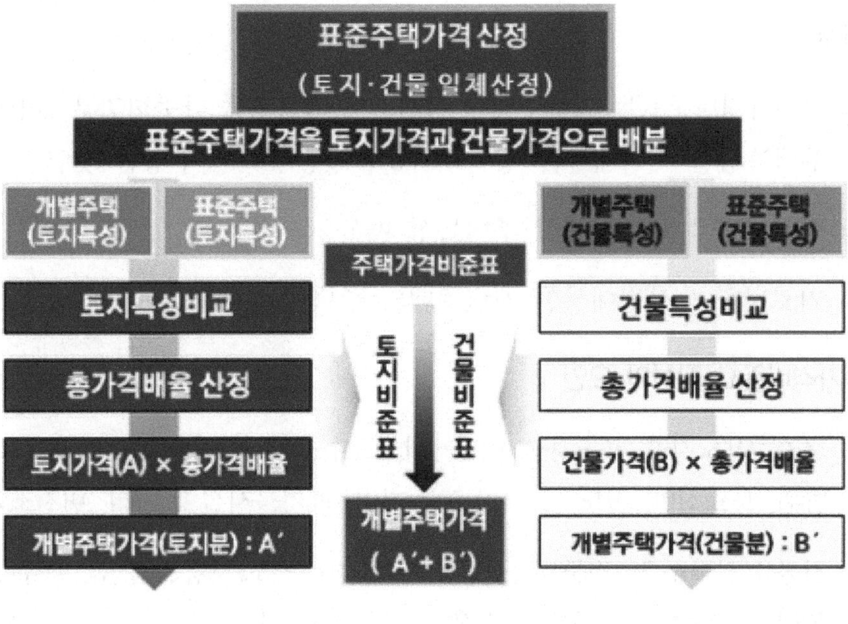

4 주택가격비준표

가. 주택가격비준표의 개념

주택가격비준표는 대량의 개별주택에 대한 가격을 간편하게 산정할 수 있도록 계량적으로 고안된 '주택가격산정표'임

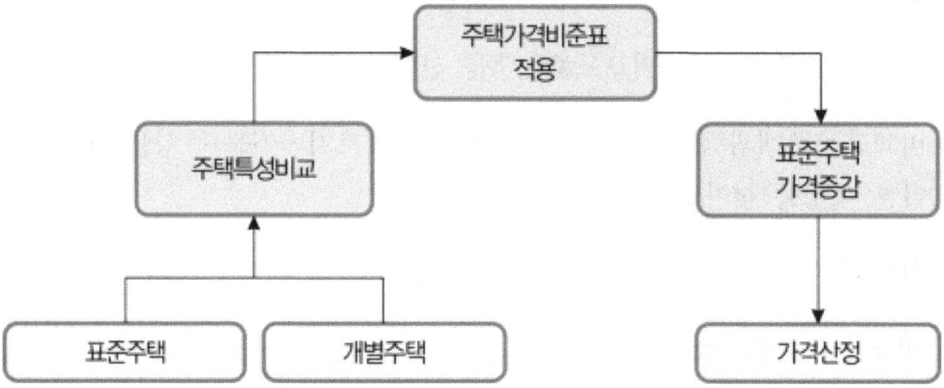

나. 주택가격비준표의 작성

1) 작성개요

(가) 주택가격비준표는 표준주택의 가격과 주택특성을 다중회귀분석하여 추출된 주택특성별 가격배율을 행렬표(matrix)형태로 재구성한 것임

(나) 세로방향 : 표준주택의 주택특성 배율

(다) 가로방향 : 산정대상인 개별주택의 주택특성 배율

2) 주택가격비준표 작성의 요인

(가) 토지 : 용도지역, 용도지구, 기타제한, 도시 · 군 계획시설, 토지용도, 고저, 형상, 방위, 도로접면, 철도 · 고속국도 등 거리, 폐기물시설 등 거리, 변전소와의 거리

(나) 건물 : 건물구조, 건물지붕, 경과연수, 건축연도(사용승인일), 특수부대설비, 옥탑, 지하, 부속건물, 부속용도, 필로티, 다락

3) 작성절차

(가) 주택가격비준표는 시 · 군 · 구별 단독주택자료를 분석하여, 가격형성요인이 동일한 권역(동일가격권)을 결정하고 이를 작성단위로 함

(나) 비준표 작성단위별로 주택가격형성요인을 추출한 후 요인 사이에 다중공선성 분석 및 다중회귀분석을 통하여 주택가격산정모형을 작성하며, 주택가격산정모형상의 계수 값을 이용하여 비준표를 작성함

▌주택가격비준표 작성절차▐

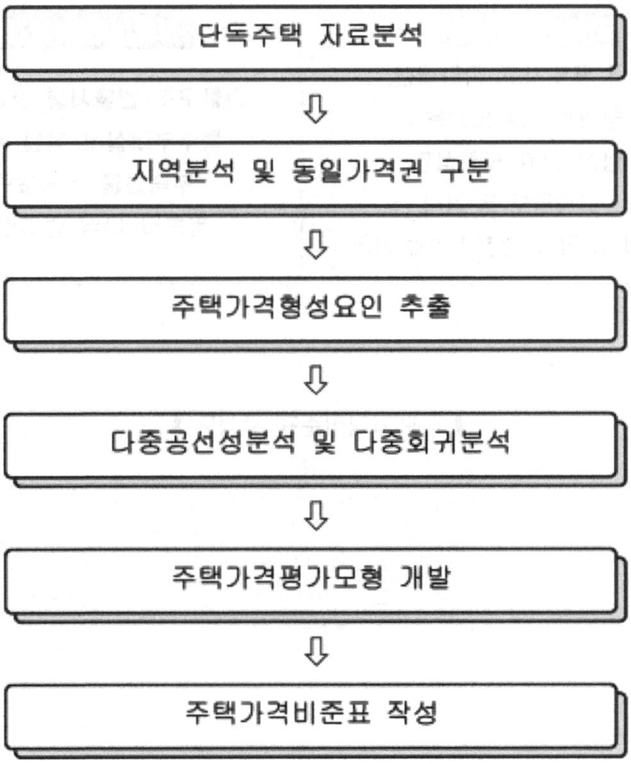

4) 주택가격비준표의 작성단위

(가) 주택가격비준표는 전국의 시 · 군 · 구(비자치구 포함)를 대상으로 작성함

(나) 개별주택의 가격을 결정하는 토지항목과 건물항목을 구분하여 토지비준표와 건물비준표를 별도로 작성함

▌주택가격비준표 구성 항목▐

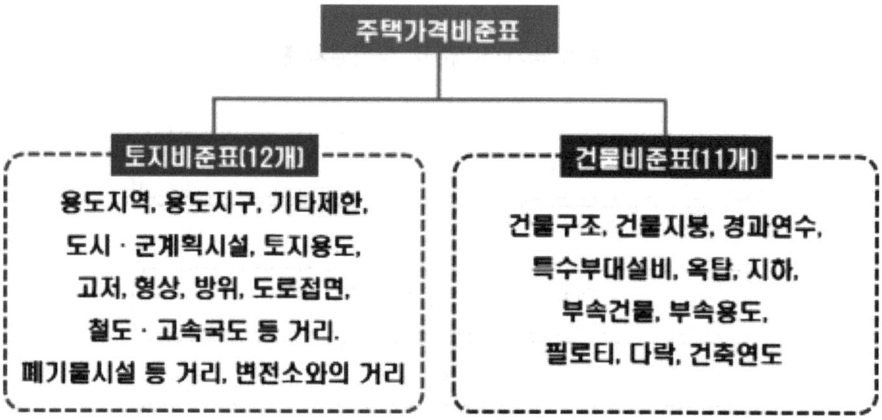

▌주택가격비준표 구성도▐

III

표준주택가격 조사 · 산정 단계별 업무사항

Ⅲ 표준주택가격 조사·산정 단계별 업무사항

1 표준주택가격 조사·산정 교육의 실시

가. 표준주택가격 조사·산정 교육의 목적

- 각종 조세, 부담금 등 다양한 분야에서 활용되는 공시가격에 대한 사회적 관심이 증대되어, 주택가격 공시업무 조사·산정자의 역량 강화로 공시가격 적정성과 신뢰성 제고가 필요함

- 표준주택가격 조사·산정자는 '부동산 가격공시 전문교육과정'을 수료하여야 하며, 공시업무 수행의 전문성 확보를 위해 표준주택가격 조사·산정 업무 신규참여 조사·산정자를 대상으로 기초역량교육(신규참여자 교육)을 실시함

- 또한, 표준주택가격 조사·산정자를 대상으로 해당 연도 표준주택가격 조사·산정의 기본방향, 「표준주택가격 조사·산정 업무요령」의 주요 개정사항 등에 대한 교육(직무교육)을 실시하여 표준주택가격 조사·산정 업무를 효율적으로 수행할 수 있도록 함

나. 부동산 가격공시 전문교육과정 중 표준주택 조사 · 산정 교육 부분

교육대상	주요 교육내용
2026년 표준주택가격 조사 · 산정자	1. 단독주택가격공시 관련 법 · 제도의 이해 2. 표준주택가격 조사 · 산정 업무요령의 이해 3. 주택가격자료의 수집 및 관리 4. 표준주택가격 조사 · 산정과 가격의 결정 5. 표준주택가격 조사 · 산정 프로그램 6. 지역분석의 실제 7. 개별주택가격 조사 · 산정지침 및 개별주택가격 검증요령 8. 주택가격비준표의 이해 9. 개별주택가격 검증 프로그램 10. 개별주택가격 검증(지사별 교육) 11. 표준주택가격 성과분석

다. 2026년 표준주택가격 조사 · 산정 핵심역량교육(신규참여자 교육)

교육대상	일 시	주요 교육내용
표준주택가격 조사 · 산정 신규참여자	2025. 8. 7. ~ 2025. 8. 29	1. 「부동산 가격공시에 관한 법률」 및 「국토의 계획 및 이용에 관한 법률」 등 표준주택가격 조사 · 산정 관련 주요 법령해설 2. 표준주택가격 조사 · 산정 방법 3. 표준주택가격 조사 · 산정보고서 작성방법 4. 표준주택 현장조사요령 5. 전산프로그램의 운용방법 등

라. 2026년 표준주택가격 조사·산정자 교육(직무교육)

교육대상	일 시	주요 교육내용
2026년 표준주택가격 조사·산정자	2025. 8. 13	1. 2026년 표준주택가격 조사·산정의 기본방침 2. 2026년 표준주택가격 조사·산정요령 3. 2025년 대비 2026년도 「표준주택가격 조사·산정 업무요령」 중 주요 개정내용 4. 기타 표준주택가격 조사·산정업무와 관련된 사항

2 현장조사

가. 현장조사의 준비

1) 표준주택가격 조사·산정 관련 자료의 인수인계

- 조사·산정자는 전년 담당자로부터 표준주택가격 조사·산정 관련 공부 및 가격조사자료(전자적 형태 포함), 소유자 의견청취문 반송내역 등 아래 양식의 인수·인계서를 한국부동산원 부동산공시처에 온라인 제출함

▮ 2026년 표준주택가격 관련자료 인수인계서 ▮

2026년 표준주택가격 관련자료 인수·인계서

담당지역 : ○○(시·도) ○○(군·구) ○○(읍·면·동)

2025년 표준주택가격 담당자와 2026년 표준주택가격 담당자 간에 표준주택가격 관련자료(주택관련 공부 및 각종 가격조사자료 및 소유자 의견청취문 반송내역 등)를 인수·인계하였음을 확인합니다.

인계자 2025년 표준주택가격 담당자 : ○○실·처·지사 ○○○ (인)
인수자 2026년 표준주택가격 담당자 : ○○실·처·지사 ○○○ (인)

※ 1. 2025년도 표준주택가격 담당자와 2026년도 담당자가 교체된 지역에 대해서 전년도 담당자와 지역신규 담당자는 필히 표준주택가격 관련자료를 인수·인계하여야 함

2. 인수인계서는 2025. 9. 1까지 한국부동산원 부동산공시처에 온라인 제출함

2) 조사 · 산정자료 등의 정리

– 현장조사도면, 통계연보, 과소 · 과다활용 표준주택 목록 등 조사 · 산정자료를 조사 · 산정자의 업무처리방식에 적합하도록 정리함

3) 보안서약서 제출

– 조사 · 산정자는 보안서약서를 아래 양식에 따라 작성한 후 한국부동산원 부동산공시처에 온라인 제출함(2025. 9. 1 까지)

▌2026년 표준주택가격 조사 · 산정자 보안서약서 ▌

<u>보 안 서 약 서</u>

본인은 2026년 표준주택가격 조사 · 산정 업무를 수행함에 있어 조사 · 산정 관련자료에 대하여 다음 사항을 준수할 것을 서약합니다.

1. 조사 · 산정업무 외에 이용을 금하며 제3자에게 유출하지 않겠습니다.
2. 조사자료 및 전산자료와 관련정보 등으로 취득한 사항에 대해 비밀을 엄수하겠으며, 개인의 영리목적으로 이용하지 않겠습니다.
3. 개인정보에 해당하는 사항에 대해서는 개인정보보호법에 따라 철저히 보안을 유지하겠습니다.
4. 표준주택가격 조사 · 산정 업무는 「한국부동산원법」 제12조에 따른 가격공시를 위한 조사 · 산정 업무로써 같은 법 제11조(비밀누설의 금지 등)을 준수하겠습니다.

만약, 이를 위반하였을 경우 발생되는 민 · 형사상 및 보안상의 책임과 관련법규에 의한 조치에 따를 것을 서약합니다.

년　　월　　일

소속 :

직위 :

성명 :

국토교통부장관 귀하

4) 이해충돌방지서약서 제출

– 조사·산정자는 이해충돌방지서약서를 작성하여 한국부동산원에 전산으로 제출함

▮ 2026년 표준주택가격 이해충돌방지에 관한 서약서(전산제출) ▮

<u>이 해 충 돌 방 지 서 약 서</u>

본인은「2026년 표준주택가격 조사·산정」업무를 수행함에 있어 사적 이해관계가 있는 경우「공직자의 이해충돌방지법」에 따른 이해충돌을 방지하기 위하여 제척·기피·회피 등의 조치를 할 것을 서약합니다.

만약, 이를 위반하였을 경우 관련법규에 의한 징계 등 조치에 따를 것을 서약합니다.

년　　월　　일

소속 :

직위 :

성명 :

국토교통부장관 귀하

5) 시·군·구와의 업무협의

– 시·군·구와의 업무협의 등을 거쳐 공부발급 계획과 표준주택 선정방안 등을 검토하고 2025년 개별주택가격 검증을 할 때 문제된 사례 등을 확인함

나. 현장조사의 실시

조사 · 산정자는 현장조사를 할 때 아래와 같은 사항 등을 실시함

- **지역분석**

  – 지역분석은 해당지역의 주택에 대한 가격형성요인에 따라 용도지역별 · 건물구조별로 적절하게 세분하여 실시하며, 인접한 지역과 상호 연계성이 유지될 수 있도록 함

- **표준주택의 주택특성 조사**

  – 표준주택의 주택특성 조사는 해당 공부 · 재산세(주택)과세대장 조사 및 실지조사를 병행하여 실시함

- **가격조사자료의 수집 및 주택가격수준의 조사**

  – 인근지역 및 동일수급권 안의 유사지역에 있는 거래사례 · 평가선례 등 가격수준 파악에 참고가 되는 자료를 수집 · 정리하며 이를 분석하여 해당지역의 주택가격 수준을 파악함

- **과소 · 과다활용 표준주택의 원인분석 및 표준주택의 선정**

  – 전년도 개별주택가격 산정시의 표준주택 활용실적을 참고하여 과소 · 과다 활용된 원인을 분석하고 이를 표준주택의 선정에 활용함

- **폐 · 공가 등 조사 및 해당 연도 사진 촬영**

  – 현장조사를 통하여 해당 주택이 폐가 또는 공가인지, 주택 외 용도로 이용되는 것은 아닌지 등을 확인함

  – 해당 연도의 본건 표준주택을 식별할 수 있는 현장 사진을 촬영(1장 이상)하고 전산프로그램에 업로드함

  – 현장조사 시 조사지번 및 대상 물건을 명확히 확인하고, 사진은 조사대상 물건이 중앙에 위치하도록 촬영함

현황 · 공부 불일치 관련 현장조사 체크리스트 점검

– 조사자가 현장조사에서 직접 확인한 현황과 공부의 일치여부를 체크리스트를 통해 기록

▮ 체크리스트(안) ▮

항 목	확 인 사 항
1. 건물용도	공부와 현황상 용도의 차이 여부
2. 공가주택	현황상 공가인지 여부
3. 농어촌민박	현황상 농어촌민박인지 여부
4. 증축	기존 건물 부분 외 추가 면적이나 추가 층이 있는지 여부
5. 건물구조	공부와 현황상 건물구조의 차이 여부
6. 건물지붕	공부와 현황상 건물지붕의 차이 여부
7. 층수	공부와 현황상 건물 층수의 차이 여부
8. 동수	공부와 현황상 주 건물과 부 건물 동수의 합산의 차이 여부
9. 면적	공부와 현황상 면적이 과다 혹은 과소하다고 판단되는지 여부

3 표준주택의 선정 및 표준주택 수 조정

가. 표준주택의 선정

- 표준주택은 아래와 같이 토지 및 건물 각각의 선정기준을 종합적으로 반영하여 선정함

1) 토지

(가) 지가의 대표성 : 표준주택 선정단위구역 내에서 지가수준을 대표할 수 있는 토지 중 인근지역 내 가격의 층화를 반영할 수 있는 표준적인 토지

(나) 토지특성의 중용성 : 표준주택 선정단위구역 내에서 개별토지의 토지이용상황 · 대지면적 · 지형지세 · 도로조건 · 주위환경 및 공적규제 등이 동일 또는 유사한 토지 중 토지특성빈도가 가장 높은 표준적인 토지

(다) 토지용도의 안정성 : 표준주택 선정단위구역 내에서 개별토지의 주변이용상황으로 보아 그 이용상황이 안정적이고 장래 상당기간 동일 용도로 활용될 수 있는 표준적인 토지

(라) 토지구별의 확정성 : 표준주택 선정단위구역 내에서 다른 토지와 구분이 용이하고 위치를 쉽게 확인할 수 있는 표준적인 토지

2) 건물

(가) 건물가격의 대표성 : 표준주택 선정단위구역 내에서 건물가격수준을 대표할 수 있는 건물 중 인근지역 내 가격의 층화를 반영할 수 있는 표준적인 건물

(나) 건물특성의 중용성 : 표준주택 선정단위구역 내에서 개별건물의 구조 · 용도 · 연면적 등이 동일 또는 유사한 건물 중 건물특성빈도가 가장 높은 표준적인 건물

(다) 건물용도의 안정성 : 표준주택 선정단위구역 내에서 개별건물의 주변이용상황으로 보아 건물로서의 용도가 안정적이고 장래 상당기간 동일 용도로 활용될 수 있는 표준적인 건물

(라) 외관구별의 확정성 : 표준주택 선정단위구역 내에서 다른 건물과 외관구분이 용이하고 위치를 쉽게 확인할 수 있는 표준적인 건물

나. 표준주택 선정 제외기준

1) 필수적 제외

(가) 공시지가 표준지는 표준주택 선정에서 제외

(나) 무허가건물은 표준주택 선정에서 제외(다만, 개별주택가격산정을 위하여 시·군·구에서 요청한 경우는 가능)

(다) 개·보수, 파손 등으로 감가수정 시 관찰감가를 요하는 단독주택은 표준주택 선정에서 제외(개별주택가격 산정 시 잔존내용연수 조정 불가능)

2) 임의적 제외

(가) 토지·건물 소유자가 상이한 주택은 가급적 표준주택 선정에서 제외

토지·건물 소유자가 상이한 주택으로서 외견상 표준주택 선정기준을 충족하는 경우에는 표준주택으로 선정이 가능하며, 그 경우의 표준주택가격은 토지·건물 소유자가 동일한 것을 전제로 산정하여야 함

(나) 주택부지가 둘 이상의 용도지역으로 구분되어 있는 경우에는 가급적 표준주택 선정에서 제외

(다) 2개동(棟) 이상의 건물을 주건물로 이용 중인 주택은 가급적 표준주택 선정에서 제외(개별주택가격 산정 시 비교표준주택으로 선정 곤란)

다. 기타사항

- 2025년 개별주택가격에 대한 검증결과와 표준주택 활용실적을 분석하여 표준주택이 적절하게 활용될 수 있도록 지역 간 표준주택의 분포를 조정하여야 함

- 표준주택 선정에 대하여는 조사대상 시·군·구의 시장·군수·구청장과 협의를 하여야 하며, 표준주택 선정에 대한 협의 시에는 지역분석의 결과에 따른 표준주택 분포결과와 활용도 등을 검토함

라. 표준주택 수 조정

1) 표준주택 수 조정 절차

〈조사·산정자〉	〈국토교통부 및 한국부동산원〉
1. 용도지역별·건물구조별 표준주택 수 및 과소·과다활용 표준주택 현황파악 등 그 사유분석	-시·군·구별 표준주택 수 파악 -과소·과다활용 표준주택 내역 파악
↓	↓
	-과소·과다활용 표준주택 내역 통보
	↓
2. 표준주택 수 증감요청	-시·군·구별 표준주택 수 증감 요청 접수 -시·군·구별 표준주택 수 조정·배분

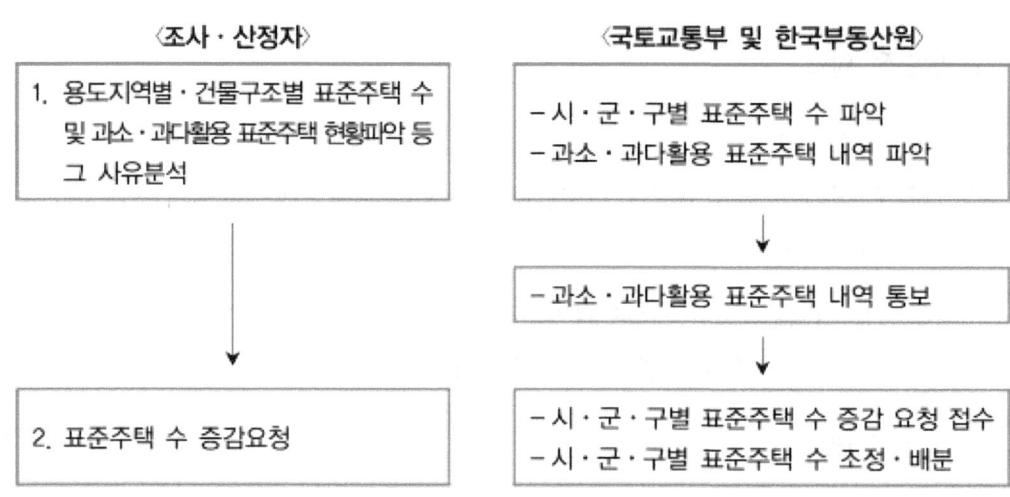

2) 2026년 표준주택 수 증감요청

- 국토교통부 및 한국부동산원은 시·군·구에서 제출한 개별주택가격 자료를 토대로 과소·과다활용 된 표준주택에 대하여 조사·산정자에게 그 내용을 표준주택 처리프로그램을 통하여 제공함
- 조사·산정자는 통보받은 내용을 분석한 후 지방자치단체의 요청 및 주택 관련 사업시행 등의 사유로 표준주택의 증감이 필요한 경우에는 표준주택 전산프로그램을 통하여 신청함
- 국토교통부 및 한국부동산원은 조사·산정자로부터 증감조정신청을 받은 결과를 토대로 심사한 후 그 결과를 해당 조사·산정자에게 통보함

2026년 표준주택 증·감 조정신청(전산기재)

○○ (시·도) ○○(시·군·구)

1. 표준주택 증가(감소) 요청 주택 수

구 분	표준주택 수
2025년 표준주택 수	
2026년 요청 표준주택 수	
증·감	

2. 표준주택 수의 증·감 조정 요청 사유

※ 작성요령

가. 2025년 표준주택 수 : 2025년도 해당 시·군·구 내 총 표준주택 수 기재

나. 2026년 요청 표준주택 수 : 2026년도 해당 시·군·구에 필요한 총 표준주택 수 기재

다. 증·감 : 해당연도 증·감 요청 주택 수 기재(전산 자동기재)

라. 요청사유

① 표준주택 증가(감소)조정이 필요한 근거를 구체적으로 기재

– 지방자치단체의 요청, 용도지역별·주건물구조별 표준주택 분포밀도 조정, 개발사업시행 등

② 개발사업시행지 및 도시계획사업 등으로 표준주택 수의 증가(감소)가 불가피한 경우에는 사업시행(완료)일, 변경(결정)고시일, 사업규모, 사업지내 표준주택 수 및 개별주택가격 활용호수 현황 등 기재

* 용도지역변경 등의 사유로 표준주택 수의 증가 또는 감소를 요청하는 경우는 관련 공문 업로드

4 표준주택 선정시 유의사항 및 지자체 협조사항

가. 표준주택 선정시 유의사항

1) 「건축법」 제2조제1항제2호의 규정에 의한 건축물로 볼 수 없는 폐가는 표준주택 선정에서 제외함

- "폐가"란 주택의 지붕과 기둥 또는 벽 등 주요부분이 훼손, 일부 멸실, 붕괴되어 주택으로의 기능을 전부 상실하였고 물리적 또는 경제적으로 복구도 어려운 주택을 말함

> **[관련판례] 재산적 가치를 전부 상실한 재산의 재산세 과세여부**
>
> (대법원 94누9757 : '95.4.11)
>
> 당해 재산이 훼손되거나 일부 멸실 혹은 붕괴됨으로 인하여 재산적 가치를 전부 상실하게 된 때에는 재산세 과세대상이 되지 아니하며, 건물 일부에 대한 철거대집행 결과 나머지 부분의 복구가 사회통념상 거의 불가능하게 된 정도에 이른 경우, 건물의 요건을 형식적으로 충족한다 하더라도 재산세 과세대상이 아님

- 「건축법」 제2조제1항제2호의 규정에 의한 건축물로 볼 수 없거나 「빈집 및 소규모 주택 정비에 관한 특례법」상 3등급에 해당하는 주택은 시·도 및 시·군·구와 협의하여 폐가 여부를 확정
- 「빈집 및 소규모주택 정비에 관한 특례법」상 1~2등급 주택, 「농어촌정비법」상 빈집실태조사에 따른 빈집, 재산세 과세대장·건축물 에너지정보 등을 통해 확인된 빈집이 「건축법」 제2조제1항제2호 등에 근거해 폐가로 의심되는 경우에도 해당 시·도 및 시·군·구와 협의를 거쳐 폐가 여부를 확정

2) 「건축법」상 건축물에 해당하는 공가는 표준주택으로 선정할 수 있되, 효율적인 정보관리를 위해 공가 구분 코드를 입력함

- "공가"란 거주 또는 사용 여부를 확인한 날부터 1년 이상 아무도 거주 또는 사용하지 아니하는 주택을 말함

- 「빈집 및 소규모주택 정비에 관한 특례법」 또는 「농어촌정비법」에 따른 빈집실태조사, 빈집정비계획, 재산세 과세대장, 건축물 에너지정보 등 자료와 현장조사를 통해 공가를 조사하고, 시 · 도 및 시 · 군 · 구와 협의를 거쳐 공가 여부 확정
- 공가 중 주거전용면적이 「주거기본법」 상 최저주거기준(14㎡)에 미달하는 주택에 대해서는 해당 시 · 도 및 시 · 군 · 구와 협의하여 표준주택에서 제외

3) 현장조사 시 해당 주택이 주택 외 다른 용도로 이용되고 있는 경우에는 해당 시 · 도 및 시 · 군 · 구와 협의하여 표준주택에서 제외

나. 표준주택 선정시 지자체 세부 협조 사항

1) 조사 · 산정자는 표준주택 조사를 실시하기 전 시 · 도 및 시 · 군 · 구에게 빈집실태조사, 빈집정비계획, 과세대장 등 필요한 공부자료를 요청하여 확인하고 이를 현장 및 공부 조사시 대조함

2) 조사 · 산정자는 표준주택 조사시 발견된 특이사항(공 · 폐가, 주택 외 용도로 이용되고 있는 경우 등)에 대해서는 시 · 도 및 시 · 군 · 구에게 확인을 요청하고, 필요시 공부정비 등을 요청함

3) 전년도 특성변경 사항이 1. 1일 이후에 공부에 반영되는 경우 지자체에게 해당 사실을 알려줄 것을 사전에 협의 · 요청함

5 표준주택의 가격결정

가. 관계법령 및 하위지침에서 정한 사항 이외의 세부적인 산정기준에 대해서는 「표준주택가격 조사 · 산정 업무요령」에 따르고, 「표준주택가격 조사 · 산정 업무요령」에서 정하지 아니한 사항은 감정평가의 일반이론에 따름

나. 거래사례 · 평가선례 · 탐문가격자료 등 가격조사자료를 충분히 수집하여 정리한 후, 지역요인 및 개별요인 비교와 그 밖의 요인의 보정 등을 행함

다. 조사 · 산정자는 공시가격 시장분석 회의, 시 · 군 · 구내 및 시 · 군 · 구간 가격균형협의, 공시가격(표준주택 · 표준지) 균형협의를 실시한 후 그 결과를 가격결정에 반영하여야 함

라. 특정 표준주택가격에 대하여 국토교통부(한국부동산원)로부터 조정의견이 제시된 경우 조사 · 산정자는 그 의견이 객관적으로 타당하다고 인정될 때에는 이를 반영하여 표준주택가격을 조정하여야 함

6 표준주택 조사 · 산정보고서 제출

가. 표준주택에 대한 조사 · 산정보고서는 「XIII. 각종 보고서의 작성요령」 등에 의함

나. 조사 · 산정자는 제출일정을 엄수하여야 하며 조사 · 산정보고서와 관련 자료를 첨부하여 국토교통부의 검수를 받아야 함

다. 한국부동산원은 전산입력 파일구조의 표준화 · 조사내용 오류검색 프로그램의 개발 등 검수에 필요한 조치를 취하고, 보고서 등의 각종 자료를 온라인 전산시스템으로 입력하여 국토교통부에 일괄 제출함

7 행정지도사항

가. 국토교통부와 한국부동산원은 관계법령 및 규정에 따라 조사·산정자가 성실하게 조사·산정업무를 수행하도록 지도·감독함

나. 지도감독의 내용

1) 국토교통부 및 한국부동산원은 표준주택가격 조사·산정 교육에 전원이 참석하도록 조치하며 현장조사를 성실하게 수행하도록 지도함. 또한 정당한 사유 없이 교육에 불참하거나 현장조사 등을 불성실하게 수행하는 등 조사·산정 과정상의 중대한 과실이 있는 조사·산정자에 대해서는 그에 상응하는 행정조치를 취함

2) 가격균형협의·표준주택 선정결과 심사·조사산정보고서 검수 등의 지도감독 과정에서 현장조사 또는 도면 등의 서면조사나 질문 등을 통하여 다음의 사항을 점검하고, 조사·산정자로부터 필요한 자료를 제출받아 이를 검토한 후 불성실 조사·산정자에 대하여는 그에 상응하는 행정조치를 취함

- 현장조사의 성실한 이행여부 및 조사내용의 숙지정도
- 가격자료의 수집 및 조사정도와 표준주택가격간의 적정한 균형여부
- 표준주택 선정 및 교체 근거, 분포조정의 타당성 여부
- 가격균형협의·표준주택 선정협의 등의 성실한 이행여부
- 현장조사도면·표준주택 활용분석자료 등 관련 자료의 관리여부
- 기타 관계규정의 성실한 이행여부 등

3) 국토교통부장관은 조사·산정자별 주의·경고 및 업무정지 등의 횟수를 종합하여 향후 표준주택가격 조사·산정 업무 배정에 반영함

4) 조사·산정 기간 중 타업무 수행을 위한 장기간의 출장 또는 질병 등으로 인하여 업무수행이 곤란하거나 기타 「부동산 가격공시에 관한 법률」 등 관계규정에 의한 처분을 받아 업무를 수행함이 곤란하다고 인정되는 경우에는 조사·산정자를 교체함

다. 조사 · 산정자는 현장조사 기간 중 유기적인 업무전달체계를 확립하여 국토교통부 및 한국부동산원 부동산공시처의 관련공문내용 및 지시사항을 수시로 확인함

라. 표준주택가격 조사 · 산정 업무는 조사 · 산정자와 한국부동산원이 공동으로 책임을 지며, 시 · 군 · 구별 표준주택가격의 조사 · 산정 관련 업무는 한국부동산원 관할지사장이 총괄함

마. 한국부동산원은 표준주택가격의 적정한 조사 · 산정을 위하여 국토교통부의 지도 · 점검, 관련 자료의 제출요청 등에 적극 지원과 협조를 하여야 함

바. 본 요령에 명시되지 아니한 사항과 기타 본 요령의 해석에 관하여 이견이 있는 경우에는 국토교통부의 지침 또는 해석에 의함

Ⅳ 조사 · 산정 업무단계별 제출보고서

조사·산정 업무단계별 제출보고서

구 분	보고서 명칭	제출시기	해당 Page	비 고
1	2026년 표준주택가격 관련자료 인수인계서 및 보안각서, 이해충돌 방지서약서	2025. 9. 1까지	27p~29p	온라인 제출
2	2026년 표준주택 목록(안)	표준주택 선정, 시가수준 기초심사일까지	추후 공문조치	관련 공부 전산지원 요청용
3	지역분석조서	표준주택 선정, 시가수준 기초심사일까지	137p~152p	
4	표준주택선정 총괄표		165p	
5	표준주택 증감현황		166p	
6	표준주택 삭제사유별 내역		167p	
7	삭제표준주택 호별 내역		168p	
8	신규표준주택 호별 내역		170p	
9	2026년 표준주택 조정내역서		171p~172p	
10	2026년 표준주택 선정 협의 결과서		173p	
11	시·군·구 내 가격균형협의서 및 시·군·구간 가격균형협의서	표준주택 선정심사일까지	131p 133p	해당지역만 제출 (시·군·구내)
12	표준주택·표준지 균형협의 결과보고서	표준주택 선정심사일까지	추후 공문조치	한국부동산원 지역본부장

구 분	보고서 명칭	제출시기	해당 Page	비 고
13	표준주택가격(안) 입력내역	표준주택 조사 · 산정보고서 사전검수일	추후 공문조치	
14	3방식 입력내역			
15	시 · 군 · 구별 지역분석조서(온라인)	표준주택 조사 · 산정보고서 검수일	137p~152p	
16	검색내역서		187p	
17	표준주택 조사사항 및 가격산정의견서		200p~204p	
18	표준주택 가격조사표(온라인)		205p	
19	표준주택 소유자의 의견청취결과서		206p~208p	
20	시 · 도지사 및 시장 · 군수 · 구청장의 표준주택가격 의견청취결과서		211p~213p	
21	의견청취결과 처리내역서		추후 공문조치	
22	표준주택 위치표시도면(온라인)		214p~215p	
23	표준주택 조사 · 산정보고서	조사 · 산정보고서 제출일	199p	
24	2026년 표준주택가격(안)		205p	

V

표준주택특성 조사요령

V 표준주택특성 조사요령

1 주택특성 조사의 의의

가. 주택특성조사란 주택가격형성에 중요한 요인으로 작용하고 주택 관련 자료의 정보 요인으로 가치가 있는 것 중 주택특성조사표에 기재된 항목을 조사하는 것을 말함

나. 주택특성조사는 주택특성조사표(현장양식)를 기준으로 하며 표준주택 조사·산정 보고서, 표준주택 조사사항 및 가격산정의견서, 표준주택 가격조사표 등의 작성요령 또한 이하의 기준에 따름

다. 주택특성조사는 공시기준일(2026. 1. 1)을 기준으로 하며, 표준주택가격 조사·산정자는 연말 특성변경 재확인 기간에 지자체 고시문 등을 확인하여 용도지역 등 공적 특성과 도로접면 등 물적 특성을 재확인하여야 함

라. 표준주택가격 조사·산정자는 인근의 표준주택과 표준지간 토지특성이 객관적으로 조사될 수 있도록 표준지공시지가 조사·평가자와 상호 협의하여야 함

2 토지특성 조사요령

(1) 일련번호

가. 행정안전부 행정전산망 지역코드에 의하여 다음과 같이 표시함

(1) 10자리 코드 중 5자리를 지역코드로 함

(2) 일련번호 부여의 우선순위는 행정전산망 코드집의 지역코드순서, 토지대장의 지번순서, 임야대장의 지번순서 및 확정예정지번순서로 함

(표기방법 예) 서울특별시 종로구 : 11110-1 부터 11110-끝까지
경기도 구리시 : 41310-1 부터 41310-끝까지

나. 일련번호는 시·군·구(자치구가 아닌 "구"를 포함한다)단위로 부여함

(2) 소 재 지

가. 토지(임야) 대장에 표시된 소재 및 지번을 기재함

나. 일단지 중 대표성이 있는 1필지가 표준주택으로 선정된 때에는 해당 표준주택의 소재지를 기재함

다. 확정예정지번이 부여된 지역의 토지는 시·군·구의 지적담당 부서 또는 조세담당 부서에서 확정예정지번(블럭·롯트)을 확인하여 기재하고, 확정예정지번이 세부필지(롯트)로 구분되어 있지 아니한 경우에는 사업시행자로부터 분양계획도면, 면적 등을 제공받아 블럭·롯트번호를 기재하되, 롯트번호가 확정되지 아니한 경우에는 블럭단위를 기재함

※ 확정예정지번이 부여된 토지(주택부지)일지라도 보상협의 진행률이 낮거나, 소유권 이전의 진행 정도가 미미한 경우 등에는 종전지번으로 조사할 수 있음

(2-1) 도로명주소

주소정보누리집(www.juso.go.kr)을 기준으로 도로명, 건물번호 및 상세주소(상세주소가 있는 경우만 해당)를 기재함

(3) 토지(임야)대장번호

토지(임야)대장에서 그 필지의 토지(임야)대장에 표시된 고유번호를 그대로 기재하되, 2필지 이상의 토지가 일단의 주택부지로 이용되고 있는 경우 일반건축물대장상의 대표지번으로 기재함

예)	□□	-	□□□	-	□□□	-	□□	-	□	-	□□□□	-	□□□□
	시도		시군구		읍면동		리		산		본번		부번

1) **일반지번** : "1"

2) **산 지 번** : "2"

3) 확정예정지번

① 표준형 : "3"

예) 가-5-5 : 3-0005-0005, 가-13-다 : 3-0013-00다

② 부번이 세분된 경우 : "4"

예) 가-372-11-2 : 4-0372-1102, 가-26-10-3 : 4-0026-1003
가-26-10-가 : 4-0026-10가

4) 블럭지번

① 표준형 : "5"

예) BL 5-5 : 5-0005-0005, BL P5-108 : 5-00P5-0108

② 롯트부분이 세분된 경우 : "6"

예) BL 372-11-2 : 6-0372-1102, BL N26-10-3 : 6-0N26-1003
BL N26-10-가 : 6-0N26-10가, BL D20-E-3 : 6-0D20-0E03

③ 지구지역의 표준형 : "7"

예) 1지구 BL 5-5 : 7-1005-0005
2지구 BL P5-108 : 7-20P5-0108

④ 지구지역의 롯트부분이 세분된 경우 : "8"

예) 1지구BL 372-11-2 : 8-1372-1102
2지구BL N26-10-3 : 8-2N26-1003
1지구BL N26-10-가 : 8-1N26-10가
2지구BL D20-E-3 : 8-2D20-0E03

5) 기타 : "9"

(블럭지번이 아니면서 위 사항으로 구분할 수 없는 경우)

예) 14-?-3 : 9-0014-?03, P14-3-가 : 9-0P14-03가

※ 위 구분은 「공간정보의 구축 및 관리 등에 관한 법률」 상의 구분이 아닌 전산코드 입력을 위한 편의상 구분임

(4) 일 단 지

가. 2필지 이상의 토지를 일단의 주택부지로 이용 중인 경우 일단지(2필지 이상의 전체 대지면적을 합산)로 조사·산정된 사항을 기재함

나. 대표지번 외의 지번은 '일단지' 기재란에 반드시 기재함

※ 전산프로그램에서 '일단지' 입력란에 입력하면 '표준주택 조사사항 및 가격산정의견서'상의 기타참고사항란에 자동으로 기재됨

다. 지적공부상 2필지 이상의 토지가 일단을 이루어 용도상 불가분의 관계가 있는 경우로써, '부록'의 일단지 조사 범위에 해당될 경우에는 그 일단의 토지를 1필지로 보고 주택특성을 조사함

※ 일단지 판단 시 건축물대장 상 '관련지번'란 등을 참고

※ 전산프로그램에서 "일단지 등록" 메뉴를 활용하여 외지번을 입력하면 일단지("1")로 기재됨

- "용도상 불가분의 관계"라 함은 일단지로 이용되고 있는 상황이 사회적·경제적·행정적 측면에서 합리적이고 해당 토지의 가치형성측면에서도 타당하다고 인정되는 관계에 있는 경우를 말함
- 2필지 이상의 일단의 토지에 하나의 주택(부속건물을 포함)이 건축되어 있거나 건축중에 있는 토지 등은 토지소유자가 다른 경우에도 이를 일단지로 봄

(5) 지 목

가. 공시기준일 현재의 토지(임야)대장에 표시된 지목을 기재함

※ 일단지의 경우 대표 지번의 지목을 기재함

나. 전산코드는 2자리로 기재하며 「공간정보의 구축 및 관리 등에 관한 법률」 제67조 [지목의 종류]에 규정된 순서에 의함

▮ 지목 종류 ▮

전산코드	지 목	약 자	전산코드	지 목	약 자
01	전	전	15	철도용지	철
02	답	답	16	제 방	제
03	과 수 원	과	17	하 천	천
04	목장용지	목	18	구 거	구
05	임 야	임	19	유 지	유
06	광 천 지	광	20	양 어 장	양
07	염 전	염	21	수도용지	수
08	대	대	22	공 원	공
09	공장용지	장	23	체육용지	체
10	학교용지	학	24	유 원 지	원
11	주 차 장	차	25	종교용지	종
12	주유소용지	주	26	사 적 지	사
13	창고용지	창	27	묘 지	묘
14	도 로	도	28	잡 종 지	잡

(6) 대지면적

가. 대지면적은 토지(임야)대장, 일반건축물대장, 재산세(주택)과세대장을 모두 조사하여 기재하되, 주택가격 산정은 산정대지면적[6-1]을 이용함

나. 기타 일반건축물대장상에 대지면적이 기재되지 않은 경우 등 대지면적의 조사가 어려운 경우에는 시·군·구에서 확인하여 기재함

(6-1) 산정대지면적

가. 산정대지면적 적용방법을 구분하여 기재함

나. 산정대지면적은 토지(임야)대장 공부상의 면적으로 조사·기재함을 원칙으로 함

다. 주택부지가 전, 답, 임야 등과 혼재되어 있는 경우에는 다음 순서에 따라 산정대지면적을 조사·기재함

- 해당토지의 전용허가면적(농지 : 농지전용허가면적, 임야 : 산림전용허가면적)이 있는 경우 이를 조사하여 기재함

※ 지목이 "대"가 아닌 경우에만 해당

– 건폐율 역산을 통하여 산정된 면적을 조사하여 기재

※ 건폐율 역산 시 기준은 시 · 군 · 구 조례에 규정된 건폐율을 적용하되 역산을 통해 산정된 면적이 토지(임야)대장상 면적을 초과할 수 없음

※ 지목이 "대"인 경우도 포함

– 주택부지의 경계가 불명확할 때, 필요한 경우 산정목적에 따라 개별법에 규정된 대지면적 산정기준을 적용할 수 있음

※ 개별법상의 규정은 「개발제한구역의 지정 및 관리에 관한 특별 조치법 시행령」 별표 2 (330㎡이하), 「지방세법 시행령」 제105조(10배 이하), 「부가가치세법 시행령」 제41조 (도시지역 5배, 도시지역 외 지역 10배 이하), 「소득세법 시행령」 제154조(도시지역 5배, 도시지역 외 지역 10배 이하) 등이 있으며, 이 경우에도 산정대지면적이 토지(임야)대장상 면적을 초과할 수 없음

– 소유자 등에 의해 객관적인 실측면적을 알 수 있는 경우에는 이를 산정대지면적으로 할 수 있음

▌산정대지면적 구분▐

전산코드	1	2	3	4	5
구 분	토지(임야)대장	전용면적	건폐율역산	개별법 규정	기타

(6–2) 공시대지면적

용도혼합용의 경우 기재하며 용도혼합용의 토지면적은 주거용 부분만의 면적과 전체 토지면적을 병기함(표준주택가격 조사 · 산정 프로그램상 자동입력)

(7) 용도지역

가. 「국토의 계획 및 이용에 관한 법률」 제36조 · 제79조 및 같은 법 시행령 제30조의 규정에 의한 용도지역을 2개까지 기재함

※ 토지이용계획확인서에 두 개 용도지역으로 표기되나, 용도지역 경계가 지적선과 일치하는 경우, 실제 한 개의 용도지역일 가능성이 있으므로 이에 대한 사실여부를 재검토하여 기재

※ 재검토 결과 한 개의 용도지역일 경우 토지이용계획확인서 변경을 요청하며, 2개 이상의 용도지역이나 면적이 매우 미세한 경우에는 최소면적(1㎡)을 입력하는 등 공부와 일치하게 기재하여야 함

나. 용도지역은 지형도면 등이 고시된 날을 기준으로 판단함

- 「토지이용규제 기본법」 제8조에서는 지형도면 또는 지적도 등에 지역 · 지구 등을 명시한 도면(이하 "지형도면 등"이라 한다)을 고시하여야 하는 지역 · 지구 등의 지정의 효력은 지형도면 등의 고시를 함으로써 발생한다고 규정하고 있는바, 용도지역은 지형도면 등이 고시된 날을 기준으로 판단하여야 함

※ 특히 연말에 지형도면 등의 고시에 따라 용도지역 변경이 되었으나, 당시 토지이용계획확인서상에는 변경내용이 반영되지 않아 확인서상의 용도지역을 기재하여 오류가 빈번히 발생하는 바, 각별한 주의가 필요함

※ 실제효력발생일이 별도로 있을 경우 해당일 기준으로 판단

다. 하나의 대지에 하나의 용도지역이 지정된 경우

- 지정된 용도지역과 개발제한구역을 조사하여 해당번호를 기재함

- 개발제한구역은 용도지역이 아니나 그 규제내용이 엄격하므로 용도지역으로 분류하되, 다른 용도지역과 중복 지정되어 있는 경우에는 개발제한구역으로만 기재함

※ 개발제한구역이 다른 용도지역과 함께 구분 지정되어 있는 경우에는 다. 에 따라 기재함

▌기재방법 예시▐

<table>
<tr><th>1필지가 중복 지정된 경우</th><th colspan="2">기재방식</th></tr>
<tr><td rowspan="2">
</td><td>용도지역1</td><td>용도지역2</td></tr>
<tr><td>개발제한구역</td><td>-</td></tr>
<tr><th>1필지가 구분 지정된 경우</th><th colspan="2">기재방식</th></tr>
<tr><td rowspan="2">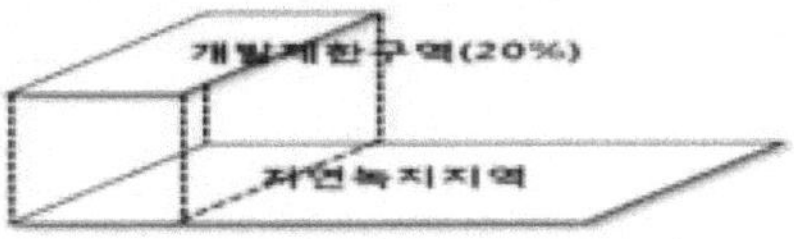
</td><td>용도지역1</td><td>용도지역2</td></tr>
<tr><td>자연녹지지역</td><td>개발제한구역</td></tr>
<tr><td rowspan="2">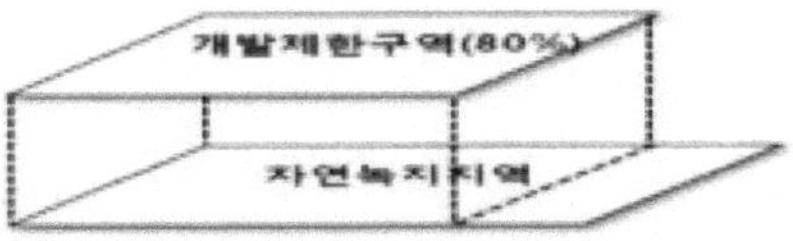
</td><td>용도지역1</td><td>용도지역2</td></tr>
<tr><td>개발제한구역</td><td>자연녹지지역</td></tr>
<tr><td rowspan="2">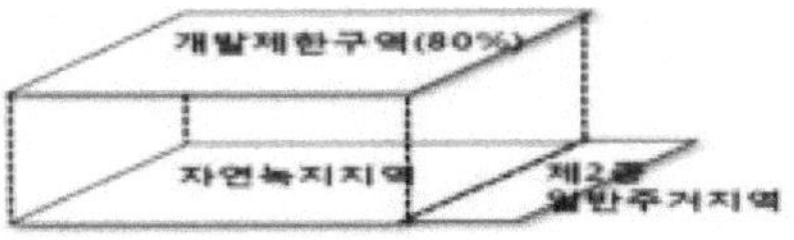
</td><td>용도지역1</td><td>용도지역2</td></tr>
<tr><td>개발제한구역</td><td>제2종일반주거지역</td></tr>
</table>

라. 하나의 대지가 둘 이상의 용도지역으로 구분 지정되어 있는 경우

- 두 용도지역의 가격(토지단가)이 유사할 때에는 면적이 넓은 용도지역 순으로 기재하며, 반면 두 용도지역의 가격 차이가 클 때에는 각각의 용도지역별 토지 가격을 비교 형량(면적×단가)하여 토지가격이 높은 쪽 용도지역 순으로 기재하고, 용도지역별 면적을 기재함

마. 「국토의 계획 및 이용에 관한 법률」 제36조에 의한 도시지역 · 관리지역 · 농림지역 · 자연환경보전지역으로 용도가 지정되지 아니한 지역과 도시지역 중 주거지역 · 상업지역 · 공업지역 · 녹지지역으로 용도가 세분되지 아니한 지역은 용도미지정으로 기재함

※ 다음 각 호의 구역 등으로 지정 · 고시된 지역은 도시지역으로 결정 · 고시된 것으로 봄(「국토의 계획 및 이용에 관한 법률」 제42조제1항)

1. 「항만법」 제2조제4호에 따른 항만구역으로서 도시지역에 연접한 **공유수면**
2. 「어촌 · 어항법」 제17조제1항에 따른 어항구역으로서 도시지역에 연접한 **공유수면**
3. 「산업입지 및 개발에 관한 법률」 제2조제8호 가목부터 다목까지의 규정에 따른 국가산업단지, 일반산업단지 및 도시첨단산업단지
4. 「택지개발촉진법」 제3조에 따른 **택지개발지구**
5. 「전원개발촉진법」 제5조 및 같은 법 제11조에 따른 **전원개발사업구역 및 예정구역**(수력발전소 또는 송 · 변전설비만을 설치하기 위한 전원개발사업구역 및 예정구역은 제외함)

▌용도지역 구분▐

구 분		용도지역	전산코드	약 자	기재방법
도시지역	주거지역	제1종전용주거지역	11	1전	1종전주
		제2종전용주거지역	12	2전	2종전주
		제1종일반주거지역	13	1주	1종일주
		제2종일반주거지역	14	2주	2종일주
		제3종일반주거지역	15	3주	3종일주
		준주거지역	16	준주	준 주 거
	상업지역	중심상업지역	21	중상	중심상업
		일반상업지역	22	일상	일반상업
		근린상업지역	23	근상	근린상업
		유통상업지역	24	유상	유통상업
	공업지역	전용공업지역	31	전공	전용공업
		일반공업지역	32	일공	일반공업
		준공업지역	33	준공	준 공 업
	녹지지역	보전녹지지역	41	보전	보전녹지
		생산녹지지역	42	생산	생산녹지
		자연녹지지역	43	자연	자연녹지
	개발제한구역	개발제한구역	44	개제	개발제한
용도미지정		용도미지정지역	51	미정	미 지 정
관리지역		관리지역	61	관리	관리지역
		보전관리지역	62	보관	보전관리
		생산관리지역	63	생관	생산관리
		계획관리지역	64	계관	계획관리
농림지역		농림지역	71	농림	농림지역
자연환경보전지역		자연환경보전지역	81	자보	자연환경

※ 1. **관리지역에 대한 경과조치**

- 도시 · 군관리계획(舊「도시계획법」에 의한 도시계획을 말함)은 특별시장 · 광역시장 · 특별자치시장 · 특별자치도지사 · 시장 또는 군수가 5년마다 그 타당성 여부를 재검토하여 정비하여야 한다.(「국토의 계획 및 이용에 관한 법률」 제34조)

2. **다른 법률에 의하여 지정된 지역의 용도지역지정 의제**

- 관리지역에서 「농지법」에 따른 농업진흥지역으로 지정 · 고시된 지역은 이 법에 따른 농림지역으로, 관리지역의 산림 중 「산지관리법」에 따라 보전산지로 지정 · 고시된 지역은 그 고시에서 구분하는 바에 따라 이 법에 따른 농림지역 또는 자연환경보전지역으로 결정 · 고시된 것으로 본다.(「국토의 계획 및 이용에 관한 법률」 제42조제2항)

3. **용도지역의 환원**

- 「국토의 계획 및 이용에 관한 법률」 제42조제1항에 의한 항만구역, 어항구역, 국가산업단지, 일반산업단지 및 도시첨단산업단지, 택지개발지구, 전원개발사업구역 및 예정구역(수력발전소 또는 송 · 변전설비만을 설치하기 위한 전원개발사업구역 및 예정구역을 제외한다)과 제42조제2항에 의한 「농지법」에 의한 농업진흥지역, 「산지관리법」에 의한 보전산지로 지정 · 고시된 지역이 해제되는 경우(개발사업의 완료로 해제되는 경우를 제외한다) 이 법 또는 다른 법률에서 해당 구역 등이 어떤 용도지역에 해당하는지를 따로 정하고 있지 아니한 때에는 이를 지정하기 이전의 용도지역으로 환원된 것으로 본다. 이 경우 지정권자는 용도지역이 환원된 사실을 대통령령으로 정하는 바에 따라 고시하고, 그 지역을 관할하는 특별시장 · 광역시장 · 특별자치시장 · 특별자치도지사 · 시장 또는 군수에게 통보하여야 함.(「국토의 계획 및 이용에 관한 법률」 제42조제4항)

4. **용도지역 미지정 또는 미세분지역에서의 행위제한 등**

- 도시지역 · 관리지역 · 농림지역 또는 자연환경보전지역으로 용도가 지정되지 아니한 지역에 대하여는 건축제한, 건폐율, 용적률(「국토의 계획 및 이용에 관한 법률」 제76조 내지 제78조)의 규정을 적용함에 있어서 자연환경보전지역에 관한 규정을 적용한다.(「국토의 계획 및 이용에 관한 법률」 제79조제1항)
- 도시지역 또는 관리지역이 세부 용도지역으로 지정되지 아니한 경우에는 건축제한, 건폐율, 용적률(「국토의 계획 및 이용에 관한 법률」 제76조 내지 제78조)의 규정을 적용할 때에 해당 용도지역이 도시지역인 경우에는 녹지지역 중 대통령령으로 정하는 지역에 관한 규정을 적용하고, 관리지역인 경우에는 보전관리지역에 관한 규정을 적용한다.(「국토의 계획 및 이용에 관한 법률」 제79조제2항)

- 일반주거지역(도시저소득주민의주거환경개선에관한임시조치법 제3조의 규정에 의하여 주거환경개선지구로 지정된 지역을 제외한다.) · 1종일반주거지역 · 2종일반주거지역 또는 3종일반주거지역이 제1종일반주거지역 · 제2종일반주거지역 또는 제3종일반주거지역으로 세분 · 지정되지 아니하거나 다른 용도지역으로 변경되지 아니하는 경우 제2종일반주거지역으로 본다.(「국토의 계획 및 이용에 관한 법률 시행령」 부칙〈대통령령 제17816호, 2002.12.26.〉 제9조제1항)
- 일반주거지역(도시저소득주민의주거환경개선에관한임시조치법 제3조의 규정에 의하여 주거환경개선지구로 지정된 지역을 제외한다.)이 제1종일반주거지역 · 제2종일반주거지역 또는 제3종일반주거지역으로 세분 · 지정되거나 다른 용도지역으로 변경 지정될 때까지 건축제한에 관하여는 대통령령 제16891호 도시계획법시행령개정령 별표18의 규정을 적용하고 건폐율 및 용적률에 관하여는 각각 60퍼센트 이하 및 400퍼센트 이하의 범위 안에서 도시계획조례가 정하는 비율에 의한다.(「국토의 계획 및 이용에 관한 법률 시행령」 부칙〈대통령령 제27972호, 2017.3.29〉 제9조제2항)
- 1종일반주거지역 · 2종일반주거지역 및 3종일반주거지역이 제1종일반주거지역 · 제2종일반주거지역 또는 제3종일반주거지역으로 세분 · 지정되거나 다른 용도지역으로 변경 지정될 때까지 건축제한 · 건폐율 및 용적률에 관하여는 대통령령 제16284호 건축법시행령중 개정령에 의한 1종일반주거지역 · 2종일반주거지역 및 3종일반주거지역에 관한 규정을 적용한다.(「국토의 계획 및 이용에 관한 법률 시행령」 부칙〈대통령령 제27972호, 2017.3.29〉 제9조제3항)
- 2004년 12월31일 이전 주거환경개선지구로 지정된 지역이 2004년12월31일까지 제30조의 규정에 의한 제1종일반주거지역 · 제2종일반주거지역 또는 제3종일반주거지역으로 세분 · 지정되지 아니하거나 다른 용도지역으로 변경 지정되지 아니하는 경우 해당 지역은 2005년 1월 1일부터 제3종일반주거지역으로 본다.(「국토의 계획 및 이용에 관한 법률 시행령」 부칙〈대통령령 제27972호, 2017.3.29〉 제9조제4항)
- 2004년 12월31일 이전 주거환경개선지구로 지정된 지역이 제1종일반주거지역 · 제2종일반주거지역 또는 제3종일반주거지역으로 세분 · 지정되지 아니하거나 다른 용도지역으로 변경지정 될 때까지 해당지역 안에서 건축제한에 관하여는 대통령령 제16891호 도시계획시행령개정령 별표18의 규정을 적용한다.(「국토의 계획 및 이용에 관한 법률 시행령」 부칙〈대통령령 제27972호, 2017.3.29〉 제9조제5항)

(8) 용도지구

가. 「국토의 계획 및 이용에 관한 법률」 제37조 및 같은법 시행령 제31조 규정에 의한 용도지구가 지정되어 있는 경우에는 그 용도지구를 2개까지 기재함

나. 주택부지에 둘 이상의 용도지구가 구분(중복) 지정되어 있는 경우에는 제한의 정도가 강한 용도지구(해당 지역의 주택가격비준표에서 일반주택부지와 격차율이 제일 큰 용도지구)순으로 기재함

예) 지정된 용도지구의 비준율이 각각 0.98, 0.95일 경우 '용도지구1'에는 0.95에 해당하는 용도지구를 기재하며, '용도지구2'에는 0.98에 해당하는 용도지구를 기재함

– 제한의 정도가 동일한 경우에는 주택특성조사표상 번호가 빠른 용도지구 순으로 기재함

– 다만, 제한의 정도가 강한 지구의 면적이나 형상이 해당 토지의 이용 · 개발에 미치는 영향이 미미한 경우에는 다른 구역(지역)의 번호를 기재함

다. 주택부지의 일부에 용도지구가 지정되어 있는 경우에 지구의 면적이나 형상이 잔여토지의 이용 · 개발에 미치는 영향이 미미할 경우에는 지구지정이 없는 것으로 봄

▌용도지구 구분▐

구 분	용도지구	전산코드	약 어
경관지구	자연경관지구	110	자연경관
	시가지경관지구	120	시가경관
	특화경관지구	130	특화경관
	기타경관지구	140	기타경관
고도지구	고도지구	200	고도지구
방화지구	방화지구	300	방화지구
방재지구	방재지구	400	방재지구
보호지구	역사문화환경보호지구	510	역사보호
	중요시설물보호지구	520	시설보호
	중요시설물(항만)보호지구	521	항만보호
	중요시설물(공항)보호지구	522	공항보호
	중요시설물(공용시설)보호지구	523	공용보호
	중요시설물(교정군사)보호지구	524	군사보호
	생태계보호지구	530	생태보호
취락지구	자연취락지구	610	자연취락
	집단취락지구	620	집단취락
	보호취락지구	630	보호취락
개발진흥지구	주거개발진흥지구	710	주거진흥
	산업유통개발진흥지구	720	산업진흥
	관광휴양개발진흥지구	730	관광진흥
	복합개발진흥지구	740	복합진흥
	특정개발진흥지구	750	특정진흥
특정용도제한지구	특정용도제한지구	800	특정용도
복합용도지구	복합용도지구	900	복합용도
기타지구	기타지구	999	기타지구

개정전	
법	시행령
고도지구	최고고도지구
	최저고도지구
경관지구	자연경관지구
	수변경관지구
	시가지경관지구
미관지구	중심지미관지구
	일반미관지구
	역사문화미관지구
보존지구	역사문화환경보존지구
	생태계보존지구
	중요시설물보존지구
시설보호지구	공용시설보호지구
	항만시설보호지구
	공항시설보호지구
	학교시설보호지구
특정용도제한지구	특정용도제한지구
(신설)	

개정후(2018.04.19. 시행)	
법	시행령
(최고)고도지구	–
경관지구	자연경관지구
	시가지경관지구
	특화경관지구
보호지구	역사문화환경보호지구
	생태계보호지구
	중요시설물보호지구
특정용도제한지구	
복합용도지구	

※ 「국토계획법」 개정으로 미관지구는 경관지구로 통합되었으나, 같은 법 부칙<제14795호, 2017.4.18.> 제2조(미관지구에 관한 경과조치)에 따라 이 법 시행일(2018.4.18.)부터 1년 이내에 지구단위계획으로 대체되거나 다른 용도지구로 변경지정 되지 아니한 경우에는 해당 미관지구는 같은법 제37조 제1항제1호에 따른 경관지구로 지정된 것으로 봄

- 종전 미관지구를 지구단위계획으로 대체되거나 다른 용도지구로 변경 지정되지 아니하여 제2항에 따라 중심지미관지구, 일반미관지구는 시가지경관지구(120), 역사문화미관지구는 특화경관지구(130), 기타미관지구는 기타경관지구(140)로 지정된 것으로 봄

※ 「국토계획법」 제37조 제3항 및 같은법 시행령 제31조제4항에 따라 조례로 같은법 제37조제1항 각 호의 용도지구 외의 용도지구의 지정 또는 변경된 경우에는 기타지구(999)로 기재함

※「국토계획법 시행령」 제31조제3항에 따라 도시 · 군계획조례로 정하는 바에 따라 같은 조 제2항 제1호에 따른 경관지구가 추가적으로 세분된 경우에는 기타경관지구(140)로, 특화경관지구가 세분된 경우에는 세분화된 지구와 관계없이 기존의 특화경관지구(130)로 기재함

※「국토계획법 시행령」 제31조제3항에 따라 도시 · 군계획조례로 정하는 바에 따라 같은 조 제2항 제5호에 따른 중요시설물보호지구가 같은 조 제1항의 시설물로 세분화된 경우 시설물별로 항만(521), 공항(522), 공용시설(523), 교정시설 · 군사시설(524)로 기재함

※「국토계획법」 제37조제1항제8호에 따른 특정용도제한지구를 같은법 시행령 제31조제3항에 따라 도시 · 군계획조례로 세분하여 지정한 경우 명칭에 관계없이 특정용도제한지구(800)로 기재함

※ 종전의 「도시계획법」 제33조제1항제1호의 규정에 의한 경관지구가 도시계획조례에 의하여 경관지구로 세분 · 지정되지 아니한 경우에는 기타경관지구(140)로, 종전의 「국토이용관리법 시행령」 제7조제1호 각목의 취락지구 · 산업촉진지구 · 시설용지지구 및 「국토의 계획 및 이용에 관한 법률」에 의한 개발진흥지구가 같은 법 시행령 제31조제2항제8호 각목의 개발진흥지구로 세분 · 지정되지 아니한 경우에는 기타지구(999)로 기재함

(9) 기타제한(구역 등) : 기타

가. 「국토의 계획 및 이용에 관한 법률」 · 「도로법」 · 「문화유산법」 · 「자연유산법」 등 개별법에 의한 구역(지역)이 지정된 경우에는 이를 2개까지 기재함

나. 주택부지에 '도시자연공원구역'과 '일시적 규제지역'이 지정된 경우에는 그 지정 면적의 비율을 기재함

※ 지정면적비율 (　　)%

* 주택 부지 일부 또는 전부에 '도시자연공원구역'과 '일시적 규제지역'이 함께 지정되어 있는 경우는 그 지정면적을 합하여 비율을 기재함(양자 간 중복면적이나, 가격배율이 1.00이 적용되는 경우는 제외하고 계산)

※ 일단지의 경우에는 일단지 전체면적에 대한 지정면적의 비율을 기재함

※「도시공원 및 녹지 등에 관한 법률」 제17조 및 「국토의 계획 및 이용에 관한 법률」 제48조에 의거 지정 효력이 상실된 도시 · 군계획시설(공원)이 일정기간 규제지역으로 지정되는 경우 (예 : 개발행위허가 제한지역 등) '일시적 규제지역'으로 조사함

※ '20. 7월에 지정 효력이 상실된 경우가 대다수이나, 효력이 상실되기 전 지정권자 직권으로 해제된 경우도 포함하여 조사함

다. 주택부지에 둘 이상의 구역(지역)이 중복 또는 구분 지정된 경우에는 제한의 정도가 강한 구역 및 지역(해당 지역의 주택가격비준표에서 일반주택부지와 격차율이 가장 큰 구역 및 지역)순으로 기재함

예) 지정된 구역 등의 비준율이 각각 0.98, 0.95일 경우 '기타제한1'에는 0.95에 해당하는 용도지구를 기재하며, '기타제한2'에는 0.98에 해당하는 용도지구를 기재함

- 제한의 정도가 동일한 경우에는 주택특성조사표상 번호가 빠른 구역 및 지역 순으로 기재함
- 다만, 제한의 정도가 강한 구역(지역)의 면적비율이 낮아서 해당 토지의 이용·개발에 미치는 영향이 미미한 경우에는 다른 구역(지역)의 번호를 기재함
- '도시자연공원구역'과 '일시적 규제지역'이 다른 기타제한(구역 등)과 중복으로 지정된 경우에는 지정면적 비율을 고려한 실질 격차율(지정면적비율 10%이하는 격차율이 0인 점을 감안)을 고려하여 우선 기재함

예) 도시자연공원구역(가격배율 0.60, 지정면적비율 30%), 국가유산보호구역(가격배율 0.81)이 중복 지정된 경우

- 도시자연공원구역 실질 격차율은 0.12(계산식: 1-(0.3×0.6+0.7×1.00), 국가유산보호구역 격차율은 0.19이므로,
- 기타제한1: 국가유산보호구역, 기타제한2: 도시자연공원구역으로 기재

라. 주택부지의 일부에 구역(지역)이 지정되어 있을 경우에 그 지정된 면적이나 형상이 잔여토지의 이용·개발에 미치는 영향이 미미한 때에는 구역(지역)의 지정이 없는 것으로 봄

▌기타 제한의 구분▐

구 분	전산코드	약 자	기재방법
공원구역	020	공원	공원구역
공원자연보존지구	021	보존	공원자연보존지구
공원자연환경지구	022	환경	공원자연환경지구
공원문화유산지구	023	유산	공원문화유산지구
공원마을지구	024	마을	공원마을지구
고속접도구역	031	고접	고속접도구역
일반접도구역	032	일접	일반접도구역
하천구역	040	하천	하천구역
홍수관리구역	041	홍수	홍수관리구역
상수원보호구역	050	상수	상수원보호구역
상수원보호구역 기타	051	상기	상수원보호구역 기타
수변구역	060	수변	수변구역
특별대책지역	070	특별	특별대책지역
국가유산보호구역	080	국보	국가유산보호구역
군사기지및군사시설보호구역, 비행안전구역	090	군사	군사시설보호구역
시가화조정구역	100	시가	시가화조정구역
전원개발사업구역	120	전원	전원개발사업구역
농공단지	130	농공	농공단지
토지거래허가구역	140	허가	토지거래허가구역
지구단위계획구역	150	지구	지구단위계획구역
수산자원보호구역	160	수산	수산자원보호구역
도시자연공원구역	170	도공	도시자연공원구역
교육환경보호구역	180	교육	교육환경보호구역
친수구역	190	친수	친수구역
공항소음대책지역	200	소음	공항소음대책지역
비오톱	210	비오	비오톱
일시적 규제지역	220	일시	일시적 규제지역
도시혁신구역	300	혁신	도시혁신구역
도시계획시설 입체복합구역	310	입체	도시계획시설 입체복합구역
기타	990	기타	기타

⑳ 공원구역 : 「자연공원법」 제4조에 의하여 자연공원으로 지정된 구역

※ 공원구역 내 공원자연보존지구 등(21~24)과 같은 세부 지구가 지정되지 않은 토지 등은 공원구역(020)으로 조사함

㉑ 공원자연보존지구 : 「자연공원법」 제18조제1항제1호에 의하여 지정된 지역

㉒ 공원자연환경지구 : 「자연공원법」 제18조제1항제2호에 의하여 지정된 지역

㉓ 공원문화유산지구 : 「자연공원법」 제18조제1항제6호에 의하여 지정된 지역

㉔ 공원마을지구 : 「자연공원법」 제18조제1항제3호에 의하여 지정된 지역

※ 공원마을지구는 (구)「자연공원법」에 의해 조사되던 공원자연마을지구, 공원밀집마을지구, 공원집단시설지구를 포함

㉛ 고속접도구역 :「도로법」 제11조에 의한 고속국도 및 제48조에 의한 자동차전용도로에 지정된 접도구역

㉜ 일반접도구역 : 「도로법」 제12조에 의한 일반국도 및 제15조에 의한 지방도, 기타 고속접도구역 외에 지정된 접도구역

※ 단, 동일 토지 내에서 고속국도, 일반국도의 접도구역이 혼재(구분지정 혹은 중복지정)하는 경우에는 '고속접도구역'만 지정된 것으로 보아 "일반접도구역"으로 조사하지 않음.

㊵ 하천구역 : 「하천법」 제10조에 따라 지정 · 고시된 구역

※ 하천구역은 소하천구역을 포함

– 소하천구역 : 「소하천정비법」 제3조의3에 의하여 결정 · 고시된 구역

※ 한 필지에 하천구역과 '도시 · 군계획시설의 하천'이 중복 또는 구분 지정된 경우에는 양자를 모두 기재하되 하천구역에 따른 감가요인은 반영하지 않음

㊶ 홍수관리구역 : 「하천법」 제12조에 의하여 지정된 구역

(50) 상수원보호구역 : 「수도법」 제7조에 의하여 지정된 구역

(51) 상수원보호구역 기타 : 상수원보호구역 외의 구역으로서, 「수도법」 제7조의 2에 의하여 공장 설립이 제한되는 구역

※ 공장설립 승인지역은 '기타(990)'로 표기

(60) 수변구역 : 「한강수계 상수원수질개선 및 주민지원 등에 관한 법률」 제4조, 「낙동강수계 물관리 및 주민지원 등에 관한 법률」 제4조, 「금강수계 물관리 및 주민지원 등에 관한 법률」 제4조 및 「영산강 · 섬진강수계 물관리 및 주민지원 등에 관한 법률」 제4조에 따라 지정 · 고시된 구역

※ 상기 법률 제4조제2항에 따라 다음에 해당하는 지역은 수변구역에서 제외하여야 하므로 관할 지자체 등 관련 기관을 통해 재확인 필요

- 상수원보호구역, 개발제한구역, 군사기지 및 군사시설 보호구역, 하수처리구역, 지구단위계획구역(주거형으로 한정), 도시지역(낙동강, 금강, 영산강 · 섬진강수계), 현지 실태 조사 결과에 따라 제외되는 지역(한강수계), 자연마을 형성 지역으로서 일정 기준에 해당되는 지역(낙동강, 금강수계), 그 밖에 대통령령이 정하는 지역(영산강 · 섬진강수계)
- 다만, 하수처리구역은 주민지원사업으로 공공하수시설의 전부 또는 일부가 설치되거나, 관할 지자체 장이 수변구역 지정을 해제하지 아니할 조건으로 수변구역 일부에 공공하수처리시설을 설치한 경우 수변구역 지정을 해제하지 아니함

⑰ 특별대책지역 : 「환경정책기본법」 제38조에 의하여 지정된 구역

⑱ 국가유산보호구역 : 「문화유산의 보존 및 활용에 관한 법률」 제27조(보호구역), 제13조(역사문화환경 보존지역), 제70조(시 · 도지정문화유산), 제70조의2(시 · 도지정문화유산 또는 문화유산자료의 보호물 또는 보호구역)와 「자연유산의 보존 및 활용에 관한 법률」 제13조(보호구역), 제10조(역사문화환경 보존지역), 제40조(시 · 도자연유산 또는 자연유산자료), 제41조(시 · 도자연유산 또는 자연유산자료의 보호물 또는 보호구역) 및 「고도 육성 및 보존에 관한 특별법」 제10조(역사문화환경 특별보존지구, 역사문화환경 보존육성지구)에 의하여 지정된 구역

※ 다만, 「문화유산의 보존 및 활용에 관한 법률」 및 「자연유산의 보존 및 활용에 관한 법률」에 의거하여 지정한 역사문화환경 보존지역(현상변경허가대상구역 등)과 「고도 보존 및 육성에 관한 특별법」 제10조에 의한 역사문화환경 보존육성지구 중 가격에 미치는 영향이 미미하다고 판단되는 경우에는 기타(990)로 조사함

⑲ 군사시설보호구역 : 「군사기지 및 군사시설보호법」 제3조 내지 제6조에 의한 군사기지 및 군사시설 보호구역, 비행안전구역(예비항공작전기지 제외)으로 설정된 구역

▌「군사기지 및 군사시설보호법」에 의한 세분 ▌

구 분	실 적용례 (토지이용계획확인서)
군사기지 및 군사시설 보호구역	통제보호구역 제한보호구역
비행안전구역	전술항공작전기지(1구역~2구역) 지원항공작전기지(1구역~2구역) 헬기전용작전기지(1구역~2구역)

※ 단, 비행안전구역(예비항공작전기지 제외)은 작전기지별로 1, 2구역만을 조사함 (3~6구역은 기타(990)로 조사함)

※ 비행안전구역 2구역의 경우 가격에 미치는 영향이 미미하다고 판단되는 경우에는 시 · 군 · 구와 협의하여 기타(990)로 조사함

⑳ 시가화조정구역 : 「국토의 계획 및 이용에 관한 법률」 제39조에 의하여 지정된 구역

⑫ 전원개발사업구역 : 「전원개발촉진법」 제5조에 따라 지정 · 고시된 구역

※ 전원개발사업구역은 「전원개발촉진법」 제11조에 의한 전원개발사업예정구역을 포함함

⑬ 농공단지 : 「산업입지 및 개발에 관한 법률」 제8조에 의하여 지정된 구역

※ 「산업입지 및 개발에 관한 법률」 제2조제8호 라목의 대통령령이 정하는 농어촌 지역에 지정된 일반산업단지 또는 도시첨단산업단지를 포함함

⑭ 토지거래허가구역 : 「부동산 거래신고 등에 관한 법률」 제10조에 의하여 지정된 구역

⑮ 지구단위계획구역 : 「국토의 계획 및 이용에 관한 법률」 제51조에 의하여 지정된 구역(도시지역, 도시외지역)

※ 「도시 및 주거환경정비법」 제8조에 의하여 정비구역(재정비촉진계획이 결정 · 고시되었을 때에는 정비구역의 지정 또는 변경의 승인 · 결정 등이 있은 것으로 봄)(도시재정비 촉진을 위한 특별법 제13조)으로 지정된 경우 정비계획 중 「국토의 계획 및 이용에 관한 법률」 제52조제1항 각호의 1에 해당하는 사항은 지구단위계획구역으로 결정 · 고시된 것으로 보고 조사함

▌「국토의 계획 및 이용에 관한 법률」 제52조제1항 각호의 1에 해당하는 사항 ▌

1. 용도지역이나 용도지구를 대통령령으로 정하는 범위에서 세분하거나 변경하는 사항
1의2. 기존의 용도지구를 폐지하고 그 용도지구에서의 건축물이나 그 밖의 시설의 용도 · 종류 및 규모 등의 제한을 대체하는 사항
2. 대통령령으로 정하는 기반시설의 배치와 규모
3. 도로로 둘러싸인 일단의 지역 또는 계획적인 개발 · 정비를 위하여 구획된 일단의 토지의 규모와 조성계획
4. 건축물의 용도제한, 건축물의 건폐율 또는 용적률, 건축물 높이의 최고한도 또는 최저한도
5. 건축물의 배치 · 형태 · 색채 또는 건축선에 관한 계획
6. 환경관리계획 또는 경관계획
7. 보행안전 등을 고려한 교통처리계획
8. 그 밖에 토지 이용의 합리화, 도시나 농 · 산 · 어촌의 기능 증진 등에 필요한 사항으로서 대통령령으로 정하는 사항

⑯ 수산자원보호구역 : 「국토의 계획 및 이용에 관한 법률」 제40조에 의하여 지정된 구역

⑰ 도시자연공원구역 : 「국토의 계획 및 이용에 관한 법률」 제38조의2에 의하여 지정된 구역

⑱ 교육환경보호구역 : 「교육환경 보호에 관한 법률」 제8조제1항에 의한 절대보호구역, 상대보호구역으로 지정된 구역

⑲ 친수구역 : 「친수구역 활용에 관한 특별법」 제4조에 의하여 지정된 구역

⑳ 공항소음대책지역 : 「공항소음 방지 및 소음대책지역 지원에 관한 법률」 제5조제1항에 의해 지정된 소음대책지역 중 제1종 지역

㉑⓪ 비오톱 : 각 지방자치단체가 조례에 의하여 '비오톱'으로 지정한 구역으로서 토지이용계획 확인서에 등재된 구역

㉒⓪ 일시적 규제지역 : 「도시공원 및 녹지 등에 관한 법률」제17조 및 「국토의 계획 및 이용에 관한 법률」제48조에 의거 지정 효력이 상실된 도시·군계획시설(공원)이 일정기간 규제지역으로 지정되는 경우(예 : 개발행위허가 제한지역, 건축허가 및 착공제한지역 등)로서, 「국토의 계획 및 이용에 관한 법률」 제63조에 의하여 지정된 구역

※「국토의 계획 및 이용에 관한 법률」 제63조제1항제4호에 의해 지정된 지구단위계획구역은 코드150의 지구단위계획구역과는 별개로 일시적 규제지역으로 조사함

※ '20. 7월에 지정 효력이 상실된 경우가 대다수이며, 효력이 상실되기 전 지정권자 직권으로 해제된 경우도 포함하여 조사함

㉚⓪ 도시혁신구역 : 「국토의 계획 및 이용에 관한 법률」 제40조의3에 의하여 지정된 구역

㉛⓪ 도시계획시설 입체복합구역 : 「국토의 계획 및 이용에 관한 법률」 제40조의5에 의하여 지정된 구역

㊾⓪ 기타 : ⑩⓪ ~ ㉛⓪이외 개별법령상 토지이용이 규제되는 경우

※ 코드기재란에 "990"입력 후 상세 제한 구역(지역) 지정 현황 별도 기재

※「도로법」 제25조의 '도로구역'은 도시·군계획시설 '지상도로'로 조사하므로 기타로 조사하지 않음

(9-1) 기타제한(지역 등) : 제주특별자치도 지역

가. 제주특별자치도에 한해 「제주특별자치도 설치 및 국제자유도시 조성을 위한 특별법」 제355조·제356조·제357조에 의한 등급별 보전지역·지구가 지정된 경우에는 제한의 정도가 강한 지역 및 지구(해당 지역의 주택가격비준표에서 일반주택부지와 격차율이 가장 큰 지역 및 지구)순으로 기재함

예) 지정된 구역(지역)의 비준율이 각각 0.90, 0.95일 경우 기타제한에 비준율이 0.90인 기타제한(지역 등)을 기재함

나. 동일 그룹 내에서 지역·지구가 구분(중복)지정된 경우에는 지정면적이 큰 순서로 기재함

다. 지역·지구간 구분(중복)지정 시 지역(지구)의 면적비율이 낮아서 해당 주택부지의 이용·개발에 미치는 영향이 미미한 경우에는 다른 지역(지구)을 먼저 기재함

라. 해당 주택부지의 일부에 지역(지구)이 지정되어 있을 경우에 그 지정된 면적이 잔여주택부지의 이용·개발에 미치는 영향이 미미한 때에는 지역(지구)의 지정이 없는 것으로 봄

▌기타제한(제주특별자치도 지역)의 구분▐

구 분		등 급	전산코드	약 자
1그룹	절대보전지역	–	10	절대
	경관보전지구	1	11	경관1
	지하수자원보전지구	1	12	지하수1
	생태계보전지구	1	13	생태계1
2그룹	상대보전지역	–	20	상대
	경관보전지구	2	21	경관2
	지하수자원보전지구	2	22	지하수2
	생태계보전지구	2	23	생태계2
3그룹	경관보전지구	3	30	경관3
	지하수자원보전지구	3	31	지하수3
	생태계보전지구	3	32	생태계3
	경관보전지구	4	33	경관4
	지하수자원보전지구	4	34	지하수4
	생태계보전지구	4	35	생태계4
	경관보전지구	5	36	경관5
	생태계보전지구	5	37	생태계5

① 절대보전지역 : 「제주특별자치도 설치 및 국제자유도시 조성을 위한 특별법」 제355조에 의하여 자연환경의 고유한 특성을 보호하기 위한 지역으로 지정한 지역

② 상대보전지역 : 「제주특별자치도 설치 및 국제자유도시 조성을 위한 특별법」 제356조에 의하여 자연환경의 보전과 적정한 개발을 유도하기 위한 지역으로 지정한 지역

③ 관리보전지역 : 「제주특별자치도 설치 및 국제자유도시 조성을 위한 특별법」 제357조에 의하여 한라산국립공원, 도시지역 및 제주자치도의 부속도서를 제외한 지역 중 지하수자원 · 생태계 및 경관을 보전하기 위하여 지정한 지역

- 경관보전지구 : 「제주특별자치도 설치 및 국제자유도시 조성을 위한 특별법」 제357조에 의하여 한라산국립공원, 도시지역 및 제주도의 부속도서를 제외한 지역 중 경관을 보전하기 위하여 지정한 지역
- 지하수자원보전지구 : 「제주특별자치도 설치 및 국제자유도시 조성을 위한 특별법」 제357조에 의하여 한라산국립공원, 도시지역 및 제주도의 부속도서를 제외한 지역 중 지하수자원을 보전하기 위하여 지정한 지역
- 생태계보전지구 : 「제주특별자치도 설치 및 국제자유도시 조성을 위한 특별법」 제357조에 의하여 한라산국립공원, 도시지역 및 제주도의 부속도서를 제외한 지역 중 생태계를 보전하기 위하여 지정한 지역

(10) 기타제한(구역 등) : 도시 · 군 계획시설

가. 「국토의 계획 및 이용에 관한 법률」 제2조제6호 및 같은법 시행령 제2조에 의한 도시기반시설 중 같은법 제30조의 규정에 의하여 도시 · 군관리계획으로 결정된 시설(도로법 제25조의 도로구역을 포함)과 기타 관계법령의 규정에 의하여 계획시설로 결정 · 고시된 토지에 대하여 이를 조사하여 해당번호를 기재함

※ 입체이용이 가능한 도시군계획시설(철도, 광역급행철도, 도로)은 지상 또는 지하로 구분하여 조사하되, 지하도로, 지하철도 및 광역급행철도는 지상의 토지이용상황이 공공용지(例: 도로, 철도, 공원 등)가 아닌 부지의 지하에 설치된 도로, 철도 및 광역급행철도로서 산악 · 시가지 등을 통과하기 위한 터널을 포함

– 일반 지하철도 및 광역급행철도가 중복 지정된 경우에는 지하철도 배율만 적용

※ '도로구역'은 도시 · 군계획시설 중 '도로'로 기재함

※ 한 필지에 '(9)기타제한(구역 등):기타'의 '고속접도구역'과 도시 · 군계획시설 '도로'가 중복 또는 구분 지정된 경우에는 양자를 모두 기재하되 도시 · 군계획시설에 따른 감가요인은 반영하지 않음

> **참고** 표준주택에 '고속접도구역'과 '계획시설 도로'가 모두 조사된 경우, 개별주택가격 산정 시 '고속접도구역'의 가격배율은 적용되나, '계획시설 도로'의 가격배율은 미적용

※ 도시 · 군관리계획으로 결정하지 아니하여도 설치할 수 있는 기반시설에 대하여는 「국토의 계획 및 이용에 관한 법률」 제43조, 같은법 시행령 제35조 및 같은법 시행규칙 제6조를 참조

※ 도시 · 군계획시설 중 '궤도'는 철도로 조사함

나. 공시기준일 현재 도시 · 군계획시설사업 등이 착공 내지 완료된 경우에는 기재하지 아니함. 다만, 지하도로 · 지하철도 · 터널 등은 예외로 함

– 공시기준일 현재 지하도로 · 지하철도 · 터널 등의 사업이 착공내지 완료된 경우 실제 지하철도 등 이용으로 인한 감가를 반영하기 위해 "도시 · 군계획시설"란에는 지하철도 등을 기재함

※ 「도시공원 및 녹지 등에 관한 법률」 제17조 및 「국토의 계획 및 이용에 관한 법률」 제48조에 따라 도시공원결정의 효력이 상실되었을 경우에는 도시 · 군계획시설에서 제외함

다. 주택부지가 둘 이상의 도시 · 군계획시설에 저촉되는 경우에는 격차율이 큰 시설을 1개만 기재하되 가격배율이 1.00미만인 경우의 번호를 기재한다. 다만, 제한의 정도가 강한 도시 · 군계획시설의 지정면적이 해당 주택부지면적의 10%이하인 경우에는 면적이 큰 도시 · 군계획시설의 번호를 기재함

- 저촉률은 주택가격비준표에서 일반필지 외의 가격배율이 1.00미만으로 제시되는 시설들의 면적을 합산하여 저촉면적의 비율을 기재함
- 다만, 제한의 정도가 동일한 시설들로 구분 또는 중복된 경우에는 면적이 큰 도시 · 군계획시설번호를 기재함

라. 주택부지의 일부 또는 전부가 도시 · 군계획시설에 저촉된 경우에는 그 저촉면적의 비율을 기재함.

※ 저촉률 (　　) %

마. 2필지 이상의 일단지 주택부지 중 일부 필지만이 도시 · 군계획시설에 저촉되는 경우에는 일단지 전체면적에 대한 저촉면적의 비율을 기재함

▌도시 · 군 계획시설 구분▐

구 분	전산코드	약 자	기재방법
지상도로	011	지상도로	지상도로
지하도로	012	지하도로	지하도로
공원	020	공원	공원
지상철도, 지상궤도	031	지상철도	지상철도
지하철도, 지하궤도	032	지하철도	지하철도
광역급행철도	033	광역급행철도	광역급행철도
녹지, 공공공지	040	녹지	녹지 등
폐기물처리시설 및 수질오염방지시설	050	폐수	폐기물 · 수질
열공급설비, 가스공급설비, 유류저장 및 송유설비	060	열공급	열공급설비 등
전기공급설비	070	전기	전기공급설비
도축장	080	도축장	도축장
공동묘지, 화장시설, 봉안시설	090	묘지	공동묘지 등
시장, 유통업무설비	100	시장	시장 등
유원지	110	유원지	유원지
주차장	120	주차장	주차장
자동차정류장	130	정류장	정류장
광장	140	광장	광장
운동장, 체육시설	150	운동장	운동장 등
수도공급설비, 공동구, 하수도	160	수도	수도공급설비 등
공공청사, 학교, 도서관	170	청사	공공청사 등
하천, 유수지, 저수지, 저류지	180	하천	하천
방송 · 통신시설	190	방송	방송 · 통신시설
문화시설, 연구시설, 사회복지시설, 공공직업훈련시설 및 청소년수련시설	200	문화	문화시설 등
기타시설	990	기타	기타시설

(10-1) 기타제한(구역 등) : 개발사업지역 도시·군 계획시설

가. 도시·군 계획시설 중 「도시 및 주거환경정비법」 상의 정비구역, 택지개발사업지역, 기타 개발사업지역 내 도시 계획시설로 지정된 주택의 경우 그 사항을 구분하여 기재함

- 「도시 및 주거환경정비법」 상의 "정비구역" 등의 경우 해당 사업지역 내 도시·군 계획시설 지정은 향후 예정된 개발 사업을 시행할 때 공익을 위해 기반시설 예정지를 미리 정한 것이 불과하여 해당 부동산의 현재가격에 영향을 미치지 않은 경우가 많으므로 도시·군 계획시설 배율을 적용하는 것이 불합리함

- 「빈집 및 소규모주택 정비에 관한 특례법」(「소규모주택정비법」)으로 사업이 시행되는 빈집정비사업, 자율주택정비사업, 가로주택정비사업, 소규모재개발사업, 소규모재건축사업 등은 조사하지 아니함. 다만 「소규모주택정비법」으로 시행되는 사업들이 하나의 구역계를 이루어 합동개발하는 경우에는 제한적으로 조사할 수 있으며, 이는 해당 시·군·구에서 결정함

- 따라서 정비구역, 도시개발구역 등으로 기재된 경우에는 도시·군 계획시설 배율을 적용하지 아니함

나. 기타인 경우에는 구체적인 사업명칭을 별도로 기재함

▮ 개발사업지역 도시·군계획시설 구분 ▮

전산코드	기재방법	내 용
00	해당없음	도시·군 계획시설이면서 해당사항이 없는 경우
01	정비	정비구역
02	도시	도시개발구역
03	공공	공공주택지구
04	택지	택지개발지구
09	기타	기타

(11) 토지용도(개별주택가격 토지가격 산정용)

주택부지의 용도는 아래 표를 기준으로 기재함

※ 개별주택가격 산정 시 주택가격비준표(토지비준표)를 적용하여 용도지대별 토지가격 차이를 보정하기 위함(주 · 상용부지, 대로변 단독주택부지 등)

▌토지용도 구분▐

구 분	전산코드	기재방법	내 용
주거지대 단독주택	1	주 단	주위환경이 상업지대 · 주 · 상용지대 · 공업지대를 제외한 주택지대내 단독주택
상업지대 단독주택	2	상 단	주위환경이 상업지대인 경우와 인근지역이 상업지대로 이행중에 있거나 이행이 예상되는 지대의 단독주택
주 · 상용지대 단독주택	3	주 · 상단	주위환경이 주 · 상업지대인 경우와 인근지역이 주 · 상업지대로 이행중에 있거나 이행이 예상되는 지대의 단독주택
공업지대 단독주택	4	공 단	주위환경이 공업지대인 경우와 인근지역이 공업지대로 이행중에 있거나 이행이 예상되는 지대의 단독주택
농경지대 단독주택	5	농 단	주위환경이 농경지대인 경우와 인근지역이 농경지대로 이행중에 있거나 이행이 예상되는 지대의 단독주택
임야지대 단독주택	6	임 단	주위환경이 임야지대인 경우와 인근지역이 임야지대로 이행중에 있거나 이행이 예상되는 지대의 단독주택

(12) 지형지세 : 고저

가. 주택부지의 고저는 간선도로 또는 주위의 지형지세를 기준으로 조사하되, 해당 주택이 속한 지대의 경사도(측량자료 또는 수치지형도 등을 기준)를 고려할 수 있음

나. 간선도로라 함은 「도로법」에 의한 국도·지방도·시도·군도를 말함. 단, 대중교통수단이 1일 1~2회 통과하는 도로는 제외함

※ 주택부지의 고저를 판단함에 있어 지역특성 및 가격균형성 등을 고려하여 조사·산정자와 시·군·구간에 협의 후 결정할 수 있음

〈예시〉

일대가 다소 경사가 있는 지대이나 평지와 가격격차가 발생하지 않는 지역의 경우 시·군·구와 협의하여 평지로 조사할 수 있음

▮ 지형지세 구분 ▮

구 분	전산코드	기재방법	내 용
저 지	1	저 지	간선도로 또는 주위의 지형지세보다 현저히 낮은 지대의 토지
평 지	2	평 지	간선도로 또는 주위의 지형지세와 높이가 비슷하거나 경사도가 미미한 토지
완경사지	3	완경사	간선도로 또는 주위의 지형지세보다 높고 경사도가 15°이하인 지대의 토지
급경사지	4	급경사	간선도로 또는 주위의 지형지세보다 높고 경사도가 15°를 초과하는 지대의 토지
고 지	5	고 지	간선도로 또는 주위의 지형지세보다 현저히 높은 지대의 토지

(13) 지형지세 : 형상

가. 주택부지의 형상은 다음의 유형 중에서 가장 비슷한 형상을 택하여 기재함

나. 도로에 접하지 아니한 주택부지의 형상은 인접도로방향을 기준으로 조사하여 기재함. 다만 둘 이상의 도로가 인접한 경우에는 주된 도로의 방향을 기준으로 판단함

※ 주택부지의 형상을 판단함에 있어 주변의 형상 및 가격균형성 등을 고려하여 조사·산정자와 시·군·구간에 협의 후 결정할 수 있음

▮ 형상 구분 ▮

구 분	전산코드	기재방법	내 용
정 방 형	1	정방형	정사각형 모양의 토지로서 양변의 길이 비율이 1:1.1 내외인 토지
가로장방형	2	가장형	장방형의 토지로 넓은면이 도로에 접하거나 도로를 향하고 있는 토지
세로장방형	3	세장형	장방형의 토지로 좁은면이 도로에 접하거나 도로를 향하고 있는 토지
사다리형	4	사다리	사다리꼴(변형사다리형을 포함)모양의 토지
부 정 형	5	부정형	불규칙한 형상의 토지 또는 삼각형 모양의 토지 중 최소외접 직사각형 기준 1/3 이상의 면적손실이 발생한 토지
자 루 형	6	자루형	출입구가 자루처럼 좁게 생겼거나 역삼각형의 토지(역사다리형을 포함)로 꼭짓점 부분이 도로에 접하거나 도로를 향하고 있는 토지

※ 토 지 모 양 (방 형)

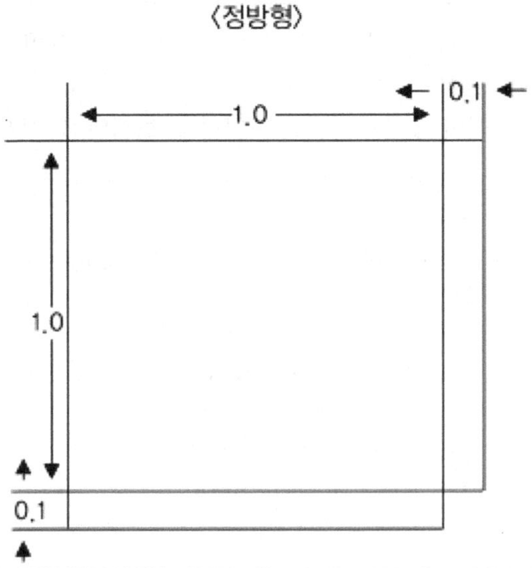

※ 각지에 위치한 토지는 가각 정리된 부분이 있을 경우에는 가각이 정리되지 않은 것으로 보고 판단함

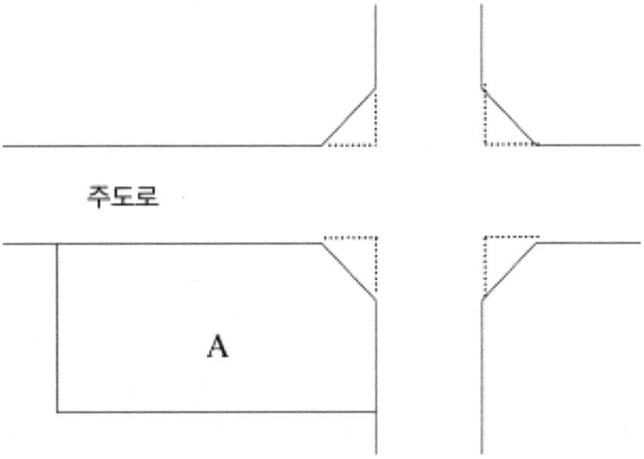

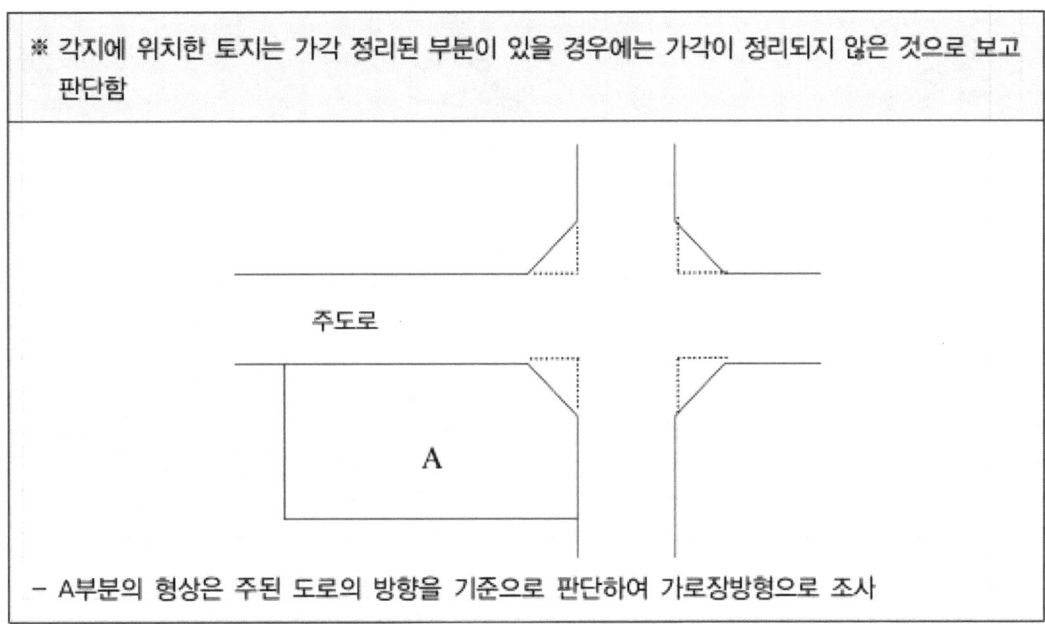

– A부분의 형상은 주된 도로의 방향을 기준으로 판단하여 가로장방형으로 조사

토지 모양(사다리형 및 부정형)

※ 유효면적비율이란 해당필지에 최소외접직사각형을 씌운 후 전체면적(최소외접직사각형 면적) 대비 해당필지의 면적비율을 말함

※ 최소외접직사각형 : 아래의 그림의 붉은선을 말하며, 형상의 각 꼭지점을 직사각형으로 잇는 형태를 말함

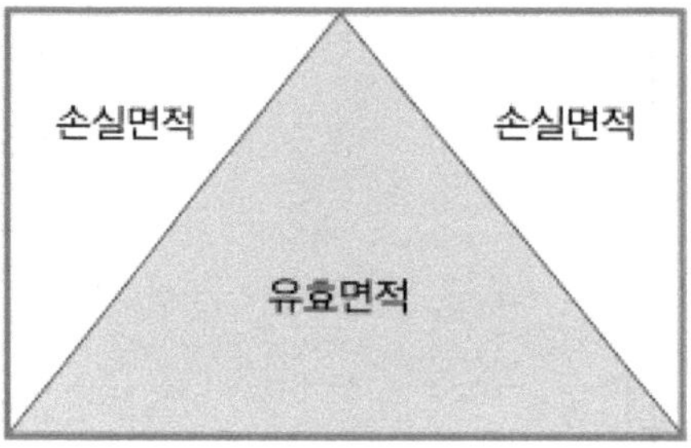

〈사다리형〉

사다리형(유효면적비율 70 ~ 75%)

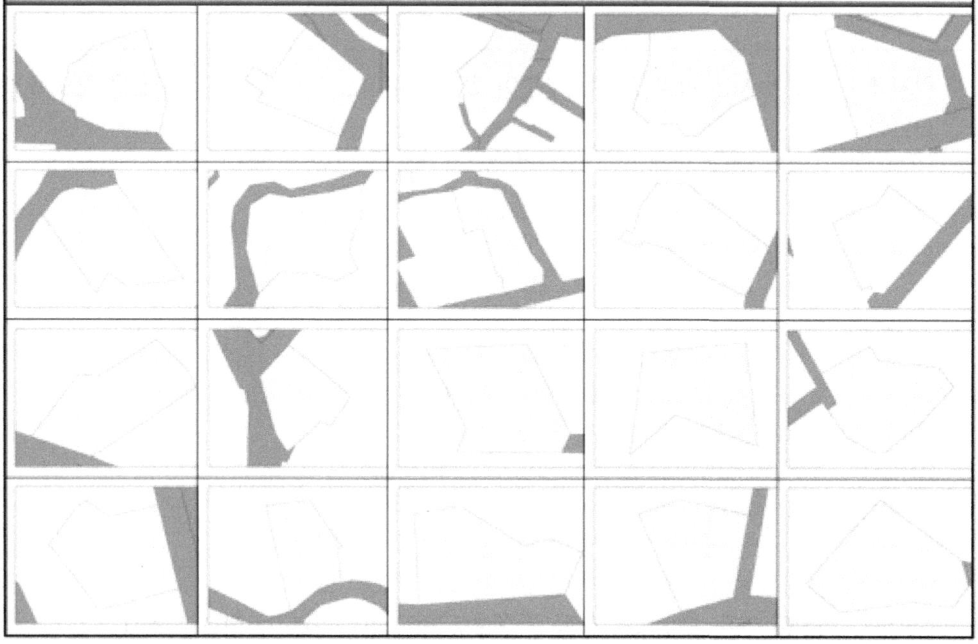

사다리형(유효면적비율 75 ~ 80%)

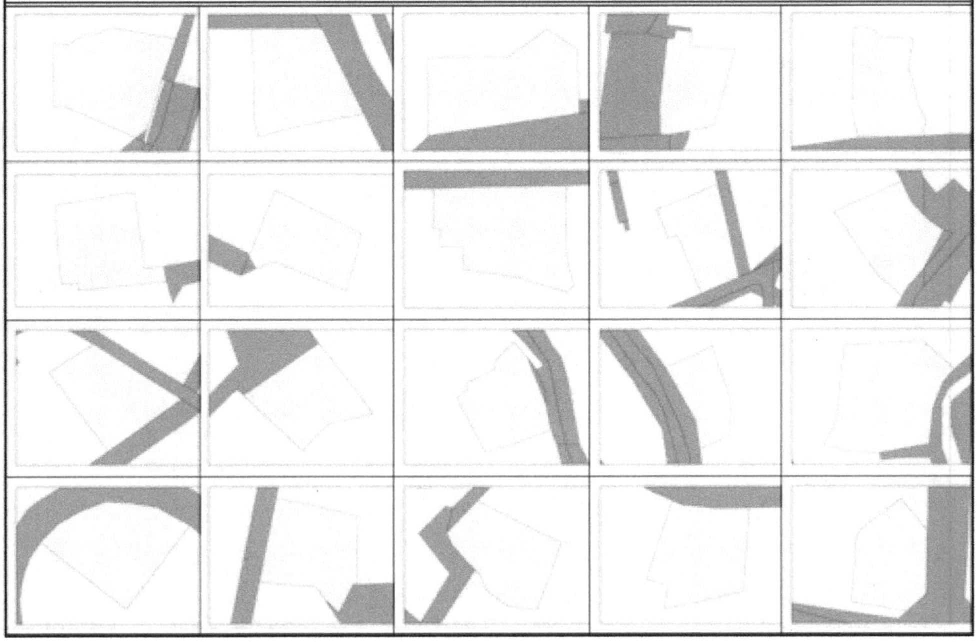

〈부정형〉

부정형(유효면적비율 60% 미만)

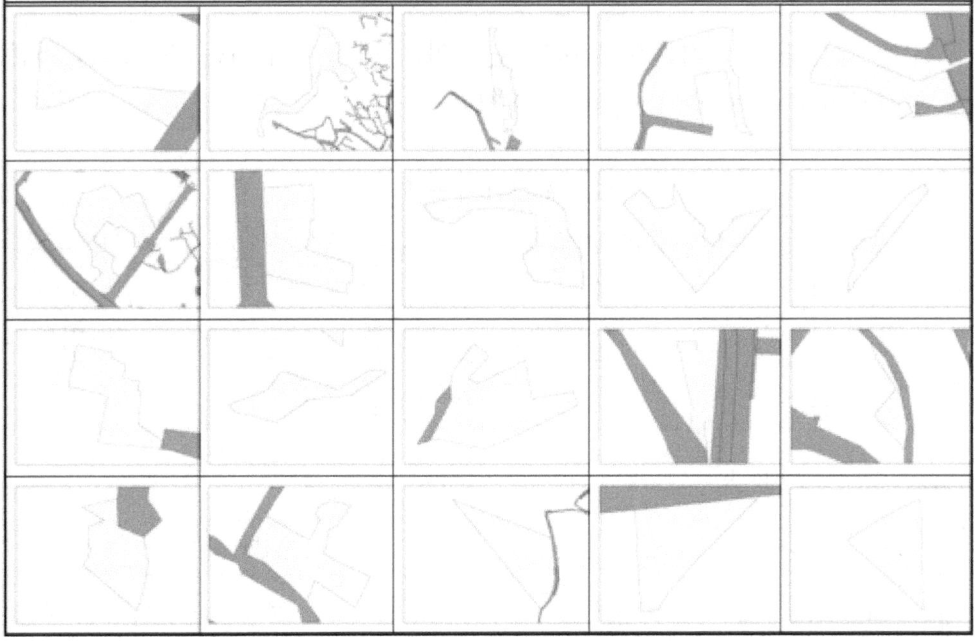

부정형(유효면적비율 60 ~ 65%)

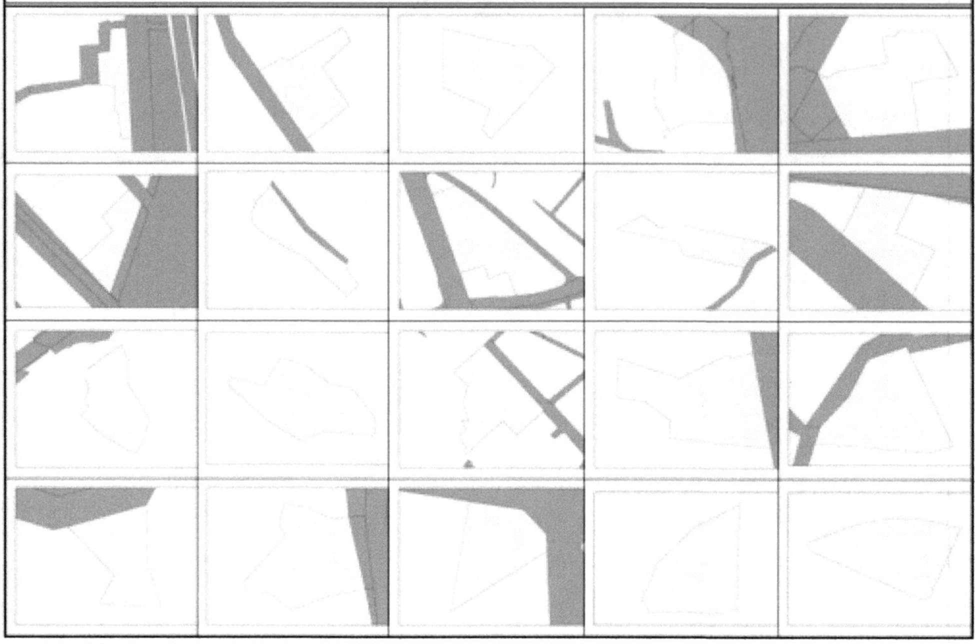

(14) 지형지세 : 방위

가. 주된 접면도로를 기준으로 하되 판단이 어려운 경우에는 진입로를 기준으로 조사하여 다음과 같이 8방위로 표시함

▮ 방위 구분 ▮

구 분	전산코드	구 분	전산코드
남 향	1	서 향	5
남동향	2	북 향	6
남서향	3	북동향	7
동 향	4	북서향	8

※ 접면도로 및 방향

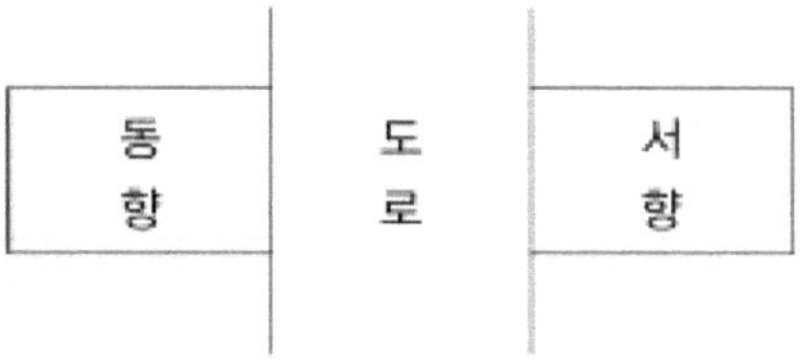

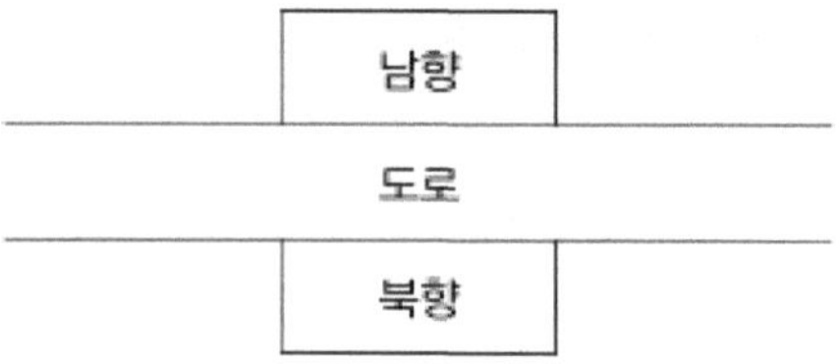

(15) 도로조건 : 도로접면

가. 주택부지가 접한 도로를 다음과 같이 구분하여 기재하되 주택부지가 각지 또는 2면 이상에 접한 경우에는 넓은 도로를 기준으로 기재함을 원칙으로 함. 다만 넓은 도로가 주된 역할을 하지 못하는 경우에는 주된 역할을 하는 도로를 기준으로 기재함

※ 주택부지의 도로접면을 판단함에 있어 주변의 도로접면 및 가격균형성 등을 고려하여 조사 · 산정자와 시 · 군 · 구간에 협의 후 결정할 수 있음

나. 도로의 분류기준

(1) 도로의 분류는 인도를 포함한 도로의 폭을 기준으로 하되 비탈면(법면)부분은 제외함

(2) 도로는 관계법령의 규정에 불구하고 사실상 이용되는 도로와 건설공사중인 도로(조사시점 현재 공사가 진행 중인 구간을 말한다)만을 “도로”로 간주하고 고속국도와 자동차전용도로 등 차량 진출입이 불가능한 도로와 이용되지 않는 폐도는 “도로”로 보지 아니함. 다만 개발행위허가(건축물의 건축, 공작물의 설치, 토지의 형질변경)를 받고 주택부지로 이용 중인 토지와 접한 고속국도와 자동차전용도로의 경우는 “도로”로 간주함

(3) 도로는 현황도로를 기준으로 하되, 택지개발사업지구 · 구획정리사업지구 기타 개발사업지구 내의 토지로서 확정예정지번이 부여된 경우에는 도면상의 도로를 기준으로 기재함. 단, 토지수용 및 환지방식의 개발사업지의 경우 상기 시점 및 기준으로 조사하는 것이 불합리한 때에는 해당 시 · 군 · 구와 협의하여 현황 도로를 기준으로 조사할 수 있음

▌도로접면 구분▐

구 분	전산코드	기재방법	내 용
광대로한면	01	광대한면	폭 25m 이상의 도로에 한면이 접하고 있는 토지
광대로-광대로 광대로-중 로 광대로-소 로	02	광대소각	광대로에 한면이 접하고 소로(폭 8m이상 12m 미만) 이상의 도로에 한면 이상 접하고 있는 토지
광대로-세로(가)	03	광대세각	광대로에 한면이 접하면서 자동차 통행이 가능한 세로(가)에 한면 이상 접하고 있는 토지
중로한면	04	중로한면	폭 12m이상 25m미만 도로에 한면이 접하고 있는 토지
중 로-중 로 중 로-소 로 중 로-세로(가)	05	중로각지	중로에 한면이 접하면서 중로, 소로, 자동차 통행이 가능한 세로(가)에 한면 이상 접하고 있는 토지
소로한면	06	소로한면	폭 8m이상 12m미만의 도로에 한면이 접하고 있는 토지
소 로-소 로 소 로-세로(가)	07	소로각지	소로에 한면이 접하면서 소로, 자동차통행이 가능한 세로(가)에 한면이상 접하고 있는 토지
세로한면(가)	08	세로(가)	자동차 통행이 가능한 폭 8m미만의 도로에 한 면이 접하고 있는 토지
세로(가)-세로(가)	09	세각(가)	자동차 통행이 가능한 세로에 두면 이상이 접하고 있는 토지
세로한면(불)	10	세로(불)	자동차 통행이 불가능하나 이륜자동차의 통행이 가능한 세로에 한면이 접하고 있는 토지
세로(불)-세로(불)	11	세각(불)	자동차 통행이 불가능하나 이륜자동차의 통행이 가능한 세로에 두면이상 접하고 있는 토지
맹지	12	맹지	이륜자동차의 통행이 불가능한 도로에 접한 토지와 도로에 접하지 아니한 토지

㈜ ① 광 · 대로에 한면이 접하면서 세로한면(불)에 접하는 토지는 광대로한면으로 판단함

② 중로에 한면이 접하면서 세로한면(불)에 접하는 토지는 중로한면으로 판단함

③ 소로에 한면이 접하면서 세로한면(불)에 접하는 토지는 소로한면으로 판단함

④ 세로한면(가)에 한면이 접하면서 세로한면(불)에 접하는 토지는 세로한면(가)로 조사함

⑤ 계단도로는 통상적인 도로에 비해 그 기능이 저하됨을 감안하여 해당 도로보다 한 단계 낮은 도로로 조사함

* 세로인 계단도로는 세로(불)로, 소로인 계단도로는 세로(가)로 조사

* 계단도로 : 전반적인 계통으로 보아 차량의 통행이 가능하나, 구간 중 일부가 계단으로 되어있어 차량의 자유로운 통행에 지장이 있는 도로

⑥ 동일노선의 도로폭이 일정하지 않는 경우에는 그 도로의 많은 부분을 차지하는 도로폭을 기준으로 판단함

⑦ 이면(二面)가로획지는 각지로 판단함

⑧ 준각지(準角地)는 각지로 보지 아니하고 한면으로 판단함. 다만, 접면도로폭이 승용차가 원활하게 교차할 수 있는 정도인 경우에는 각지로 판단함

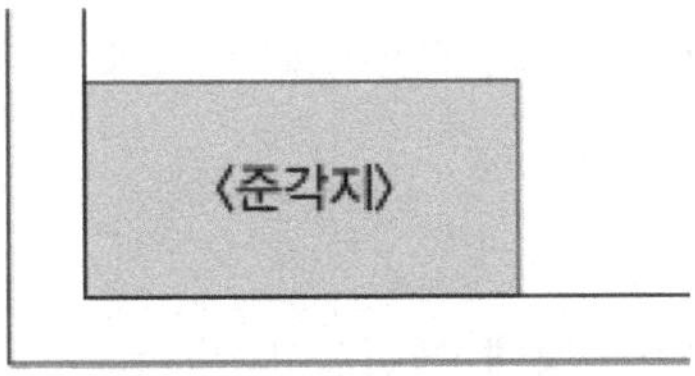

⑨ 보행자도로가 차량 통행의 제한 등으로 통상적인 도로에 비해 그 기능이 저하되는 경우에는 계단도로에 준하여 조사함

※ 보행자 도로 : 보행자의 통행을 위하여 차량의 자유로운 진출입이 제한되는 도로

⑩ 해당지역의 일반적인 면적으로 형성된 획지에 다양한 도로가 접하고 있는 경우에는 접한 도로 중 가장 넓은 도로를 기준(도로의 폭 기준)으로 조사함을 원칙으로 함

⑪ 지방도나 군도의 경우에는 지역에 따라 왕복 2차선의 아스팔트포장도로가 현실적으로 폭8m 미만인 경우가 있음. 단순히 도로폭만을 기준으로 세로로 분류하는 경우에는 지가균형상 불균형을 초래할 수 있으므로 이 경우에는 조사 · 산정자와 시 · 군 · 구간에 협의하여 지방도나 군도에 접한 주택부지 전체를 "소로"로 구분할 수 있음

⑫ 세로에 대한 구분기준은 자동차 통행의 여부이며, 이 경우 승용차를 기준으로 구분함

참고자료

막다른 도로에 접한 주택의 특성조사(도로접면과 형상의 구분)

< 사 례 도 면 >

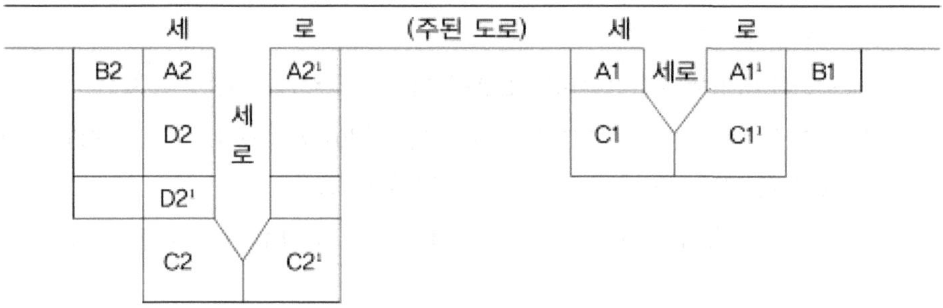

〈일반적인 사례〉 〈특수한 사례〉

• 구획정리사업지구나 계획적으로 개발된 지역의 주택지대의 경우에는 막다른 골목의 주택유형이 다수 발생하고 있으며, 이러한 지역의 경우에 도로접면과 형상의 구분이 비준표에 의한 주택가격산정과 관련하여 문제가 됨

⇒ 사례도면의 경우에 도로에 직접 접한 주택은 가격수준이 동일하거나 가격차가 미세하며(A1 · A1'과 B1, A2 · A2'과 B2), 막다른 골목에 접한 주택(C1, C1', C2, C2')은 도로에 직접 접한 주택보다 후면주택으로서 가격이 열세로 산정됨

• 막다른 도로는 통상적인 도로에 비해 양쪽 방향의 교차통행에 제한을 받게 됨

⇒ 위 사례의 경우에 막다른 도로의 도로폭이 "세로"에 해당하더라도 도로폭이 4m 미만이면 통상적으로 차량이 진입하여 U턴하는 것이 곤란하게 되므로 통상적인 도로에 비해 기능이 저하되며, 따라서 "세로"보다 한단계 낮은 "세로(불)"로 구분하게 됨

→ 도로접면의 조사 : A2는 세로(가), C2 · D2 · D2'는 세로(불)로 구분

⇒ 위 사례의 경우에 막다른 도로의 도로폭이 「통상적으로 차량이 진입하여 U턴이 가능한 일반적인 도로폭」 이라면(예 : 5m) "세로"로 구분하게 됨

→ 도로접면의 조사 : A2는 세각(가), C2·D2·D2[1]는 세로(가)로 구분

- 특수한 사례의 경우 : 비준표에 의한 주택가격산정 목적상 다음과 같이 구분

⇒ 사례도면의 경우에서 막다른 소규모 주택의 출입만을 위해 사용되는 "특수한 사례"의 경우에는 공공의 통행에 사용되기 보다는 일부 주택만의 출입을 위하여 사용됨. 따라서 주택가격산정 목적상 주된 도로를 기준으로 도로접면과 주택형상을 예외적으로 구분함

→ 도로접면 : A1·A1[1]은 세로(가), C1·C1[1]은 세로(가)

→ C1·C1[1]의 주택형상 : 자루형

※ 주택이 도로에 접하는 형태와 관련지어 주택형상을 구분하게 되므로 위의 경우 좁은 출입로를 통해 주된 도로에 접하므로 자루형으로 구분함

※ 단, 인접주택과 주택가격 균형을 위해서 C1·C1[1]의 도로접면을 세로(불), 주택형상을 대상주택의 형상을 기준으로 조사할 수 있음

(16) 유해시설접근성 : 철도·고속국도 등과의 거리

가. 철도·지상전철(경량전철은 제외) 또는 고속국도 등과의 경계로부터 주택부지까지의 도면상의 최단직선거리를 조사하여 기재함. 다만, 유해시설의 실제 영향력을 고려하였을 때 최단직선거리로 조사함이 불합리한 경우(가격 왜곡 등)에는 인근 지형을 감안한 실제 접근 가능한 직선거리로 조사함

※ 해당시설물로의 접근에 제한이 있거나, 정확한 위치를 파악하기 어려운 경우에 한하여 제한적으로 해당시설물을 포함하는 부지(필지) 경계를 기준으로 조사할 수 있음. 다만 현황도면 또는 GIS를 활용하여 해당시설물의 파악이 가능한 경우에는 해당시설물 경계를 기준으로 조사함

나. 상기 시설물이 여러 가지가 함께 있는 경우에는 가장 가까운 거리에 있는 시설을 선택하여 기재함

▌거리 구분▐

전산코드	1	2	3
구 분	50m이내	100m이내	500m이내

※ 철도 · 지상전철(경량전철 제외) 또는 고속국도가 없거나, 500m를 초과하는 지역은 '00'으로 기재함

※ 철도용지의 용도폐지 또는 철도의 운행중지 등으로 그 노선의 전부 또는 일부를 더 이상 사용하지 못하게 되어 있는 철도부지는 조사에서 제외함

다. 상기 시설물에 터널 및 방음벽 등 제어시설이 설치되어 있어 방음효과가 있는 경우 터널 및 방음벽의 시작지점과 끝지점 중 해당 주택지와 가장 가까운 지점을 기준으로 거리를 측정하며, 지하도로 · 지하철도의 경우 지상부 합류지점을 기준으로 거리를 측정함

(17) 유해시설접근성 : 폐기물처리시설 및 수질오염방지시설 등과의 거리

가. 폐기물처리시설 또는 수질오염방지시설(도시 · 군 계획시설로 결정되어 가동 중이거나 또는 대규모의 시설로서 인근 주택가격에 영향을 미칠 것으로 판단되는 쓰레기처리장 · 소각장 및 폐수종말처리시설 등) 등과의 경계로부터 주택부지까지의 도면상의 최단직선거리를 조사하여 기재함. 다만, 유해시설의 실제 영향력을 고려하였을 때 최단직선거리로 조사함이 불합리한 경우(가격 왜곡 등)에는 인근 지형을 감안한 실제 접근 가능한 직선거리로 조사함

※ 해당시설물로의 접근에 제한이 있거나, 정확한 위치를 파악하기 어려운 경우에 한하여 제한적으로 해당시설물을 포함하는 부지(필지) 경계를 기준으로 조사할 수 있음. 다만 현황도면 또는 GIS를 활용하여 해당시설물의 파악이 가능한 경우에는 해당시설물 경계를 기준으로 조사함

※ 어느 시설물을 유해시설로 할 것인지는 해당 시 · 군 · 구에서 판단함

나. 상기 시설물이 여러 개 같이 있는 경우에는 가장 가까운 거리에 있는 시설물을 선택하여 기재함

▌거리 구분▐

전산코드	1	2	3
구 분	50m이내	100m이내	500m이내

※ 폐기물처리·수질오염방지시설이 없거나, 500m를 초과하는 지역은 '00'으로 기재함

다. 상기 시설물이 지중화되어 있는 경우 조사대상에서 제외함

(18) 위험시설접근성 : 변전소와의 거리

가. 변전소(옥외변전소에 한함) 경계로부터 표준주택까지 지적도상의 최단직선거리를 조사하여 다음과 같이 구분·기재함. 위험시설(변전소)의 실제 영향력을 고려하였을 때 최단직선거리로 조사하는 것이 불합리한 경우(가격 왜곡 등)에는 인근지형을 감안하여 실제 접근 가능한 직선거리로 조사함

※ 해당시설물로의 접근에 제한이 있거나, 정확한 위치를 파악하기 어려운 경우에 한하여 제한적으로 해당시설물을 포함하는 부지(필지) 경계를 기준으로 조사할 수 있음. 다만 현황도면 또는 GIS를 활용하여 해당시설물의 파악이 가능한 경우에는 해당시설물 경계를 기준으로 조사함

※ 어느 시설물을 변전소로 조사할 것인지는 지자체와 협의 후 기재함

나. 표준주택 주변에 변전소가 여러 개 있을 경우에는 가장 가까운 거리에 있는 변전소를 기준으로 함

▌거리 구분▐

전산코드	1	2	3
구 분	50m이내	100m이내	600m이내

※ 옥외변전소가 없거나, 600m를 초과하는 지역은 '00'으로 기재함

(19) 지리적 위치

가. 주택부지의 지리적 위치는 소재를 명확히 알 수 있도록 목표물을 정한 후(지리적 위치1) 목표물과의 방향 및 거리 또는 위치(지리적 위치2)를 기재함

나. 목표물은 지명 · 지형지물 · 공공청사 및 공공시설 등 위치확인이 가능하고 이동이 가급적 적은 것으로 함
(예 : 시청, 도청, 읍 · 면 · 동 행정복지센터, 은행, 학교, 다리, 역 등)

다. 방향은 8방위를 기준으로 하여 기재함
(동측, 서측, 남측, 북측, 남동측, 남서측, 북동측, 북서측)

라. 거리는 목표물의 경계로부터 주택부지까지의 도면상의 직선거리를 조사하여 기재함
인근(500m 미만), 근거리(500m 이상 ~ 1㎞ 이하), 원거리(1㎞ 초과)

(기재방법 예)

지리적 위치1	지리적 위치2	
목 표 물	방 향	거리 또는 위치
지명, 지형지물, 공공청사, 공공시설 등	8방위(동측, 서측, 남측, 북측, 남동측, 남서측, 북동측, 북서측)	앞, 옆, 뒤, 입구, 내, 인근, 근거리, 원거리 등

(20) 주위환경

가. 표준주택의 주위환경은 다음 구분 중에서 선택하여 기재하되, 적절한 주위환경을 주위환경구분에서 선택할 수 없는 경우에는 기타란에 12자 이내로 주위환경을 기재함

나. 주택지대의 주위환경 선택은 지대(상가지대, 주택지대 등), 도시지역 및 농어촌지역 등에 관계없이 선택할 수 있음

▌주위환경 구분▐

구 분		전산코드	약 자	주위환경
상가지대		111	기 상	기존 상가지대
		112	일 상	일반 상가지대
		113	중 상	중심 상가지대
		114	번 상	번화한 상가지대
		115	고 상	고밀도 상가지대
		116	도 상	도심 상가지대
		117	후 상	후면 상가지대
		118	역 상	역 주변 상가지대
		119	노 상	노선 상가지대
		120	성 상	성숙중인 상가지대
		121	미 상	미성숙 상가지대
		122	정 상	정비된 상가지대
		123	시 상	시장주변 상가지대
		124	주 상	주택 및 상가혼용지대
		125	시 장	시장지대
		126	아 상	아파트단지주변 상가지대
		151	국 상	국도변 상가지대
		152	지 상	지방도변 상가지대
		153	해 상	해안 상가지대
주택지대	도시지역	211	기 주	기존 주택지대
		212	신 주	신흥 주택지대
		213	일 주	일반 주택지대
		214	고 주	고급 주택지대
		215	성 주	성숙중인 주택지대
		216	미 주	미성숙 주택지대
		217	정 주	정비된 주택지대
		218	연 주	연립 주택지대
		219	공 주	공동 주택지대
		220	전 주	전원 주택지대
		221	속 주	고속국도주변 주택지대
		222	한 옥	한옥지대
		223	아 파	아파트지대
		224	신 구	신구옥 혼성지대
		225	재 개	주택재개발 예정지대
		226	도 개	도심재개발 예정지대

구 분		전산코드	약 자	주위환경
주택지대		227	미 개	미개발지대
		228	개 예	개발 예정지대
	농어촌 지역	251	읍 주	읍소재지 내 주택지대
		252	면 주	면소재지 내 주택지대
		253	읍 농	읍소재지 내 농촌지대
		254	면 농	면소재지 내 농촌지대
		255	근 농	근교 농촌지대
		256	국 농	국도주변 농촌지대
		257	지 농	지방도변 농촌지대
		258	순 농	순수 농촌지대
		259	산 농	산간 농촌지대
		260	해 농	해안 농촌지대
		261	농 어	농어촌지대
		262	해 어	해안 어촌지대
		263	농 취	농촌 취락지대
		264	산 취	산간 취락지대
		265	해 취	해안 취락지대
		266	취 개	취락구조 개선마을
		267	해 주	해안 주택지대
		268	관 광	관광단지
공장지대		311	산 단	산업단지
		312	기 공	기존 공장지대
		313	농 공	농공단지
		314	시 공	시가지주변 공장지대
		315	소 공	소규모 공장지대
업무지대		411	도 무	도심 업무지대
		412	일 무	일반 업무지대
		413	상 무	상가 및 업무지대
		414	공 무	공장 및 업무지대
농경	자연 농경 지대	511	순 경	순수 농경지대
		512	산 경	산간 농경지대
		513	국 경	국도주변 농경지대
		514	지 경	지방도주변 농경지대
		515	마 경	마을주변 농경지대
		516	근 경	근교 농경지대
		517	시 경	시가지주변 농경지대

구 분		전산코드	약 자	주위환경
지대		518	읍 경	읍소재지 내 농경지대
		519	면 경	면소재지 농경지대
		520	해 경	해안 농경지대
	경지정리지대	551	순 정	순수 경지정리지대
		552	국 정	국도주변 경지정리지대
		553	지 정	지방도주변 경지정리지대
		554	마 정	마을주변 경지정리지대
		555	근 정	근교 경지정리지대
		556	시 정	시가지주변 경지정리지대
		557	읍 정	읍소재지 내 경지정리지대
		558	면 정	면소재지 내 경지정리지대
		559	해 정	해안 경지정리지대
임야지대	야산지대	611	마 야	마을주변 야산지대
		612	순 야	순수 야산지대
		613	국 야	국도주변 야산지대
		614	지 야	지방도주변 야산지대
		615	해 야	해안 야산지대
		616	시 야	시가지주변 야산지대
	산림지대	651	마 림	마을주변 산림지대
		652	순 림	순수 산림지대
		653	국 림	국도주변 산림지대
		654	지 림	지방도주변 산림지대
		655	해 림	해안 산림지대
		656	공 림	공원 산림지대
		657	시 림	시가지주변 산림지대
목장지대		711	순 목	순수 목장지대
		712	해 목	해안 목장지대
		713	산 목	산간 목장지대
유원지지대		721	산 유	산간 유원지대
		722	계 유	계곡 유원지대
		723	도 유	도시 유원지대
		724	관 유	관광 유원지대
온천지대		731	온 천	온천지대
		732	온 휴	온천 휴양지대
		733	온 관	온천 관광지대
기 타		999	기 타	12자 이내로 기재

(21) 전년 개별공시지가

해당 주택부지의 전년도 공시지가(1. 1. 기준)를 기재함. 다만 1. 1 ~ 6. 30 기간 중 분할·합병 등 지적사항의 변경으로 지가가 변경된 경우에는 변경된 지가(7. 1. 기준)를 전년지가로 입력함

(22) 거래사례

해당 표준주택 또는 인근 주택에 대한 최근 3년 이내의 거래사례 중 적정한 거래사례를 조사하여 기재함을 원칙으로 하며, 거래일자·소재지·지번·용도지역·대지면적(㎡)·연면적(㎡)·거래가격을 전산프로그램을 활용하여 기재함

(23) 평가선례

해당 표준주택 또는 인근 주택에 대한 최근 3년 이내의 평가선례 중 적정한 평가선례를 조사하여 기재함을 원칙으로 하며, 기준시점·소재지·지번·용도지역·면적(㎡)·평가금액(원/㎡)을 전산프로그램을 활용하여 기재함

3 건물특성 조사요령

(1) 건축물대장 고유번호

가. 일반건축물대장상의 고유번호를 기재함

나. 일반건축물대장(재산세(주택)과세대장)상의 지번과 토지(임야)대장상의 지번이 상이한 경우에는 토지(임야)대장상의 지번을 기준으로 기재함. 다만, 일반건축물대장(재산세(주택)과세대장)상의 지번은 '표준주택 조사사항 및 가격산정의견서'상의 기타참고사항란에 반드시 기재함

※ 건축물대장의 기재 및 관리 등에 관한 규칙 제4조 및 제5조

제4조[건축물대장의 종류] 건축물대장은 건축물의 종류에 따라 다음 각 호와 같이 구분한다. 1. 일반건축물대장 : 일반건축물에 해당하는 건축물 및 대지에 관한 현황을 기재한 건축물대장 2. 집합건축물대장 : 집합건축물에 해당하는 건축물 및 대지에 관한 현황을 기재한 건축물대장 제5조[건축물대장의 작성방법] ① 건축물대장은 건축물 1동을 단위로 하여 각 건축물마다 작성하고, 부속건축물이 있는 경우 부속건축물은 주된 건축물대장에 포함하여 작성한다. ② 집합건축물대장은 표제부와 전유부(專有部)로 나누어 작성한다. ③ 하나의 대지에 2이상의 건축물(부속건축물을 제외한다)이 있는 경우에는 총괄표제부를 작성하여야 한다. ④ 건축물대장에는 건축물현황도가 포함된다. ⑤ 건축물이 다가구주택인 경우에는 다가구주택의 호(가구)별 면적대장을 작성해야 한다.

(1-1) 도로명 고유번호

주소정보누리집(www.juso.go.kr)을 기준으로 도로명주소의 고유번호를 다음과 같은 방식으로 기재함

□□	-	□□□	-	□□□□□□□	-	□□□	-	□	-	□□□□□	-	□□□□□
시도 (2)		시군구 (3)		도로명 (7)		읍면동 (3)		지하 (1)		건물본번 (5)		건물부번 (5)

(1-2) 기초구역번호

「도로명 주소법」 제22조(기초구역 등의 설정 등)에 의하여 설정된 기초구역 번호 5자리를 기재함

□ □ □ □ □

※ 앞 2자리 시 · 도별, 뒤 3자리는 시 · 군 · 구별로 할당된 번호임

※ 남한은 10,000부터 70,999까지를 사용하게 되고, 북한은 71,000부터 99,999까지를 사용하게 됨 기타 00,000부터 09,999는 예비용 번호임

(2) 층수

주건물의 일반건축물대장상의 층수를 지상 및 지하로 구분하여 기재함. 다만, 일반건축물대장상의 층수와 재산세(주택)과세대장상의 층수가 상이한 경우에는 재산세(주택)과세대장상의 층수를 기재함

※ 옥탑층 : 건축물의 옥상부분으로서 그 수평투영면적의 합계가 해당 건축물의 건축면적의 1/8 이하인 경우에는 '옥탑'으로 조사하고, 1/8초과인 경우에는 1개 층으로 조사함

※ 필로티 : 1층이 필로티인 경우 1개 층으로 조사하여 기재함

※ 다락 : 건축물대장(갑 · 을) 또는 재산세(주택)과세대장상 표기되어 있어 조사가 가능한 경우에 한하여 조사하여 기재하며, 층수에는 제외함

▮ 옥탑층, 필로티, 다락의 층수 구분(예시) ▮

(3) 동수

주택부지 내에 주건물과 주건물 이외의 부속건물이 있는 경우 주건물과 부속건물의 건물수를 합하여 기재함(기재 예 : 1동, 2동)

(4) 건축면적

일반건축물대장상의 건축면적을 기재함. 다만, 일반건축물대장상의 건축면적과 재산세(주택)과세대장상의 건축면적이 상이한 경우에는 재산세(주택)과세대장상의 건축면적을 기재함

※「건축법 시행령」 제119조 (면적 등의 산정방법)

건축면적 : 건축물의 외벽(외벽이 없는 경우에는 외곽 부분의 기둥으로 한다.)의 중심선으로 둘러싸인 부분의 수평투영면적으로 하고, 한옥의 경우 건축물(지표면으로부터 1미터이하에 있는 부분을 제외한다)의 외벽(외벽이 없는 경우에는 외곽부분의 기둥으로 말한다. 이하 이 호에서 같다)의 중심선[처마, 차양, 부연, 그 밖에 이와 비슷한 것으로서 그 외벽의 중심선으로부터 수평거리 1미터(한옥의 경우에는 2미터)이상 돌출된 부분이 있는 경우에는 그 돌출된 끝부분으로부터 수평거리 1미터(한옥의 경우에는 2미터)를 후퇴한 선]으로 둘러싸인 부분의 수평투영면적으로 한다. 다만, 태양열을 주된 에너지원으로 이용하는 주택과 창고 물품을 입출고하는 부위의 상부에 설치하는 한쪽 끝은 고정되고 다른 쪽 끝은 지지되지 않는 구조로 된 돌출차양, 단열재를 구조체의 외기측에 설치하는 단열공법으로 건축된 건축물에 대한 건축면적의 산정방법은 국토교통부령으로 정하고, 「다중이용업소의 안전관리에 관한 특별법 시행령」 제9조에 따라 기존의 다중이용업소(2004년 5월 29일 이전의 것만 해당한다)의 비상구에 연결하여 설치하는 폭 2미터 이하의 옥외 피난계단(기존 건축물에 옥외 피난계단을 설치함으로써 법 제55조에 따른 건폐율 기준에 적합하지 아니하게 된 경우만 해당한다)은 건축면적에 산입하지 아니한다.

(5) (5–1) (5–2) 연면적 : 전체 연면적, 용적률 산정용 연면적, 산정연면적

가. 연면적[5]은 일반건축물대장상의 연면적을 기재함. 다만, 일반건축물대장상의 연면적과 재산세(주택)과세대장상의 연면적이 상이한 경우에는 재산세(주택)과세대장상의 연면적을 산출하여 기재함

나. 용적률 산정용 연면적[5–1]은 「건축법 시행령」 제119조에 따라 용적률 산정에 적용되는 연면적을 기재함(프로그램상 자동입력)

※「건축법 시행령」 제119조 (면적 등의 산정방법)

연면적 : 하나의 건축물 각 층의 바닥면적의 합계로 하되, 용적률을 산정할 때에는 다음 각 목에 해당하는 면적은 제외한다. 가. 지하층의 면적 나. 지상층의 주차용(해당 건축물의 부속용도인 경우만 해당한다)으로 쓰는 면적 다. 삭제 〈2012.12.12〉 라. 삭제 〈2012.12.12〉 마. 제34조제3항 및 제4항에 따라 초고층 건축물과 준초고층 건축물에 설치하는 피난안전구역의 면적 바. 제40조제4항제2호에 따라 건축물의 경사지붕 아래에 설치하는 대피공간의 면적

다. 산정연면적[5-2]은 일반건축물대장상의 연면적에서 제외되는 지하층의 면적, 지상층의 주차면적(필로티 포함), 건축면적의 1/8이하인 옥탑면적, 발코니 및 다락면적 등을 포함한 실제 산정되는 연면적을 기재함

※ 발코니의 면적 등은 일반건축물대장(갑 · 을) 또는 재산세(주택)과세대장에 표기되어 있고 조사가 가능한 경우에 한하여 조사함. 그 중 거실, 침실 등으로 구조변경하여 실내 공간화된 확장형은 주거용에 포함하여 조사기재하고 산정연면적에 포함함. 구조 변경없이 발코니로 사용 중인 일반형은 발코니로 조사기재하고 산정연면적에서 제외함

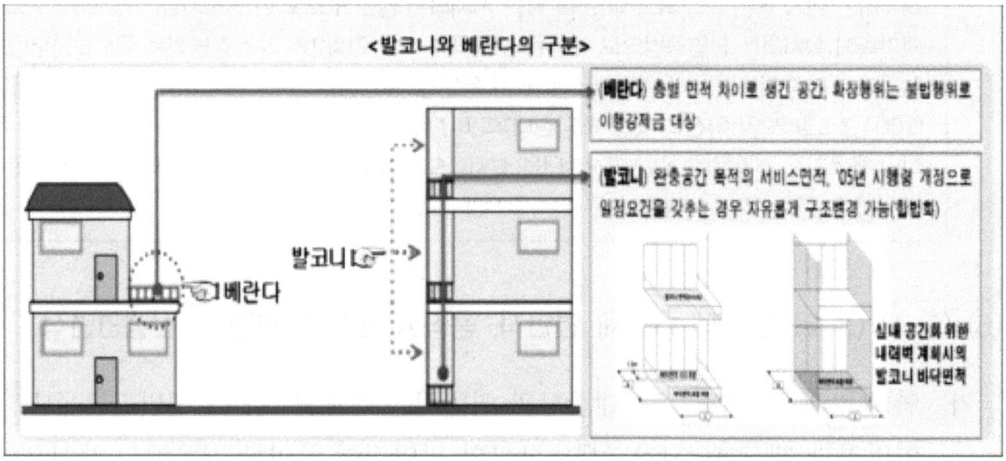

※ 다락은 건축물대장(갑 · 을) 또는 재산세(주택)과세대장상 표기되어 있어 조사가 가능한 경우에 한하여 조사하여 기재하며, 공부 및 현지조사를 통하여 명확히 주거용으로 확인되는 경우 부속용도가 아닌 주용도로 조사할 수 있음

▌다락, 발코니, 필로티, 옥탑의 연면적 조사 · 산정 요령 정리▐

조사항목	다 락	일반형 발코니	확장형 발코니	필로티	옥 탑	지하층
연면적	X (층고 1.5M 이하, 경사지붕인 경우 1.8M)	X	○	X	X (건축면적 1/8초과시○)	○
용적률 산정용 연면적	X (층고 1.5M 이하)	X	○	X	X (건축면적 1/8초과시○)	X
산정 연면적	○	X	○	○	○	○

(5-3) 공시산정연면적

용도혼합용의 건물면적은 주거용 부분만의 면적과 전체 건물연면적을 병기함(프로그램상 자동입력)

(6) 건폐율

해당 건물의 건폐율을 기재함

※「건축법」 제55조(건축물의 건폐율)

대지면적에 대한 건축면적(대지에 건축물이 둘 이상 있는 경우에는 이들 건축면적의 합계로 한다)의 비율(이하 "건폐율"이라 한다)의 최대한도는 「국토의 계획 및 이용에 관한 법률」 제77조에 따른 건폐율의 기준에 따른다. 다만, 이 법에서 기준을 완화하거나 강화하여 적용하도록 규정한 경우에는 그에 따른다.

(7) 용적률

해당 건물의 용적률을 기재함

※「건축법」 제56조(건축물의 용적률)

대지면적에 대한 연면적(대지에 건축물이 둘 이상 있는 경우에는 이들 연면적의 합계로 한다)의 비율(이하 "용적률"이라 한다)의 최대한도는 「국토의 계획 및 이용에 관한 법률」 제78조에 따른 용적률의 기준에 따른다. 다만, 이 법에서 기준을 완화하거나 강화하여 적용하도록 규정한 경우에는 그에 따른다.

(8) (8-1) (8-2) 주건물 · 부속건물 사용승인일자(준공일자)

가. 일반건축물대장상의 사용승인일자를 기재함(연도 4자리, 월 2자리, 일 2자리로 표기)

나. 일반건축물대장상에 사용승인일자가 없는 경우에는 재산세(주택)과세대장상의 신축연도를 기재하고, 일반건축물대장상의 사용승인일자와 재산세(주택)과세대장상의 신축연도가 상이한 경우에는 빠른 연도(일자)를 기재함

다. 표준주택 건물을 재축한 경우에는 일반건축물대장상의 재축일자를 기재함

▌사용승인일자 기재방법(예시)▌

연 도				월		일	
2	0	0	7	0	1	1	5

※ 준공검사 · 사용검사 · 사용승인의 용어 구분

건축허가나 신고를 받아 축조한 건축물은 공사가 완료된 후 사용하기 위해서는 허가권자로부터 사용에 대한 승인절차가 반드시 있어야 함. 이러한 절차는 준공검사, 사용검사 또는 사용승인이라는 용어로 변경 · 사용되어 왔음

가. 준공검사

1962년 「건축법」 이 제정된 이래 1992. 5. 31까지 준공검사제도가 있었음. 준공검사라 함은 건축물이 완공된 시점에서 「건축법 시행령」에서 정하는 기준을 포함하여 건축물의 품질까지도 설계도서와 시방서 · 내역서에 의하여 제대로 시공되었는지를 확인하는 검사를 말함. 그러나 건축물의 품질에 대해서는 건축주와 도급자(시공자)간의 계약에 의하여 당사자간에 해결되어져야 하는 것임. 담당 공무원이 준공검사를 위한 단 한번의 현장조사로 건축물의 품질까지 확인할 수 없음에도 그동안 일반인들은 준공검사를 받은 건축물은 품질보증까지 허가권자가 한 것으로 인식되어 왔음

나. 사용검사

건축물의 품질에 대해서는 건축주와 시공자간에 해결되어져야 할 문제이고, 허가권자는 육안으로 확인할 수 있는 건폐율 · 대지안의 공지, 일조권 등만을 건축법령에 적합한가를 직접 확인검사하여 건축물을 사용하게 하는 제도를 사용검사라 하는데 이는 1992. 6. 1부터 1996. 1. 4까지 운영하였음

다. 사용승인

종전의 사용검사제도는 사용검사신청시 허가권자의 담당공무원이 현장을 조사 · 검사 확인하는 절차가 있었으나, 1996. 1. 5자 개정 시행되는 「건축법」에서는 공사감리자가 작성한 감리완료 보고서에 의하여 사용을 승인하도록 하였음.(담당공무원의 현장확인절차가 필요없게 되었음) 그러나 건축사 등을 감리자로 선정하지 아니한 신고대상 건축물은 종전처럼 담당공무원이 직접 현장을 조사 · 검사하여 사용을 승인처리하고 있음

(9) 건물구조

가. 일반건축물대장(일반건축물대장이 없는 경우 재산세(주택)과세대장)을 참조하여 다음과 같이 구분·기재하되, 일반건축물대장상의 건물구조와 실제 건물구조가 상이한 경우에는 일반건축물대장 또는 재산세(주택)과세대장 수정 시 반영하여 기재함

나. 주건물의 구조가 여러 개일 경우에는 구조1은 기준층의 구조1을 입력하고 구조2와 3은 면적이 넓은 순으로 기재함

(표준주택가격(안)에는 주건물구조가 ○○ ○○외로 자동출력 됨)

다. 건물의 구조를 '기타'로 기재한 경우에는 ( )란에 세부 사항을 기재함

※ 일반건축물대장에 건물의 구조가 "조적조" 등과 같이 구성방식 등으로 기재되어 있는 경우에는 실제 건물구조를 파악하여 기재함

▮ 건물구조 구분 ▮

구 분	전산코드	기재방법	내 용
철골(철골철근)콘크리트조	01	철골근	철골의 기둥·벽·바닥 등 각 부분에 콘크리트를 부어 넣거나 철근콘크리트로 피복한 건물을 말함
통나무조	02	통나무	원목에 인위적인 힘을 가하여 형태를 변화(원형 또는 다각형)시킨 후 이를 세우거나 쌓아 기둥과 외벽 전체면적의 1/2이상을 차지하도록 축조한 건물을 말함. 다만, 목구조 및 목조를 제외함
철근콘크리트조 (RC조, RS조)	03	철근	철근콘크리트를 사용하여 건축을 하거나 이 구조와 조적 기타의 구조를 병용하는 구조를 말하며, 기둥과 보 등이 일체로 고정·접합된 철근 콘크리트 구조를 포함함
철골조	04	철골	여러 가지 단면으로 된 철골과 강판을 조립하여 리벳으로 조이거나 용접을 한 구조를 말함
석조	05	석조	외벽을 석재로 축조한 건물을 말함
P·C조 (Precast Concrete)	06	PC	P·C공법에 의하여 생산된 외벽 등의 부재를 공장에서 다량 생산하여 건축할 위치에 운반하여 조립한 구조를 말함

구 분	전산코드	기재방법	내 용
목구조	07	목구	목재를 골조로 하고 합판, 합성수지, 타일, 석고보드 등을 사용하여 신공법으로 축조한 건물을 말함. 다만, 통나무조와 목조를 제외함
라멘조	08	라멘	기둥과 보 등이 일체로 고정 · 접합된 철근 콘크리트 구조의 건축물을 말함
스틸하우스	09	스틸	아연도금강 골조를 조립하여 패널형태로 건축된 구조를 말함
연와조	10	연와	3면이상이 연와 또는 이와 유사한 벽돌로 축조된 구조를 말함. 다만, 시멘트벽돌조와 시멘트블록조에 외벽 전체면적 1/2 이상의 돌붙임 · 타일붙임 · 인조석붙임 · 대리석붙임 · 붉은타일형 벽돌붙임 등을 한 것은 모두 연와조로 봄
보강콘크리트	11	보콘	시멘트벽돌조의 결함을 보완하기 위하여 벽체 또는 기둥부에 철근을 넣어 축조한 구조를 말함
보강블록조	12	보블	블록의 빈부분에 철근을 넣고 모르타르 또는 콘크리트로 채워 블록조의 결함을 보완한 구조를 말함
황토조	13	황토	외벽 전체면적의 1/2이상을 황토벽돌로 축조하거나 황토를 붙인 건물을 말하되, 기둥과 보등은 목재 · 철재 · 철근콘크리트 등으로 건축한 건물을 말함. 다만, 흙벽돌조와 토담조를 제외함
시멘트벽돌조	14	벽돌	외벽을 시멘트벽돌로 쌓은 후 화장벽돌이나 타일을 붙이거나 모르타르를 바른 것을 말하되, 칸막이벽은 목조로 할 경우도 있으며 지붕 · 바닥 등은 목조 또는 철근콘크리트조로 하기도 함
목조	15	목	기둥과 들보 및 서까래 등이 목재로 된 건물을 말함. 다만, 통나무조와 목구조를 제외함
시멘트블록조	16	블록	주체인 외벽의 재료가 시멘트블록 또는 시멘트콘크리트블록 등으로 된 구조를 말하며, 칸막이벽 · 지붕 · 바닥 등은 시멘트벽돌조와 같이 할 수도 있음
경량철골조	17	경철	비교적 살이 얇은 형강(압연해서 만든 단면이 ㄴ, ㄷ, H, I, 원주형 등의 일정한 모양을 이루고 있는 구조용 강철재)을 써서 꾸민 건축물의 구조를 말함

구 분	전산코드	기재방법	내 용
조립식패널조	18	조패	비교적 살이 얇은 형강사이에 단열재인 폴리스텐폼을 넣어 만든 조립식패널을 이용하여 건축된 건축물 및 이와 유사한 형태의 건축물의 구조를 말함
석회 및 흙벽돌	19	석회	석회와 흙 혼합벽돌 등 이와 유사한 구조로 축조된 구조를 말함
돌담 및 토담조	20	돌담	외벽을 돌담 및 토담으로 축조한 건물을 말함
컨테이너건물	21	컨테	컨테이너를 사용하여 축조한 건물을 말함
철파이프조	22	파이프	기둥을 철파이프를 사용하여 축조한 건물을 말함
ALC조	23	ALC	시멘트와 규사, 생석회 등 무기질 원료를 고온, 고압으로 증기양생시킨 경량의 기포 콘크리트 제품인 ALC를 이용하여 ⅰ)ALC블록으로만 조적시공하는 공법의 건물구조(ALC블록조) 또는 ⅱ)건물골조 보강을 목적으로 철골(H빔, ㄷ잔넬 등)로 기둥, 보, 지붕을 연결 조립하고, 내외벽을 ALC블록으로 조직시공하는 공법의 건물구조를 말함
와이어패널조	24	와이어	스티로폼 단열재 표면에 강철선을 그물망처럼 엮어 고정시킨 다음 그 위에 강철선을 대각선으로 촘촘히 용접시켜 강도를 높인 와이어패널을 이용하여 건축된 건축물 및 이와 유사한 형태의 건축물의 구조를 말함
기타	99	기타	위 구조 이외의 재료를 사용하여 축조한 건물

㈜ ① 건물구조는 주된 재료와 기둥 등에 의하여 분류함
② 퀀셋건물, 알루미늄유리온실은 경량철골조로 분류함

(10) 건물지붕

가. 일반건축물대장(일반건축물대장이 없는 경우 재산세(주택)과세대장)의 건물지붕을 참조하여 다음과 같이 구분 · 기재하되, 일반건축물대장상의 지붕과 실제지붕이 상이한 경우에는 실제지붕을 기재함

나. 주건물의 지붕이 여러 개일 경우 3개까지 기재하되(표준주택가격(안)에는 주건물 지붕이 "○○"외로 자동출력 됨) 기재 우선순위는 면적이 넓은 지붕 순으로 기재함

※ 경사 슬래브위 기와, 싱글 등 슬래브가 마감상태가 아니고 지붕틀을 의미하는 경우에는 실제 마감재를 기준으로 기재함. 다만, 지붕개량 등으로 기존 슬래브 위에 슬레이트, 함석, 강판으로 마감한 경우에는 슬래브로 기재할 수 있음

다. 건물지붕을 기타로 기재한 경우에는 (　　)란에 세부 사항을 기재함

※ 일반건축물대장에 건물지붕이 "루핑지붕" 등으로 기재되어 있는 경우에는 실제 지붕을 파악하여 기재함

▌건물지붕 구분▐

구 분	전산코드	기재방법	내 용
슬래브	01	슬래브	네 귀를 보 등으로 지지한 콘크리트조의 바닥으로 보통 수평 또는 수평에 가까운 평판을 말함 일반적으로 균일한 두께를 갖는 무근 및 철근콘크리트 구조로서 경사슬래브 포함
기와	02	기와	통상적으로 건축물의 지붕을 덮는 재료 가운데 요업 토기품인 기와 또는 금속기와로 마감한 지붕을 말함 ※ 점토기와 • 한식기와 : 주로 궁궐이나 사찰, 중규모 이상의 한옥 등에 주로 쓰이는 전통기와로 미관성 우수 • 오지기와 : 붉은 진흙을 빚어 볕에 말리거나 구운 점토기와의 한 형태로 유약을 바르고 다시 소성해 만듦. 다갈색의 윤이 나며 일반 점토기와보다 표면이 부드러움 ※ 금속기와 : 알루미늄과 아연을 결합한 특수도금 강판 위에 돌입자 등을 코팅하여 기와 형태로 만든 지붕재로서 내구성과 내열성이 우수함 ※ 기와형 구리지붕은 제외함
시멘트기와	03	시멘와	시멘트와 모래를 갠 모르타르를 틀에 채워 성형 후, 양생하여 만든 기와로 마감한 지붕을 말함

구 분	전산코드	기재방법	내 용
아스팔트싱글	04	싱글	유리 섬유를 펠트 모양으로 짜서 건조시켜 만든 보강 심재의 앞뒷면에 피복용 아스팔트를 도포한 후, 표면에는 광물질 입자를 밀착시키고 뒷면에는 광물질 분말을 살포하여 냉각시키고 규정된 크기로 절단한 지붕재로 마감된 지붕을 말함
슬레이트	05	슬레	석면·시멘트 등을 물로 반죽하여 만든 판형 또는 골이진 지붕재로 마감된 지붕을 말함
패널(철판)	06	패널	패널형의 강철재로 마감된 지붕을 말함. 다만, 징크패널은 제외함
천연슬레이트	07	천슬레	점판암, 이판암, 혈암 등의 판형 석재를 소요 형태와 치수로 가공하여 만든 지붕재로 통상적으로 흡수량이 적고 가벼우며 쾌적하고 안정적인 색감의 고급재료를 말함
구리	08	구리	비교적 무르고 전성과 연성이 풍부해 가공성이 좋고, 시간의 변화에 따라 당초 붉은색으로부터 자연스러운 색상변화가 일어나는 재료인 구리를 지붕재로 마감한 지붕을 말함 ※ 판상형 구리지붕, 기와형 구리지붕 등
유리	09	유리	규사 등의 원료를 용융된 상태에서 냉각하여 얻은 재료를 이용해 유리기와 또는 자외선 투과 유리 등을 지붕재로 하여 마감한 지붕을 말함
함석	10	함석	강판을 아연으로 피복한 지붕재로 마감한 지붕을 말함
자연석	11	자연	인공(人工)을 가하지 않은 천연적으로 산출된 돌을 주 재료로 한 지붕재로 마감한 지붕을 말하며, 천연슬레이트로 마감한 지붕은 제외함
선라이트	12	선라	채광성이 좋은 투명 또는 반투명 재질로 만든 합성수지계 지붕재를 사용하여 마감한 지붕을 말함
초가	13	초가	새나 갈대 등 볏과의 다년초를 사용하거나 밀집이나 볏짚을 혼합한 지붕재로 마감한 지붕을 말함
너와	14	너와	삼나무나 노송나무 등의 박판으로 처마 끝에서부터 순차 종횡으로 두툼하게 겹쳐 이은 지붕을 말함
강판기와 (강판슬레이트)	15	강판	얇은 판상의 강판을 기와 또는 슬레이트 외관을 띄도록 가공한 지붕재로 마감한 지붕을 말함 ※ 강판 슬레이트, 기와형 강판 지붕, 칼라 강판 지붕 등
징크패널	16	징크	아연 강판을 이어 붙여 마감한 지붕을 말하며 내구성이 뛰어난 고급재료를 말함 ※ 아연도강판을 포함함
기타	99	기타	위 지붕 이외의 재료를 사용한 건물

(11) 건물용도

표준주택의 건물용도는 다음과 같이 조사 · 기재함

▮ 건물용도 구분 ▮

용 도	세부용도	전산코드	기재방법	내 용
주거용 단 독 (100) [단독주택의 형태를 갖춘 가정어린이집 · 공동생활가정 · 지역아동센터 및 노인복지시설(노인복지주택은 제외한다)을 포함한다]	단독주택	101	단독	
	다가구주택	102	다가구	※ 다음의 요건 모두를 갖춘 주택으로서 공동주택에 해당하지 아니하는 것을 말한다. • 주택으로 쓰는 층수(지하층은 제외한다)가 3개 층 이하일 것. 다만, 1층의 전부 또는 일부를 필로티 구조로 하여 주차장으로 사용하고 나머지 부분을 주택(주거 목적으로 한정한다) 외의 용도로 쓰는 경우에는 해당 층을 주택의 층수에서 제외한다. • 1개 동의 주택으로 쓰이는 바닥면적의 합계가 660제곱미터 이하일 것 • 19세대(대지 내 동별 세대수를 합한 세대를 말한다) 이하가 거주할 수 있을 것
	다중주택	103	다중	※ 다음의 요건 모두를 갖춘 주택을 말한다. • 학생 또는 직장인 등 여러 사람이 장기간 거주할 수 있는 구조로 되어 있는 것 • 독립된 주거의 형태를 갖추지 않은 것(각 실별로 욕실은 설치할 수 있으나, 취사시설은 설치하지 않은 것을 말한다) • 1개 동의 주택으로 쓰이는 바닥면적(부설 주차장 면적은 제외한다. 이하 같다)의 합계가 660제곱미터 이하이고 주택으로 쓰는 층수(지하층은 제외한다)가 3개 층 이하일 것. 다만, 1층의 전부 또는 일부를 필로티 구조로 하여 주차장으로 사용하고 나머지 부분을 주택(주거 목적으로 한정한다) 외의 용도로 쓰는 경우에는 해당 층을 주택의 층수에서 제외한다. • 적정한 주거환경을 조성하기 위하여 건축조례로 정하는 실별 최소 면적, 창문의 설치 및 크기 등의 기준에 적합할 것

<table>
<tr><th>용 도</th><th>세부
용도</th><th>전산
코드</th><th>기재
방법</th><th>내 용</th></tr>
<tr><td rowspan="4">주거용
공 동
(200)
• 공동주택의 형태를 갖춘 가정어린이집·공동생활가정·지역아동센터·공동육아나눔터·작은도서관·노인복지시설(노인복지주택은 제외한다) 및 「주택법 시행령」 제10조제1항제1호에 따른 소형주택을 포함한다.

• 다만, 가목이나 나목에서 층수를 산정할 때 1층 전부를 필로티 구조로 하여 주차장으로 사용하는 경우에는 필로티 부분을 층수에서 제외하고, 다목에서 층수를 산정할 때 1층의 전부 또는 일부를 필로티 구조로 하여 주차장으로 사용하고 나머지 부분을 주택(주거 목적으로 한정한다) 외의 용도로 쓰는 경우에는 해당 층을 주택의 층수에서 제외하며, 가목부터 라목까지의 규정에서 층수를 산정할 때 지하층을 주택의 층수에서 제외한다.</td><td>아파트</td><td>201</td><td>아파트</td><td>• 주택으로 쓰는 층수가 5개 층 이상인 주택</td></tr>
<tr><td>연립
주택</td><td>202</td><td>연립</td><td>• 주택으로 쓰는 1개 동의 바닥면적(2개 이상의 동을 지하주차장으로 연결하는 경우에는 각각의 동으로 본다) 합계가 660제곱미터를 초과하고, 층수가 4개 층 이하인 주택</td></tr>
<tr><td>다세대
주택</td><td>203</td><td>다세대</td><td>• 주택으로 쓰는 1개 동의 바닥면적 합계가 660제곱미터 이하이고, 층수가 4개 층 이하인 주택(2개 이상의 동을 지하주차장으로 연결하는 경우에는 각각의 동으로 본다)</td></tr>
<tr><td>기숙사</td><td>204</td><td>기숙사</td><td>• 다음의 어느 하나에 해당하는 건축물로서 공간의 구성과 규모 등에 관하여 국토교통부장관이 정하여 고시하는 기준에 적합한 것. 다만, 구분소유된 개별 실(室)은 제외한다.
1) 일반기숙사 : 학교 또는 공장 등의 학생 또는 종업원 등을 위하여 사용하는 것으로서 해당 기숙사의 공동취사시설 이용 세대 수가 전체 세대 수(건축물의 일부를 기숙사로 사용하는 경우에는 기숙사로 사용하는 세대 수로 한다. 이하 같다)의 50퍼센트 이상인 것(「교육기본법」 제27조제2항에 따른 학생복지주택을 포함한다)
2) 임대형기숙사: 「공공주택 특별법」 제4조에 따른 공공주택사업자 또는 「민간임대주택에 관한 특별법」 제2조제7호에 따른 임대사업자가 임대사업에 사용하는 것으로서 임대 목적으로 제공하는 실이 20실 이상이고 해당 기숙사의 공동취사시설 이용 세대 수가 전체 세대 수의 50퍼센트 이상인 것</td></tr>
</table>

용 도	세부 용도	전산 코드	기재 방법	내 용
상업용 및 업무용 (300)	제1종 근린 생활 시설	301	1종 근생	가. 식품 · 잡화 · 의류 · 완구 · 서적 · 건축자재 · 의약품 · 의료기기 등 일용품을 판매하는 소매점으로서 같은 건축물(하나의 대지에 두 동 이상의 건축물이 있는 경우에는 이를 같은 건축물로 본다. 이하 같다)에 해당 용도로 쓰는 바닥면적의 합계가 1천 제곱미터 미만인 것 나. 휴게음식점, 제과점 등 음료 · 차(茶) · 음식 · 빵 · 떡 · 과자 등을 조리하거나 제조하여 판매하는 시설(제4호 너목 또는 제17호에 해당하는 것은 제외한다)로서 같은 건축물에 해당 용도로 쓰는 바닥면적의 합계가 300제곱미터 미만인 것 다. 이용원, 미용원, 목욕장, 세탁소 등 사람의 위생관리나 의류 등을 세탁 · 수선하는 시설(세탁소의 경우 공장에 부설되는 것과 「대기환경보전법」, 「물환경보전법」 또는 「소음·진동관리법」에 따른 배출시설의 설치 허가 또는 신고의 대상인 것은 제외한다) 라. 의원, 치과의원, 한의원, 침술원, 접골원(接骨院), 조산원, 안마원, 산후조리원 등 주민의 진료 · 치료 등을 위한 시설 마. 탁구장, 체육도장으로서 같은 건축물에 해당 용도로 쓰는 바닥면적의 합계가 500제곱미터 미만인 것 바. 지역자치센터, 파출소, 지구대, 소방서, 우체국, 방송국, 보건소, 공공도서관, 건강보험공단 사무소 등 주민의 편의를 위하여 공공업무를 수행하는 시설로서 같은 건축물에 해당 용도로 쓰는 바닥면적의 합계가 1천제곱미터 미만인 것 사. 마을회관, 마을공동작업소, 마을공동구판장, 공중화장실, 대피소, 지역아동센터(단독주택과 공동주택에 해당하는 것은 제외한다) 등 주민이 공동으로 이용하는 시설 아. 변전소, 도시가스배관시설, 통신용 시설(해당 용도로 쓰는 바닥면적의 합계가 1천제곱미터 미만인 것에 한정한다), 정수장, 양수장 등 주민의 생활에 필요한 에너지공급·통신서비스제공이나 급수·배수와 관련된 시설 자. 금융업소, 사무소, 부동산중개사무소, 결혼상담소 등 소개업소, 출판사 등 일반업무시설로서 같은 건축물에 해당 용도로 쓰는 바닥면적의 합계가 30제곱미터 미만인 것 차. 전기자동차 충전소(해당 용도로 쓰는 바닥면적의 합계가 1천제곱미터 미만인 것으로 한정한다)

용 도	세부 용도	전산 코드	기재 방법	내 용
상업용 및 업무용 (300)	제2종 근린 생활 시설	302	2종 근생	가. 공연장(극장, 영화관, 연예장, 음악당, 서커스장, 비디오물감상실, 비디오물소극장, 그 밖에 이와 비슷한 것을 말한다. 이하 같다)으로서 같은 건축물에 해당 용도로 쓰는 바닥면적의 합계가 500제곱미터 미만인 것 나. 종교집회장[교회, 성당, 사찰, 기도원, 수도원, 수녀원, 제실(祭室), 사당, 그 밖에 이와 비슷한 것을 말한다. 이하 같다]으로서 같은 건축물에 해당 용도로 쓰는 바닥면적의 합계가 500제곱미터 미만인 것 다. 자동차영업소로서 같은 건축물에 해당 용도로 쓰는 바닥면적의 합계가 1천제곱미터 미만인 것 라. 서점(제1종 근린생활시설에 해당하지 않는 것) 마. 총포판매소 바. 사진관, 표구점 사. 청소년게임제공업소, 복합유통게임제공업소, 인터넷컴퓨터게임시설제공업소, 가상현실체험 제공업소, 그 밖에 이와 비슷한 게임 및 체험 관련 시설로서 같은 건축물에 해당 용도로 쓰는 바닥면적의 합계가 500제곱미터 미만인 것 아. 휴게음식점, 제과점 등 음료 · 차(茶) · 음식 · 빵 · 떡 · 과자 등을 조리하거나 제조하여 판매하는 시설(너목 또는 제17호에 해당하는 것은 제외한다)로서 같은 건축물에 해당 용도로 쓰는 바닥면적의 합계가 300제곱미터 이상인 것 자. 일반음식점 차. 장의사, 동물병원, 동물미용실, 「동물보호법」 제73조제1항제2호에 따른 동물위탁관리업을 위한 시설, 그 밖에 이와 유사한 것 카. 학원(자동차학원 · 무도학원 및 정보통신기술을 활용하여 원격으로 교습하는 것은 제외한다), 교습소(자동차교습·무도교습 및 정보통신기술을 활용하여 원격으로 교습하는 것은 제외한다), 직업훈련소(운전 · 정비 관련 직업훈련소는 제외한다)로서 같은 건축물에 해당 용도로 쓰는 바닥면적의 합계가 500제곱미터 미만인 것

용 도	세부 용도	전산 코드	기재 방법	내 용
상업용 및 업무용 (300)	제2종 근린 생활 시설	302	2종 근생	타. 독서실, 기원 파. 테니스장, 체력단련장, 에어로빅장, 볼링장, 당구장, 실내낚시터, 골프연습장, 놀이형시설(「관광진흥법」에 따른 기타유원시설업의 시설을 말한다. 이하 같다) 등 주민의 체육 활동을 위한 시설(제3호마목의 시설은 제외한다)로서 같은 건축물에 해당 용도로 쓰는 바닥면적의 합계가 500제곱미터 미만인 것 하. 금융업소, 사무소, 부동산중개사무소, 결혼상담소 등 소개업소, 출판사 등 일반업무시설로서 같은 건축물에 해당 용도로 쓰는 바닥면적의 합계가 500제곱미터 미만인 것(제1종 근린생활시설에 해당하는 것은 제외한다) 거. 다중생활시설(「다중이용업소의 안전관리에 관한 특별법」에 따른 다중이용업 중 고시원업의 시설로서 국토교통부장관이 고시하는 기준과 그 기준에 위배되지 않는 범위에서 적정한 주거환경을 조성하기 위하여 건축조례로 정하는 실별 최소 면적, 창문의 설치 및 크기 등의 기준에 적합한 것을 말한다. 이하 같다)로서 같은 건축물에 해당 용도로 쓰는 바닥면적의 합계가 500제곱미터 미만인 것 너. 제조업소, 수리점 등 물품의 제조·가공·수리 등을 위한 시설로서 같은 건축물에 해당 용도로 쓰는 바닥면적의 합계가 500제곱미터 미만이고, 다음 요건 중 어느 하나에 해당하는 것 1) 「대기환경보전법」, 「물환경보전법」 또는 「소음·진동관리법」에 따른 배출시설의 설치 허가 또는 신고의 대상이 아닌 것 2) 「물환경보전법」 제33조제1항 본문에 따라 폐수배출시설의 설치 허가를 받거나 신고해야 하는 시설로서 발생되는 폐수를 전량 위탁처리하는 것 더. 단란주점으로서 같은 건축물에 해당 용도로 쓰는 바닥면적의 합계가 150제곱미터 미만인 것 러. 안마시술소, 노래연습장

용 도	세부 용도	전산 코드	기재 방법	내 용
상업용 및 업무용 (300)	문화 및 집회 시설	303	문화 집회	가. 공연장으로서 제2종 근린생활시설에 해당하지 아니하는 것 나. 집회장[예식장, 공회당, 회의장, 마권(馬券) 장외 발매소, 마권 전화투표소, 그 밖에 이와 비슷한 것을 말한다]으로서 제2종 근린생활시설에 해당하지 아니하는 것 다. 관람장(경마장, 경륜장, 경정장, 자동차 경기장, 그 밖에 이와 비슷한 것과 체육관 및 운동장으로서 관람석의 바닥면적의 합계가 1천 제곱미터 이상인 것을 말한다) 라. 전시장(박물관, 미술관, 과학관, 문화관, 체험관, 기념관, 산업전시장, 박람회장, 그 밖에 이와 비슷한 것을 말한다) 마. 동·식물원(동물원, 식물원, 수족관, 그 밖에 이와 비슷한 것을 말한다)
	종교 시설	304	종교	가. 종교집회장으로서 제2종 근린생활시설에 해당하지 아니하는 것 나. 종교집회장(제2종 근린생활시설에 해당하지 아니하는 것을 말한다)에 설치하는 봉안당(奉安堂)
	판매 시설	305	판매	가. 도매시장(「농수산물유통 및 가격안정에 관한 법률」에 따른 농수산물도매시장, 농수산물공판장, 그 밖에 이와 비슷한 것을 말하며, 그 안에 있는 근린생활시설을 포함한다) 나. 소매시장(「유통산업발전법」 제2조제3호에 따른 대규모 점포, 그 밖에 이와 비슷한 것을 말하며, 그 안에 있는 근린생활시설을 포함한다) 다. 상점(그 안에 있는 근린생활시설을 포함한다)으로서 다음의 요건 중 어느 하나에 해당하는 것 1) 제3호 가목에 해당하는 용도(서점은 제외한다)로서 제1종 근린생활시설에 해당하지 아니하는 것 2) 「게임산업진흥에 관한 법률」 제2조제6호의2가목에 따른 청소년게임제공업의 시설, 같은 호 나목에 따른 일반게임제공업의 시설, 같은 조 제7호에 따른 인터넷컴퓨터게임시설제공업의 시설 및 같은 조 제8호에 따른 복합유통게임제공업의 시설로서 제2종 근린생활시설에 해당하지 아니하는 것

용 도	세부 용도	전산 코드	기재 방법	내 용
상업용 및 업무용 (300)	운수 시설	306	운수	가. 여객자동차터미널 나. 철도시설 다. 공항시설 라. 항만시설 마. 그밖에 가목부터 라목까지의 규정에 따른 시설과 비슷한 시설
	의료 시설	307	의료	가. 병원(종합병원, 병원, 치과병원, 한방병원, 정신병원 및 요양병원을 말한다) 나. 격리병원(전염병원, 마약진료소, 그 밖에 이와 비슷한 것을 말한다)
	교육 연구시설 (제2종 근린 생활 시설에 해당 하는 것은 제외 한다)	308	교육	가. 학교(유치원, 초등학교, 중학교, 고등학교, 전문대학, 대학, 대학교, 그 밖에 이에 준하는 각종 학교를 말한다) 나. 교육원(연수원, 그 밖에 이와 비슷한 것을 포함한다) 다. 직업훈련소(운전 및 정비 관련 직업훈련소는 제외한다) 라. 학원(자동차학원 · 무도학원 및 정보통신기술을 활용하여 원격으로 교습하는 것은 제외한다), 교습소(자동차교습 · 무도교습 및 정보통신기술을 활용하여 원격으로 교습하는 것은 제외한다) 마. 연구소(연구소에 준하는 시험소와 계측계량소를 포함한다) 바. 도서관
	노유자 시설	309	노유자	가. 아동 관련 시설(어린이집, 아동복지시설, 그 밖에 이와 비슷한 것으로서 단독주택, 공동주택 및 제1종 근린생활시설에 해당하지 아니하는 것을 말한다) 나. 노인복지시설(단독주택과 공동주택에 해당하지 아니하는 것을 말한다) 다. 그 밖에 다른 용도로 분류되지 아니한 사회복지시설 및 근로복지시설

용 도	세부 용도	전산 코드	기재 방법	내 용
상업용 및 업무용 (300)	수련 시설	310	수련	가. 생활권 수련시설(「청소년활동진흥법」에 따른 청소년수련관, 청소년문화의집, 청소년특화시설, 그 밖에 이와 비슷한 것을 말한다) 나. 자연권 수련시설(「청소년활동진흥법」에 따른 청소년수련원, 청소년야영장, 그 밖에 이와 비슷한 것을 말한다) 다. 「청소년활동진흥법」에 따른 유스호스텔 라. 「관광진흥법」에 따른 야영장 시설로서 제29호에 해당하지 아니하는 시설
	운동 시설	311	운동	가. 탁구장, 체육도장, 테니스장, 체력단련장, 에어로빅장, 볼링장, 당구장, 실내낚시터, 골프연습장, 놀이형시설, 그 밖에 이와 비슷한 것으로서 제1종 근린생활시설 및 제2종 근린생활시설에 해당하지 아니하는 것 나. 체육관으로서 관람석이 없거나 관람석의 바닥면적이 1천 제곱미터 미만인 것 다. 운동장(육상장, 구기장, 볼링장, 수영장, 스케이트장, 롤러스케이트장, 승마장, 사격장, 궁도장, 골프장 등과 이에 딸린 건축물을 말한다)으로서 관람석이 없거나 관람석의 바닥면적이 1천 제곱미터 미만인 것
	업무 시설	312	업무	가. 공공업무시설: 국가 또는 지방자치단체의 청사와 외국공관의 건축물로서 제1종 근린생활시설에 해당하지 아니하는 것 나. 일반업무시설: 다음 요건을 갖춘 업무시설을 말한다. 1) 금융업소, 사무소, 결혼상담소 등 소개업소, 출판사, 신문사, 그 밖에 이와 비슷한 것으로서 제1종 근린생활시설 및 제2종 근린생활시설에 해당하지 않는 것 2) 오피스텔(업무를 주로 하며, 분양하거나 임대하는 구획 중 일부 구획에서 숙식을 할 수 있도록 한 건축물로서 국토교통부장관이 고시하는 기준에 적합한 것을 말한다)

용 도	세부용도	전산 코드	기재 방법	내 용
상업용 및 업무용 (300)	숙박 시설	313	숙박	가. 일반숙박시설 및 생활숙박시설(「공중위생관리법」 제3조제1항 전단에 따라 숙박업 신고를 해야 하는 시설로서 국토교통부장관이 정하여 고시하는 요건을 갖춘 시설을 말한다) 나. 관광숙박시설(관광호텔, 수상관광호텔, 한국전통호텔, 가족호텔, 호스텔, 소형호텔, 의료관광호텔 및 휴양 콘도미니엄) 다. 다중생활시설(제2종 근린생활시설에 해당하지 아니하는 것을 말한다) 라. 그 밖에 가목부터 다목까지의 시설과 비슷한 것
	위락 시설	314	위락	가. 단란주점으로서 제2종 근린생활시설에 해당하지 아니하는 것 나. 유흥주점이나 그 밖에 이와 비슷한 것 다. 「관광진흥법」에 따른 유원시설업의 시설, 그 밖에 이와 비슷한 시설(제2종 근린생활시설과 운동시설에 해당하는 것은 제외한다) 라. 삭제 〈2010. 2. 18.〉 마. 무도장, 무도학원 바. 카지노영업소
	교정 및 군사시설 (제1종근린생활시설에 해당하는 것을 제외한다)	315	교정	가. 교정시설(보호감호소, 구치소 및 교도소를 말한다) 나. 갱생보호시설, 그 밖에 범죄자의 갱생 · 보육 · 교육 · 보건 등의 용도로 쓰는 시설 다. 소년원 및 소년분류심사원 라. 삭제 〈2023. 5. 15.〉
			국방 · 군사	「국방 · 군사시설 사업에 관한 법률」에 따른 국방 · 군사시설
	방송 통신시설 (제1종근린생활시설에 해당하는 것을 제외한다)	316	방송 통신	가. 방송국(방송프로그램 제작시설 및 송신 · 수신 · 중계시설을 포함한다) 나. 전신전화국 다. 촬영소 라. 통신용 시설 마. 데이터센터 바. 그 밖에 가목부터 마목까지의 시설과 비슷한 것

용 도	세부 용도	전산 코드	기재 방법	내 용
상업용 및 업무용 (300)	발전 시설	317	발전	• 발전소(집단에너지 공급시설을 포함한다)로 사용되는 건축물로서 제1종 근린생활시설에 해당하지 아니하는 것
	묘지 관련시설	318	묘지	가. 화장시설 나. 봉안당(종교시설에 해당하는 것은 제외한다) 다. 묘지와 자연장지에 부수되는 건축물 라. 동물화장시설, 동물건조장(乾燥葬) 시설 및 동물 전용의 납골시설
	관광 휴게시설	319	관광	가. 야외음악당 나. 야외극장 다. 어린이회관 라. 관망탑 마. 휴게소 바. 공원·유원지 또는 관광지에 부수되는 시설
	장례시설	320	장례	가. 장례식장[의료시설의 부수시설(「의료법」 제36조 제1호에 따른 의료기관의 종류에 따른 시설을 말한다)에 해당하는 것은 제외한다] 나. 동물 전용의 장례식장
	야영장 시설	321	야영장	「관광진흥법」에 따른 야영장 시설로서 관리동, 화장실, 샤워실, 대피소, 취사시설 등의 용도로 쓰는 바닥면적의 합계가 300제곱미터 미만인것
	공장	401	공장	• 물품의 제조·가공[염색·도장(塗裝)·표백·재봉·건조·인쇄 등을 포함한다] 또는 수리에 계속적으로 이용되는 건축물로서 제1종 근린생활시설, 제2종 근린생활시설, 위험물저장 및 처리시설, 자동차 관련 시설, 자원순환 관련 시설 등으로 따로 분류되지 아니한 것
	창고시설 (위험물 저장 및 처리 시설 또는 그 부속용도에 해당하는 것은 제외한다)	402	창고	가. 창고(물품저장시설로서 「물류정책기본법」에 따른 일반창고와 냉장 및 냉동 창고를 포함한다) 나. 하역장 다. 「물류시설의 개발 및 운영에 관한 법률」에 따른 물류터미널 라. 집배송 시설

용 도	세부 용도	전산 코드	기재 방법	내 용
산업용 및 기타특수용 (400)	위험물 저장 및 처리시설	403	위험	• 「위험물안전관리법」, 「석유 및 석유대체연료 사업법」, 「도시가스사업법」, 「고압가스 안전관리법」, 「액화석유가스의 안전관리 및 사업법」, 「총포 · 도검 · 화약류 등의 안전관리에 관한 법률」, 「화학물질 관리법」 등에 따라 설치 또는 영업의 허가를 받아야 하는 건축물로서 다음 각 목의 어느 하나에 해당하는 것. 다만, 자가난방, 자가발전, 그 밖에 이와 비슷한 목적으로 쓰는 저장시설은 제외한다. 가. 주유소(기계식 세차설비를 포함한다) 및 석유 판매소 나. 액화석유가스 충전소 · 판매소 · 저장소(기계식 세차설비를 포함한다) 다. 위험물 제조소 · 저장소 · 취급소 라. 액화가스 취급소 · 판매소 마. 유독물 보관 · 저장 · 판매시설 바. 고압가스 충전소 · 판매소 · 저장소 사. 도료류 판매소 아. 도시가스 제조시설 자. 화약류 저장소 차. 그 밖에 가목부터 자목까지의 시설과 비슷한 것
	자동차 관련시설 (건설기계 관련시설을 포함한다)	404	자동차	가. 주차장 나. 세차장 다. 폐차장 라. 검사장 마. 매매장 바. 정비공장 사. 운전학원 및 정비학원(운전 및 정비 관련 직업 훈련시설을 포함한다) 아. 「여객자동차 운수사업법」, 「화물자동차 운수사업법」 및 「건설기계관리법」에 따른 차고 및 주기장(駐機場)

용 도	세부 용도	전산 코드	기재 방법	내 용
산업용 및 기타 특수용 (400)	동물 및 식물관련 시설	405	동식물	가. 축사(양잠ㆍ양봉ㆍ양어ㆍ양돈ㆍ양계ㆍ곤충사육 시설 및 부화장 등을 포함한다) 나. 가축시설[가축용 운동시설, 인공수정센터, 관리사(管理舍), 가축용 창고, 가축시장, 동물검역소, 실험동물 사육시설, 그 밖에 이와 비슷한 것을 말한다] 다. 도축장 라. 도계장 마. 작물 재배사 바. 종묘배양시설 사. 화초 및 분재 등의 온실 아. 동물 또는 식물과 관련된 가목부터 사목까지의 시설과 비슷한 것(동ㆍ식물원은 제외한다)
	자원순환 관련 시설	406	자원순환	가. 하수 등 처리시설 나. 고물상 다. 폐기물재활용시설 라. 폐기물 처분시설 마. 폐기물감량화시설
용도 복합용 (500)	주ㆍ상용 건물	501	주ㆍ상용	• 건물용도가 주거용과 상업용이 혼재된 건물
	주ㆍ산용 건물	502	주ㆍ산용	• 건물용도가 주거용과 산업용 및 기타특수용이 혼재된 건물
	기타 복합용 건물	503	기타복합	• 주ㆍ상용과 주ㆍ산용 외의 용도가 복합된 건물
기타		999	기타	• 위 구분에 의하지 아니하는 것

(주1) 위 주건물용도 중 주용도 구분은 「건축법 시행령」 별표1에 의해 규정되고 있는 시설 중 각 시설이 독립된 기능으로 사용되는 시설을 말하되, 표준주택의 주건물용도는 주거를 주된 용도로 하는 건물을 말함

(주2) 우리나라의 건물이용 실태를 감안한 '용도복합용' 항목이 있으며, 그 안에 가장 많은 유형인 '주ㆍ상용', '주ㆍ산용', '그 외 복합용'등의 세부항목이 있음

(12) 증 · 개축

표준주택 건물의 증축, 개축 여부를 조사하여 다음과 같이 기재함

▮ 증 · 개축 구분 ▮

구 분	전산코드	기재방법	내 용
증 · 개축 등 없음	1	증 무	증축 · 개축 · 재축 · 대수선을 하지 않은 경우를 말함
증축기초 공사	2	증 기	기존건축물이 있는 대지 안에서 건축물의 건축면적 · 연면적 · 층수 또는 높이를 증가시키기 위해 기초공사를 한 경우를 말함
증축기초 공사 없음	3	증기무	기초공사 없이 기존건축물이 있는 대지 안에서 건축물의 건축면적 · 연면적 · 층수 또는 높이를 증가시킨 경우를 말함
재 축	4	재 축	건축물이 천재 · 지변 기타 재해에 의하여 멸실된 경우에 그 대지 안에 종전과 동일한 규모의 범위 안에서 다시 축조하는 것을 말함
전부개축	5	전 개	기존건축물의 전부를 철거하고 그 대지 안에 종전과 동일한 규모의 범위 안에서 건축물을 다시 축조하는 것을 말함
일부개축	6	일 개	기존건축물의 일부(내력벽 · 기둥 · 보 · 지붕틀 중 3이상이 포함되는 경우를 말한다)를 철거하고 그 대지 안에 종전과 동일한 규모의 범위 안에서 건축물을 다시 축조하는 것을 말함

(12-1) 증 · 개축면적

일반건축물대장 또는 과세대장상 증 · 개축이 이루어진 경우 "증 · 개축 면적"을 조사하여 기재함

※ 다만, 증 · 개축이 2회 이상 이루어진 경우에는 증 · 개축 면적을 합산하여 기재함

※ 증 · 개축 면적 산정 시 주건물과 부속건물의 증 · 개축 면적을 합산하여 산정함

※ 증축이 없는 면적은 최초 사용승인일자를 조정사용승인일자로 조사 · 기재하고, 증축이 있는 면적은 증축면적별로 증축일자를 조정사용승인일자로 조사 · 기재함

(12-2) 증·개축일자

가. 증·개축이 이루어진 경우 "증·개축 일자"를 조사하여 기재함

나. 증·개축이 2회 이상 이루어진 경우에는 가장 최근의 "증·개축 일자"를 조사하여 기재함

(13) 리모델링

가. 일반건축물대장의 대수선 및 리모델링 여부와 일자를 조사하여 기재함

▌리모델링 여부▐

구 분	전산코드	기재방법
리모델링 등 없음	00	리모델링무
리모델링 등 있음	01	리모델링유

※「건축법」 제2조 및「건축법 시행령」 제3조의2

「건축법」 제2조(정의) 이 법에서 사용하는 용어의 뜻은 다음과 같다.

9. "대수선"이란 건축물의 기둥, 보, 내력벽, 주계단 등의 구조나 외부 형태를 수선·변경하거나 증설하는 것으로서 대통령령으로 정하는 것을 말한다.
10. "리모델링"이란 건축물의 노후화를 억제하거나 기능 향상 등을 위하여 대수선하거나 건축물의 일부를 증축 또는 개축하는 행위를 말한다.

「건축법 시행령」 제3조의2(대수선의 범위) 법 제2조제1항제9호에서 "대통령령으로 정하는 것"이란 다음 각 호의 어느 하나에 해당하는 것으로서 증축·개축 또는 재축에 해당하지 아니하는 것을 말한다.

1. 내력벽을 증설 또는 해체하거나 그 벽면적을 30제곱미터 이상 수선 또는 변경하는 것
2. 기둥을 증설 또는 해체하거나 세 개 이상 수선 또는 변경하는 것
3. 보를 증설 또는 해체하거나 세 개 이상 수선 또는 변경하는 것
4. 지붕틀(한옥의 경우에는 지붕틀의 범위에서 서까래는 제외한다)을 증설 또는 해체하거나 세 개 이상 수선 또는 변경하는 것
5. 방화벽 또는 방화구획을 위한 바닥 또는 벽을 증설 또는 해체하거나 수선 또는 변경하는 것
6. 주계단·피난계단 또는 특별피난계단을 증설 또는 해체하거나 수선 또는 변경하는 것
7. 삭제 〈2019. 10. 22.〉
8. 다가구주택의 가구 간 경계벽 또는 다세대주택의 세대 간 경계벽을 증설 또는 해체하거나 수선 또는 변경하는 것
9. 건축물의 외벽에 사용하는 마감재료(법 제52조제2항에 따른 마감재료를 말한다)를 증설 또는 해체하거나 벽면적 30제곱미터 이상 수선 또는 변경하는 것

(14) 층별특성조사 (주건물 · 부속건물/주용도 · 부속용도 · 필로티/건물구조/용도/면적)

가. 주건물 · 부속건물 구분(건물 기능 구분)

- "주건물"이란 건축물이 1개 이상의 주용도로 활용되며, 각 주용도가 독립된 기능을 발휘하는 건축물을 말함
- "부속건물"이란 주건물과 동일 또는 동일하다고 인정되는 대지 안에 있으면서 주건물과 분리되어 있되 독립된 기능을 하지 못하는 건물로서 부속용도로 이용되거나 독립된 기능을 발휘하지 못하며 주용도로 활용되고 있는 주건물의 이용 또는 관리에 필요한 건축물(용도상 주건물과 불가분한 관계의 건축물)을 말함
- 주건물과 부속건물을 판단하는 경우에는 각 건물의 건물구조 · 연면적 · 용도 등을 감안하되 상대적으로 가격비중이 큰 건물을 주건물로 판정함

나. 층별 주용도 · 부속용도 · 필로티 구분(건물 내의 용도 구분)

- 주용도란 「건축법 시행령」 별표1에 의해 규정되어 있는 시설 중 각 시설이 독립된 기능을 발휘하는 시설을 말하며, 표준주택의 주용도는 주거용이므로 단독(101) · 다가구(102) · 다중(103) 중 해당 용도를 기재함

  ※ 주상용 · 용도복합 · 다가구주택 등의 층별 공용면적(복도 및 계단실 등)의 경우 주용도인 주거용 기능을 발휘하는 요소 중 하나로 주용도에 포함하는 것을 원칙으로 함
- 부속용도란 「건축법 시행령」 제2조제13호에 의해 규정되어 있는 시설들을 말하며 주된 용도의 기능에 필수적인 용도를 말함
- 주(부속)건물의 해당 층 전체 또는 일부가 주차장 · 창고 등인 경우에는 부속용도란에 다음과 같이 기재함

부속 용도	설비, 대피, 위생시설	01	• 건축물의 설비·대피 및 위생 기타 이와 유사한 시설
	작업 및 저장시설	02	• 사무·작업·집회·창고(물품저장) 기타 이와 유사한 시설
	주차시설	03	• 주차 기타 이와 유사한 시설
	기타 부속시설	09	• 구내식당·직장어린이집·구내운동시설 등 종업원 후생복리시설 및 구내소각시설 기타 이와 유사한 시설의 용도 및 관계 법령에서 주된 용도의 부수시설로 그 설치를 의무화하고 있는 시설

- 필로티란 지상층에 면한 부분에 기둥, 내력벽 등 하중을 지지하는 구조체 이외의 외벽, 설비 등을 설치하지 않고 개방시킨 공간을 의미함

- 1층의 전부 또는 일부의 필로티인 경우 다음과 같이 기재함

필로티	필로티유	01	• 필로티 및 이와 유사한 것 (1층 벽면적의 1/2 이상이 공간으로 된 것)

다. 건물구조

- 층별구조 조사 시 2개 이상의 구조가 있는 경우 면적이 넓은 순으로 기재하고, 각 구조별 면적을 건축물대장 또는 재산세(주택)과세대장에서 확인할 수 있는 경우에는 각각 사용승인일, 용도, 면적을 구분하여 기재함

라. 주거배분율은 아래의 기준에 따라 자동으로 기재됨

- 주거배분율이란 하나의 표준주택 내에서 (주건물과 부속건물에 관계없이) 전체 주용도(주거용+비주거용) 면적에서 주거용이 차지하는 비중을 나타냄. 주거배분율 산정 시 부속용도, 필로티 면적은 고려하지 않음

※ 주거배분율은 (주용도의 주거용 건물연면적) / (주용도의 전체 건물연면적)이며, 소수점 넷째자리까지 기재하되 그 이하는 반올림함

(15) 특수부대설비

가. 표준주택 건물에 대하여 다음과 같은 특수부대설비의 설치여부를 조사하여 기재함

나. 일반적인 부대설비(위생설비, 급배수, 급탕설비, 난방설비, 소화설비, 화재탐지설비, 피뢰침설비 등)는 조사대상에서 제외함

다. 기타 특수부대설비가 있는 경우에는 부대설비명을 괄호에 12자 이내로 기재함

▮ 특수부대설비 구분 ▮

구 분	전산코드	기재방법
승강기	1	승강
기 타	9	기타

(16) (16-1) (16-2) 주건물 · 부속건물 내용연수

가. 표준주택의 내용연수는 아래의 건물구조별 내용연수를 적용함

나. 모든 건물구조의 최종잔가율은 10%를 적용함

※ 해당 층이 증축되어 사용승인일이 조정된 경우 그 층의 구조 내용연수는 증축당시 1층 구조의 잔존내용연수를 내용연수로 함

※ 수직증축(2층 이상)이 발생한 주택은 공부(도면)를 통하여 증축부분의 위치가 객관적으로 확인되는 경우 해당 증축부분이 소재하는 1층의 증축당시 잔존내용연수를 총내용연수로 할 수 있음

건 물 구 조	내용연수
철골(철골철근)콘크리트조, 통나무조	50년
철근콘크리트조, 석조, P · C조, 목구조, 라멘조	40년
철골조, 스틸하우스조, 연와조, 보강콘크리트조, 보강블럭조, 황토조, 시멘트벽돌조, 목조, ALC조, 와이어패널조	30년
시멘트블럭조, 경량철골조, 조립식패널조	20년
석회 및 흙벽돌조, 돌담 및 토담조, 컨테이너건물, 철파이프조	10년

(주1) 행정안전부 지방세 시가표준액 조사 · 산정 기준 상의 건축물 경과연수별 잔가율

건축물 구조 / 구 분	철골 (철골철근) 콘크리트조, 통나무조	철근 콘크리트조, 라멘조, 석조, 프리캐스트 콘크리트조, 목구조	철골조, 스틸하우스조, 연와조, 보강콘크리트조, 보강블록조, 황토조, 시멘트벽돌조, 목조, ALC조, 와이어패널조	시멘트블록조, 경량철골조, 조립식패널조, FRP 패널조	석회 및 흙벽돌조, 돌담 및 토담조, 철파이프조, 컨테이너건물
내 용 연 수	50	40	30	20	10
최종연도 잔가율	10%	10%	10%	10%	10%
매 년 상각률	0.018	0.0225	0.030	0.045	0.090
경과연수별 잔가율	1-(0.018 × 경과연수)	1-(0.0225 × 경과연수)	1-(0.030 × 경과연수)	1-(0.045 × 경과연수)	1-(0.090 × 경과연수)

(주2) 국세청 건물 기준시가 계산방법 고시 상의 경과연구별 잔가율

적용대상	Ⅰ그룹	Ⅱ그룹	Ⅲ그룹	Ⅳ그룹
내용연수	50년	40년	30년	20년
최종잔존가치율	10%	10%	10%	10%
상각방법	정액법	정액법	정액법	정액법
연상각률	0.018	0.0225	0.03	0.045

1) Ⅰ그룹 : 통나무조 · 철골(철골철근)콘크리트조 · 철근콘크리트조 · 석조 · 프리캐스트 콘크리트조 · 목구조 · 라멘조의 모든 건물

2) Ⅱ그룹 : 연와조 · 목조 · 시멘트벽돌조 · 보강콘크리트조 · ALC조 · 철골조 · 스틸하우스조 · 보강블록조 · 와이어패널조의 모든 건물

3) Ⅲ그룹 : 경량철골조 · 석회 및 흙벽돌조 · 돌담 및 토담조 · 황토조 · 시멘트블록조 · 조립식패널조의 모든 건물, 기계식주차전용빌딩

4) Ⅳ그룹 : 철파이프조 · 컨테이너건물의 모든 건물

※ 경과연수의 결정 : 아래 표에 의한 연도별 경과연수를 적용한다.

경과연수	서 기	간 지	경과연수	서 기	간 지
0	2025	을 사	26	1999	기 묘
1	2024	갑 진	27	1998	무 인
2	2023	계 묘	28	1997	정 축
3	2022	임 인	29	1996	병 자
4	2021	신 축	30	1995	을 해
5	2020	경 자	31	1994	갑 술
6	2019	기 해	32	1993	계 유
7	2018	무 술	33	1992	임 신
8	2017	정 유	34	1991	신 미
9	2016	병 신	35	1990	경 오
10	2015	을 미	36	1989	기 사
11	2014	갑 오	37	1988	무 진
12	2013	계 사	38	1987	정 묘
13	2012	임 진	39	1986	병 인
14	2011	신 묘	40	1985	을 축
15	2010	경 인	41	1984	갑 자
16	2009	기 축	42	1983	계 해
17	2008	무 자	43	1982	임 술
18	2007	정 해	44	1981	신 유
19	2006	병 술	45	1980	경 신
20	2005	을 유	46	1979	기 미
21	2004	갑 신	47	1978	무 오
22	2003	계 미	48	1977	정 사
23	2002	임 오	49	1976	병 진
24	2001	신 사	50	1975	을 묘
25	2000	경 진	50년초과	1974	갑 인

(17) 공가주택

가. 공가주택이란 거주 또는 사용 여부를 확인한 날부터 1년 이상 아무도 거주 또는 사용하지 아니하는 주택을 말함

나. 「빈집 및 소규모주택 정비에 관한 특례법」에 따른 빈집실태조사, 재산세 과세대장, 건축물 에너지정보 등 자료와 현장조사를 통해 조사하고, 시 · 군 · 구와 협의를 거쳐 공가 여부 확정

다. 공가주택에 해당하는 경우 일반주택과 구분하여 전산코드를 입력함

▌공가주택 구분▐

내 용	전산코드	기재방법
일반주택	0	일반
공가주택	1	공가

(18) 표준주택가격

인근 유사 단독주택의 거래사례 등을 고려한 거래사례비교법으로 산출된 가액과 인근 유사 단독주택의 건설에 필요한 비용추정액을 고려한 원가법 또는 임대료 등을 고려한 수익환원법으로 산출된 가액을 비교하여 합리성을 검토한 표준주택가격은 호별가격으로 기재하되 다음과 같이 기재함

표준주택 가격	유효숫자
10억 이상	유효숫자 4자리까지 표시
10억 미만	유효숫자 3자리까지 표시

(19) 건물가액

표준주택의 재조달원가에 잔존가치율을 적용하여 산정된 가액을 기재함

(19-1) 재조달원가

주건물 · 부속건물, 주용도 · 부속용도 · 필로티, 층별, 구조별로 구분하여 각각 기재함

※ 표준주택의 재조달원가는 직접법과 간접법을 혼용할 수 있으며, 간접법의 경우에는 한국부동산원 발행 "2025년 건물신축단가표 중 주택신축부분"을 참작하여 기재함

※ 건물신축단가표 중 주택신축부분의 표준단가는 일반적인 부대설비(위생설비 · 난방설비 등)가 포함된 단가임

※ 층별구조가 2개 이상이면서, 각 구조별 면적을 건축물대장 또는 재산세(주택)과세대장에서 확인할 수 있는 경우에는 재조달원가를 각각 기재함

재조달원가(㎡)는 10만원/㎡ 미만인 경우에는 유효숫자 두(2)자리까지, 10만원/㎡ 이상인 경우에는 세(3)자리, 100만원/㎡ 이상인 경우에는 네(4)자리까지 기재한다. (즉, 1,000원 단위까지만 기재함)

※ 개별주택가격 산정을 위한 표준주택의 기준층 조사 · 입력

(20) 토지가액

가. 표준주택가격에서 건물가액 총액을 공제한 주택부지가격을 단가와 총액으로 각각 기재함

나. 단가(㎡)가 1만원/㎡ 미만인 경우에는 유효숫자 두(2)자리까지, 1만원/㎡ 이상인 경우에는 세(3)자리까지 기재함(전산프로그램에 의해 자동으로 단가 유효숫자 조정됨)

(21) 전년 주택가격

가. 표준주택의 전년도 주택가격(1. 1. 기준)을 기재함

나. 신규표준주택의 경우에는 전년도 개별주택가격(1. 1. 기준)을 기재함

다. 1. 1. ~ 5. 31. 기간 중 토지의 분할 · 합병 및 건물의 신축 등으로 주택가격이 변경된 경우에는 변경된 주택가격(6. 1. 기준)을 전년주택가격으로 입력함

※ 전년주택가격은 전산프로그램 상 자동 기재되며 신규표준주택 및 전년주택가격이 없는 경우를 제외하고 수정이 불가함

(22) 산정의견

표준주택의 산정기준 및 산정방법, 그 밖의 가격결정에 관한 주요사항과 표준주택의 거래 관행을 참작하여 산정의견을 작성함

2026년 주택특성조사표 (현장양식)

[illegible]

2026년 층별특성조사표

(14) 층별특성조사(주건물·부속건물/주용도·부속용도/건물구조/용도/면적/증축 등)

(13) 층별 구조·용도·면적

(A) 구조				(B) 주용도				(C) 부속용도	(D) 필로티
01 철근콘 02 통나무 03 철골 04 철골철 05 석조 06 PC	07 목구 08 라멘 09 스틸 10 철골 11 보강 12 블록	13 황토 14 벽돌 15 목 16 흙벽 17 경철 18 조적	19 석회 20 철골 21 판넬 22 파이프 23 ALC 24 와이어 99 기타	100 주거용(단독) 101 단독 102 다가구 103 다중 200 주거용(공동) 201 아파트 202 연립 203 다세대 204 기숙사	300 상업 및 업무용 301 1종근린생활시설 302 2종근린생활시설 303 문화 및 집회시설 304 종교시설 305 판매시설 306 운수시설 307 의료시설 308 교육연구시설 309 노유자시설 310 수련시설	311 운동시설 312 업무시설 313 숙박시설 314 위락시설 315 교정 및 군사시설 316 방송통신시설 317 발전시설 318 묘지관련시설 319 관광휴게시설 320 장례시설 321 야영장시설	400 산업용 및 기타특수용 401 공장 402 창고시설 403 위험물저장 및 처리시설 404 자동차관련시설 405 동물 및 식물관련시설 406 자원순환관련시설	01 창고, 화장, 위생시설 02 작업 및 저장시설 03 주차시설 09 기타 부속시설	01 필로티유

주건물

층	(A) 층별구조: 구조	(A) 층별구조: 내용연수	조정사용승인일자	(B) 주용도: 주거용 구분	(B) 주용도: 면적(㎡)	(B) 주용도: 제조단원가(원/㎡)	(B) 주용도: 적용단가(원/㎡)	(B) 주용도: 비주거용 구분	(B) 주용도: 면적(㎡)	(C) 부속용도: 구분	(C) 부속용도 (주거용/비주거용 면적구분 가능여부 (1) 가능 (2) 불가능): 총면적(㎡)	주거용 면적(㎡)	제조단원가(원/㎡)	적용단가(원/㎡)	비주거용 면적(㎡)	(D) 필로티 (주거용/비주거용 면적구분 가능여부 (1) 가능 (2) 불가능): 총면적(㎡)	주거용 면적(㎡)	제조단원가(원/㎡)	적용단가(원/㎡)	비주거용 면적(㎡)	층별 증축: 면적(㎡)	층별 증축: 일자
B2	구조 1																					
	구조 2																					
B1	구조 1																					
	구조 2																					
1	구조 1																					
	구조 2																					
2	구조 1																					
	구조 2																					
·	구조 1																					
·	구조 2																					
발코니	구조 1																					
	구조 2																					
다락	구조 1																					
	구조 2																					
옥탑	구조 1																					
	구조 2																					
부속건물 1																						
B1	구조 1																					
	구조 2																					
1	구조 1																					
	구조 2																					
발코니	구조 1																					
	구조 2																					
다락	구조 1																					
	구조 2																					
옥탑	구조 1																					
	구조 2																					
부속건물 2																						
·	구조 1																					
	구조 2																					
·	구조 1																					
	구조 2																					
계	주거용 합산면적(㎡)				비주거용 합산면적(㎡)						부속용도 합산면적(㎡)					전체면적(㎡)						
					계단율(%)																	
	주거용				비주거용																	

VI

표준주택 가격균형협의

Ⅵ 표준주택 가격균형협의

1 표준주택 가격균형협의 개요

가. 가격균형협의 목적

조사·산정자 상호간에 표준주택 조사결과를 토대로 적정한 가격수준에 대하여 사전 협의함으로써 지역 간 주택가격의 균형을 유지하기 위하여 실시함

나. 가격균형협의 업무흐름도

〈조사·산정자〉	〈국토교통부 및 한국부동산원 부동산공시처〉
1. 공시가격 시장분석회의	• 한국부동산원 지역본부장회의 및 실무협의회 운영
↓	
2. 시·군·구내 가격균형협의	• 가격균형협의 전산지원프로그램 배포
↓	
3. 시·군·구간 가격균형협의	• 가격균형협의 실태점검 계획수립
↓	
4. 공시가격(표준주택·표준지) 균형협의 (한국부동산원 지역본부장)	• 표준주택·표준지 균형협의 운영현황 파악 • 가격균형협의결과 및 실태점검 • 한국부동산원 지역본부장회의 및 실무협의회 운영

다. 가격균형협의 구분 및 업무사항 등

구 분	장소 및 일시 등	조사 · 산정자	국토교통부, 한국부동산원 및 한국부동산원 지역본부장
공시가격 시장분석회의	• 한국부동산원 (10. 17)		• 한국부동산원 부동산공시처 주관 • 한국부동산원 지사장, 지가공시협의회 위원 참석 • 성과평가 결과 및 사회 · 경제현황 검토 · 분석
시 · 군 · 구내 가격균형협의	• 지사, 현장 등 (시가수준 심층심사 시까지)	• 시 · 군 · 구내 가격균형 협의서 작성 (2인 이상 참여하는 시 · 군 · 구 담당자만 작성) 후 한국부동산원 부동산공시처로 제출	
시 · 군 · 구간 가격균형협의	• 지사, 현장 등 (시가수준 심층심사 시까지)	• 협의서(시 · 군 · 구간 가격균형협의서) 작성 후 한국부동산원 부동산 공시처로 제출	
표준주택 –표준지 균형협의	• 각 표준주택 · 표준지 균형협의 장소 (시가수준 심층심사 시까지)	• 도면 등 협의관련자료를 지참하여 시 · 도 가격 균형협의에 참석 후 표준 주택예정가격 최종협의	• 전국가격균형협의용 표준 주택–표준지 균형협의결과 보고서 작성 후 한국부동산원 부동산공시처로 송부 (한국부동산원 지역본부장) • 전국가격균형협의 자료검토 (한국부동산원 부동산공시처)
공시가격 균형협의	• 한국부동산원 (11. 13 ~ 11. 14)		• 한국부동산원 부동산공시처 주관 • 한국부동산원 지역본부장, 지가공시협의회 위원 참석

라. 가격균형협의 협의서식 목록

구 분	목 록	제출기한	비 고
시 · 군 · 구내 가격균형협의	시 · 군 · 구내 가격균형협의서	전산프로그램을 통하여 한국부동산원 부동산공시처에 제출 (제출기한 : 선정심사일까지)	
시 · 군 · 구간 가격균형협의	시 · 군 · 구간 가격균형협의서	전산프로그램을 통하여 한국부동산원 부동산공시처에 제출 (제출기한 : 선정심사일까지)	
공시가격 (표준주택 · 표준지) 균형협의	표준주택 · 표준지 균형협의 결과보고서	한국부동산원 지역본부장이 작성하여 부동산공시처로 제출 (제출기한 : 선정심사일까지)	• 표준주택–표준지 균형협의서 지참 • 최종 협의된 협의서를 한국부동산원 지역 본부장에게 제출

2 공시가격 시장 분석회의

가. 한국부동산원은 토지 · 단독 매매동향, 지가변동률 등 통계자료 및 표준지공시지가 변동률을 분석하여 공시가격의 시장변동률 및 전국적인 균형성 점검과 표준주택 공시업무 추진계획을 마련하기 위하여 공시가격 시장 분석회의를 실시함

나. 한국부동산원은 공시가격 시장 분석회의의 결과자료를 분석하고 가격관련자료 등을 종합적으로 검토하여 가격수준 및 변동률, 표준지 공시가격 및 각종 통계자료와의 균형성이 부적정한 지역은 재협의토록 조정의견을 제시하고 재협의를 제시받은 조사 · 산정자는 최종적인 협의결과를 한국부동산원 부동산공시처에 제출함

다. 한국부동산원은 분석회의 결과 및 공시업무 추진계획을 조사 · 산정자에 전파하여 원활한 가격균형협의를 지원함

라. 한국부동산원은 공시가격 시장 분석회의 결과를 작성하여 국토교통부에 제출함

마. 공시가격 시장분석 회의 일정 : 2025. 10. 17(세부일정 추후 통보)

3 시 · 군 · 구내 가격균형협의

가. 「시 · 군 · 구내 가격균형협의」는 「시 · 군 · 구간 가격균형협의」 이전에 반드시 실시하여야 하며 2명 이상이 참여하는 시 · 군 · 구의 조사 · 산정자간에 실시함

나. 시 · 군 · 구내의 가격균형유지를 위하여 협의가 필요하다고 판단되는 표준주택에 대해 다른 조사 · 산정자와 가격균형협의를 실시한 결과를 아래와 같은 양식으로 협의서를 작성하여 가격균형협의 표준주택이 표시된 위치표시도면을 첨부하여 한국부동산원 부동산공시처에 제출함

※ 시 · 군 · 구내 가격균형협의에 대한 점검은 표준주택 · 표준지 균형협의시 실시함

시 · 군 · 구내 가격균형협의서

시 · 군 · 구명 : 2025년 ○월 ○일

담당지역 : 담당자 (인)

인접지역 : 담당자 (인)

담당지역 표준주택				인접지역 표준주택				가격비율 적정성 검토	
소재지 지번	용도지역	건물용도	거래단가 (원/㎡)	소재지 지번	용도지역	건물용도	거래단가 (원/㎡)	가격 비율(%)	균형성 검토의견

※ 작성요령

1. 경계지역에 인접한 해당지역의 표준주택을 도면상 시계방향에 따라 순차적으로 기재한 후 인접지역의 표준주택(가급적 지리상 가까운 주택을 선정)과의 가격을 상호 비교하여 협의함

2. 거래단가는 (원/㎡)을 기재함

3. $\text{가격비율(\%)} = \dfrac{\text{인접지역 표준주택 거래단가}}{\text{담당지역 표준주택 거래단가}}$

(소수점 이하 둘째자리에서 반올림하여 소수점 이하 첫째자리까지 기재. 예시 : 119.1%)

4. 시 · 군 · 구내 인접지역간의 용도지역이 상이한 경우에는 균형성 검토의견란에 "용도지역 상이"로 표기함

5. 균형성 검토의견 예시 : "표준주택간 거래단가 균형유지", "담당지역의 표준주택 거래단가 상향필요", "인접지역의 표준주택 거래단가 하향필요" 등

6. 가격균형협의서에는 협의대상 표준주택의 위치표시도면을 첨부함

7. 위치표시도면 작성 시 담당지역의 테두리는 적색으로, 인접지역 테두리는 녹색으로 표시함

4 시 · 군 · 구간 가격균형협의

가. 시 · 군 · 구간 가격균형협의 방법

1) 조사 · 산정자가 인근 시 · 군 · 구와의 가격균형유지를 위하여 현장조사 과정에서 협의가 필요하다고 판단되는 표준주택 목록을 전산망에 입력하면 한국부동산원에서는 협의가 필요한 표준주택 목록을 전산망을 통해 상호 열람이 가능토록 조치함. 조사 · 산정자는 전산망으로 가격균형협의가 필요한 모든 표준주택 목록(담당지역, 인접지역)을 송부받아 가격자료를 토대로 인접 시 · 군 · 구 조사 · 산정자와 직접 「시 · 군 · 구간 가격균형협의」를 실시함

2) 경계지역에 인접하여 선정된 표준주택 등에 대하여 주요한 가격형성요인을 파악한 후 거래단가를 비교 · 분석하여 가격균형성을 검토함

3) 시 · 군 · 구간 가격균형유지를 위하여 협의가 필요하다고 판단되는 표준주택에 대해 경계지역의 조사 · 산정자와 가격균형협의를 실시하여 아래 양식으로 협의서를 작성한 후, 가격균형협의 표준주택이 표시된 위치표시도면을 첨부하여 한국부동산원 부동산공시처에 제출함

나. 시 · 군 · 구간 가격균형협의 서식

– 조사 · 산정자가 시 · 군 · 구간 가격균형협의 때 작성해야 할 서식은 아래와 같음

시·군·구간 가격균형협의서

시·군·구명 : 2025년 ○월 ○일

담당지역 : 담당자 (인)

인접지역 : 담당자 (인)

담당지역 표준주택				인접지역 표준주택				가격비율 적정성 검토	
소재지 지번	용도지역	건물용도	거래단가 (원/㎡)	소재지 지번	용도지역	건물용도	거래단가 (원/㎡)	가격 비율(%)	균형성 검토의견

※ 작성요령

1. 경계지역에 인접한 해당지역의 표준주택을 도면상 시계방향에 따라 순차적으로 기재한 후 인접지역의 표준주택(가급적 지리상 가까운 주택을 선정)과의 가격을 상호 비교하여 협의함

2. 거래단가는 (원/㎡)을 기재함

3. $\text{가격비율(\%)} = \dfrac{\text{인접지역 표준주택 거래단가}}{\text{담당지역 표준주택 거래단가}}$

   (소수점 이하 둘째자리에서 반올림하여 소수점 이하 첫째자리까지 기재. 예시 : 119.1%)

4. 시·군·구간 인접지역의 용도지역이 상이한 경우에는 균형성 검토의견란에 "용도지역 상이"로 표기함

5. 균형성 검토의견 예시 : "표준주택간 거래단가 균형유지", "담당지역의 표준주택 거래단가 상향필요", "인접지역의 표준주택 거래단가 하향필요" 등

6. 가격균형협의서에는 협의대상 표준주택의 위치표시도면을 첨부함

7. 위치표시도면 작성 시 담당지역의 테두리는 적색으로, 인접지역 테두리는 녹색으로 표시함

5 공시가격(표준주택 · 표준지) 균형협의

가. 주요 특성 및 시가수준 협의

1) 조사 · 산정자는 표준지 담당자와 표준주택 및 표준지 시가수준 및 주요 특성간의 균형성 등을 협의하고 그 결과를 한국부동산원 부동산공시처에 제출함

2) 한국부동산원은 표준주택 및 표준지 시가수준 및 주요특성간 균형성이 부적정한 지역은 재협의토록 조정의견을 제시하고 재협의를 제시받은 조사 · 산정자는 최종 협의결과를 한국부동산원 부동산공시처에 제출함

나. 전국가격균형협의

1) 한국부동산원은 표준주택 시가수준 및 변동률 등 전국적인 균형성을 검토하기 위하여 전국가격균형협의를 실시함

2) 한국부동산원은 공시가격(표준주택 · 표준지) 균형협의 결과를 작성하여 국토교통부에 제출함

3) 공시가격(표준주택 · 표준지) 균형협의 일정

- 일정 : 2025. 11. 13 ~ 11. 14 (세부일정 추후통보)

VII

지역분석조서의 작성

Ⅶ 지역분석조서의 작성

1 지역분석의 개요

가. 지역분석의 의의

지역분석이라 함은 단독주택의 가격수준에 전반적인 영향을 미치는 가격형성요인을 일정한 지역범위별로 조사·분석함으로써 지역 내 단독주택의 표준적 건물구조와 주택가격 수준 및 변동추이 등을 판정함을 의미

나. 지역분석조서의 작성목적

1) 지역분석을 통해 인근지역 간 표준주택의 적절한 선정 및 분포를 유도하여 표준주택 가격의 연계성과 일관성을 향상시킴으로써 적정한 가격산정의 근거를 마련할 수 있음
2) 지역분석 결과를 표준화된 양식(온라인 제공)에 따라 작성함으로써 조사·산정자 상호 간에 산정정보를 공유하고 이를 산정에 효율적으로 활용할 수 있음
3) 표준주택가격산정에 대하여 합리적인 근거를 제시함으로써 산정의 신뢰도를 향상시킬 수 있음

2 지역분석조서의 작성원칙

가. 지역분석조서는 시·군·구(자치구가 아닌 구 포함)단위로 작성함

나. 시·군·구 조사·산정자 중 대표조사자가 지역분석조서를 총괄 작성하되 상호 협의 하에 대표조사자가 아닌 조사자가 작성할 수 있음

다. 조사·산정자는 담당지역의 지역분석조서를 작성하여 「표준주택 선정결과 심사」 시 지참함

라. 총괄 작성된 시 · 군 · 구별 지역분석조서는 「표준주택가격 조사 · 산정보고서 검수」 시 제출함 (온라인)

3 지역분석조서의 작성요령

가. 지역개황

1) 지역의 단독주택가격에 전반적인 영향을 미치는 요인을 사회적 · 경제적 · 행정적 요인별로 구분하여 기재함

2) 지역전반의 주택가격동향을 종합적으로 분석 · 기재함

나. 지역별 가격형성요인 분석

1) 단독주택 가격형성요인 분석은 「국토의 계획 및 이용에 관한 법률」 상의 용도지역별로, 각 용도지역 내에서는 용도지대(주거지대, 상업지대, 공업지대, 농경지대, 임야지대)권역별로 구분하여 분석함

[해당지역의 지역사정을 감안하여 각 용도지역별 특성에 따라 수개의 권역으로 융통성 있게 분류]

2) 하위시장 구분에 대한 총괄표를 작성하고, 각 권역별로 위치와 특징을 간략하게 기재함

3) 각 권역의 표시는 용도지역별로 상업지대(A), 주거지대(B) 등으로 하되, 단독주택 가격수준이 높은 순서로 권역 번호를 부여함

◘ 상업지역 분석

해당지역의 전반적인 단독주택 가격수준에 영향을 미치는 가격형성요인을 사회적 · 경제적 · 행정적 요인으로 구분하여 간략하게 기재하되, 특히 상업지역내 주거(주 · 상)지대의 가격형성에 영향을 미치는 요인에 중점을 두어 기재함

- 사회적요인
  - 배후지의 크기, 배후지 인구의 구조적 특성
  - 도로의 폭, 구조, 계통 및 연속성 등
- 경제적요인
  - 상가의 번화성, 상업시설의 전문화·집단화 정도
  - 교통체계의 상태, 교통시설의 편의성, 이용 승객수, 주차시설의 정비상태 교통규제(일방통행, 주정차 금지)의 정도
  - 배후지의 범위, 고객의 통행량, 고객의 구매력
  - 기타 고객유인시설 (터미널, 백화점, 쇼핑센터 등)
- 행정적요인
  - 용도지역, 지구, 구역 등에 관한 사항
  - 기타 용적제한, 고도제한 등

주거지역 분석

해당지역의 전반적인 단독주택 가격수준에 영향을 미치는 지가형성요인을 사회적·경제적·행정적 요인으로 구분하여 간략하게 기재하되, 특히 주거지역의 쾌적성과 편리성에 영향을 미치는 요인에 중점을 두어 기재함

- 사회적요인

  [쾌적성에 영향을 미치는 요인]
  - 기상, 기후 조건
  - 공급 및 처리시설의 상태(상하수도, 도시가스 등)
  - 위험 및 혐오시설
  - 재해발생의 위험성
  - 공해발생의 정도

  [편리성에 영향을 미치는 요인]
  - 도로의 상태(도로의 폭, 구조)
  - 교통체계

- 상가(백화점, 대형 쇼핑센터 등), 공공시설(관공서, 학교 등), 편익시설과의 접근성

[기타요인]
- 인구의 상태, 가구 수의 변화
- 거주자의 직업, 연령, 학력수준 등

● 경제적요인

- 거주자의 소득수준, 고용상태 등
- 경제적 기반의 상태

● 행정적요인

- 용도지역, 지구, 구역 등에 관한 사항
- 기타 용도제한, 고도제한 등

기타지역분석

해당지역의 전반적인 단독주택 가격수준에 영향을 미치는 지가형성요인을 사회적 · 경제적 · 행정적 요인으로 구분하여 간략하게 기재하되, 특히 해당지역 내 주거지대의 가격형성에 미치는 요인에 중점을 두어 기재함

* 공업 · 관리 · 녹지지역 등으로 분석

다. 표준주택 선정 및 분포조정

- 표준주택의 신규 · 삭제 현황 및 삭제사유, 전년도 비교표준주택의 활용실적을 분석하여 과소 · 과다활용 집중발생지역, 과소 · 과다활용 발생원인, 분포조정 및 종합의견(표준주택 수의 적정성 등 표준주택의 선정 및 분포에 관한 의견)을 기재함

라. 종합의견

- 해당 시 · 군 · 구 지역요인분석, 표준주택 분포조정에 관한 의견, 주택가격수준 및 변동추이 분석, 2026년도 표준주택가격(안)에 대한 종합의견을 기재함

참고자료

지역분석조서 작성예시

Ⅰ 2026년 ○○구 표준주택가격 총괄표

1. 표준주택가격 변동현황

2026년도 표준주택가격 변동률

(광역 지도 삽입)

연도별 ○○구 표준주택가격 변동추이

(그래프 삽입)

○○구 지가변동률(주거용) 변동추이

(그래프 삽입)

* 지가변동률은 심사·검수시점에 발표된 최종월 공표분까지 반영

가. 지역 시장 동향

- 금년도 해당 지역의 시장 동향 간략히 서술

나. 표준주택가격 변동사유

- 주요 변동사유(개발사업 진행 등) 간략히 서술

2. 표준주택 분포 현황

용도지역별 표준주택 분포 현황		주건물구조별 표준주택 분포 현황	
2025	(그래프 삽입)	2025	(그래프 삽입)
2026	(그래프 삽입)	2026	(그래프 삽입)

가. 표준주택 분포 조정

- 전년대비 표준주택 분포 조정 사항 간략히 서술(용도지역 간 또는 건물구조 간 조정이 없는 경우 생략 가능)

나. 표준주택 증감 조정

- 전년대비 해당 지역 표준주택 수의 증감이 있는 경우 증감 사유 및 최종 증가 또는 삭제된 표준주택 현황 간략히 서술(전년대비 변동이 없는 경우 생략 가능)

Ⅱ 지역개황

(광역 지도 삽입)	(세부지도 삽입)

1. 사회적 요인

가. 자연환경

- 지역특성을 대표할 수 있는 지형지세 기재, 지가에 미치는 영향 분석

나. 인문환경

1) 인구변동분석

가) 시 · 군 · 구 단위 인구변동 추이

(자료기준시점, 출처)

구분 연도별	세대수 (가구)	전년대비 증감 (%)	인구수 (명)	전년대비 증감 (%)	세대당 인구 (명)
2023					
2024					
2025					

나) 읍 · 면 · 동별 인구변동추이

(자료기준시점, 출처)

구분	2024년 인구변화			
	총인구수 (명)	세대수 (가구)	세대당 인구(명)	전년대비 인구증감(%)
합 계				
읍 · 면 · 동				
⋮				

다) 전출입현황

(자료기준시점, 출처)

연도	총 이 동		시 · 도내 이동		시 · 도간 이동		순이동
	전입	전출	전입	전출	전입	전출	
2025							

2) 주택 수 및 보급률

(자료기준시점, 출처)

계	일반 가구 수	합계 (호)	유형별 주택 수(호)						보급률 (%)
			단독주택	다가구주택	아파트	연립주택	다세대주택	기타	
2023									
2024									
2025									

* 보급률 = 주택 수 합계(호) / 일반가구 수

3) 공공 및 편익시설 등 변동 추이

가) 의료기관 현황

(자료기준시점, 출처)

연도	종합병원	병원	의원	치과	한방병원	한의원	보건소	보건지소	보건진료소
2025									

나) 학교 현황

(자료기준시점, 출처)

연도	유치원	초등학교	중학교	고등학교	전문대	대학교	대학원	기타학교
2025								

다) 주택건설실적(주택유형별 건설실적)

(자료기준시점, 출처)

구분	계	단독	다가구	다세대	연립	아파트
전국						
시 · 도						
시 · 군 · 구						

라) 미분양현황

(자료기준시점, 출처)

구분	2025.01	2025.02	2025.03	2025.04	2025.05	2025.06	2025.07	2025.08	2025.09
시 · 도									
시·군·구									

2. 경제적 요인

가. 지역경제 현황분석

1) 일반 현황

지역경제활동의 특징 입력(산업별 사업체 수 및 종사자 수, 기반산업, 교통시설 등 설명)

2) 주요개발사업 및 개발계획 현황

가) 개발사업명

① 목적

② 사업개요

사업기간	
사업규모	
추진현황 및 일정	
정비 및 관리계획사항	
영향권	
영향권 내 표준주택	

③ 관련자료(도면 등)

④ 가격수준에 미치는 영향

나. 경제환경 변화

지역의 경제환경 변화 및 예측, 주택가격수준에 미치는 영향 분석

3. 행정적 요인

가. 행정구역 현황(행정구역 개편사항 요약)

나. 용도지역 현황

1) 해당연도 변경현황

2) 3년 내 변경현황

다. 용도지역별 개별주택 분포현황

(자료기준시점, 출처)

구분	계	주거	상업	공업	녹지	미지정	관리	농림	자보
필지									
비율(%)									

라. 주건물구조별 개별주택 분포현황

(자료기준시점, 출처)

구분	계	철골근	통나무	철근 석조 PC 목구 라멘	철골 스틸 연와 황토 벽돌 ALC 와이어	보콘 보블 목	블럭	경철	조패	파이프	석회 돌담 컨테 기타
호											
비율(%)											

4. 지가동향 분석

가. 지가변동률(주거용) 현황표

(자료기준시점, 출처)

구분	2024년 (누계)	2025년											
		1월	2월	3월	4월	5월	6월	7월	8월	9월	10월	11월	12월
당월													
누적													

나. 단독주택 매매가격 지수(주택가격동향조사, 2017. 11. 1=100.0)

(자료기준시점, 출처)

연도	2023. 12	2024. 10	2025. 10
전 국			
서울특별시			

다. 거래동향 추이(시·군·구 기준)

(자료기준시점, 출처)

구 분			2024	2025
전국	전체	거래금액		
		거래건수		
	단독주택	거래금액		
		거래건수		
시·도	전체	거래금액		
		거래건수		
	단독주택	거래금액		
		거래건수		
시·군·구	전체	거래금액		
		거래건수		
	단독주택	거래금액		
		거래건수		

라. 표준주택가격 변동률 추이

(자료기준시점, 출처)

구 분	2025	2026
전국		
시·도		
시·군·구		

마. 건설공사비지수 추이

(자료기준시점, 출처)

구 분	2024. 12	2025. 10
최근월 건설공사비지수(주택건축)		
전월대비 등락율(주택건축)		
전년동월대비 등락율(주택건축)		
전년동기대비 등락율(주택건축)		

바. 지역 가격동향 분석

1) 가격동향 추이 Graph

〈이용상황별(주거용) 지가변동률 추이 graph〉	〈단독주택 매매가격지수 변동률 추이 graph〉
최근 2개년 주거용 지가변동률 누계 (시·군·구 단위 꺾은선 그래프 작성)	최근 3개년 단독주택 매매가격지수 변동률 (전국, 시·도 단위 꺾은선 그래프 작성) 전국 : 파란실선 시·도 : 초록실선
〈거래동향 추이 graph〉	**〈표준주택가격 변동률 추이 graph〉**
최근 2개년 거래금액 및 거래건수 (시·군·구 단위 막대그래프 작성) 전체주택 : 파란막대 단독주택 : 빨간막대	최근 2개년 표준주택 변동률 (전국, 시·도, 시·군·구 단위 꺾은선 그래프 작성) 전국 : 파란실선 시·도 : 초록실선 시·군·구 : 빨간실선

2) 가격동향 분석

- 지역전반의 지가동향 종합분석(각종 통계자료 추이 및 지가에 미치는 영향을 분석하고 지역 내 특징적인 현상 등 검토를 통해 지역 전체에 대한 미시적·거시적 종합분석 실시)

Ⅲ 지역별 가격형성요인 분석(하위시장별 지역분석)

하위시장 구분		위치	표준적 사용현황 및 가격형성요인 분석	지역성숙도 및 전망	가격수준 및 층화의 변동추이
용도 지역	용도 지대				
주거 지역	주택지대 ①				
	주택지대 ②				
	상업지대 ①				
	상업지대 ②				
⋮	⋮				

Ⅳ 표준주택 선정 및 분포조정

1. 표준주택 신규·삭제 현황 및 삭제 사유

행정구역	2025 표준 주택 수	2026 표준주택 수				표준주택 증감	교체율	증감률
		계	재선정	삭제	신규			
시·군·구								
a읍								
b면								
c동								
⋮								

삭제 사유	행정 구역 개편	용도 지역 변경	개발 사업 시행	지적 사항 변경	건물 용도 변경	분포 밀도 조정	주택 멸실	건물 구조 변경	기타
건수									

2. 비교표준주택 활용현황

호 수 / 용도지역	계	0	1~2	3~10	11~50	51~80	81이상
총계							
주거지역							
상업지역							
공업지역							
녹지지역							
⋮							

호 수 / 건물구조	계	0	1~2	3~10	11~50	51~80	81이상
총계							
철골근							
통나무							
철근/석조/PC/목구/라멘							
철골/스틸/연와/황토/ 벽돌/ALC/와이어							
보콘/보블/목							
블럭							
경철							
조패							
파이프							
석회/돌담/컨테/기타							

3. 검토 분석

가. 과소·과다 발생유형

1) 과소·과다 활용 표준주택 발생 유형

가) 과소 표준주택(비교표준주택 활용호수가 0~2개인 경우)

① 집중 발생지역

② 발생 유형(주택구조별·가격수준대별로 유형을 분석하여 기재)

나) 과다 표준주택(비교표준주택 활용호수가 81개 이상인 경우)

① 집중 발생지역

② 발생 유형(주택구조별·가격수준대별로 유형을 분석하여 기재)

나. 과소·과다 활용된 표준주택의 발생원인 분석

구분	소재지 및 지번	활용 현황	용도 지역	주건물 구조	존치 여부	사유 분석
과소 활용						ex) 특수한 요인, 분포 과다, 분포 과소, 기타
과다 활용						
계	과소활용 : 호		과다활용 : 호			계 : 호

4. 분포밀도조정

가. 분포밀도 조정현황

2026년 삭제표준주택					삭제 후 대체표준주택		2026년 신규표준주택	
소재지 지번	일련 번호	용도 지역	주건물 구조	전년 활용 수	소재지 지번	전년 활용 수	소재지 지번	예상 활용 수

나. 분포조정 분석

전체적인 분포조정 사유 및 결과 등 종합분석

5. 용도지역별 표준주택 분포결과

가. 분포결과

(단위:호)

행정구역		용도지역별 호수							
		합계	주거						상업
			1전	2전	1주	2주	3주	준주	
00시	기준								
	선정								
A읍									
B면									
C동									
⋮									

(단위:호)

용도지역별 호수									
공업	녹지	개제	미지정	관리	보관	생관	계관	농림	자보

나. 분포분석

- 표준주택의 선정 및 관리지침 상 분포기준과 실제 표준주택 분포수가 상이한 경우 사유분석

6. 주건물구조별 표준주택 분포결과

가. 분포결과

(단위:호)

행정구역		주건물구조별 호수										
		합계	철골근	통나무	철근 석조 PC 목구 라멘	철골 스틸 연와 황토 벽돌 ALC 와이어	보콘 보블 목	블럭	경철	조패	파이프	석회 돌담 컨테 기타
00시	기준											
	선정											
A동												
B동												
C동												
…												

나. 분포분석

- 표준주택의 선정 및 관리지침 상 분포기준과 실제 표준주택 분포수가 상이한 경우 사유분석

7. 주건물용도별 표준주택 분포결과

가. 분포결과

나. 분포분석

Ⅴ 종합의견

1. 담당지역 지역요인분석

– 지역요인의 변동추이 및 주요 변동원인과 가격수준에 미치는 영향을 종합적으로 기재

2. 표준주택 분포조정에 관한 의견

– 표준주택 교체 및 전체적인 표준주택 분포조정 결과와 표준주택 분포결과에 대한 종합의견 기술

3. 가격수준 및 변동추이 분석

– 전반적인 가격수준의 현황 및 변동추이

– 지역의 대표적이고 특징적인 가격변동요인과 가격수준에의 영향

4. 2026년도 표준주택가격(안)에 대한 종합의견

[참고] 가격수준 협의자료

1. 용도지역 · 토지용도별 토지단가
2. 건물구조별 재조달원가

VIII 단계별 표준주택 심사 및 검증체계

Ⅷ 단계별 표준주택 심사 및 검증체계

1 단계별 표준주택 심사 및 검증체계 목적

「부동산공시법」 제26조의2 (적정가격 반영을 위한 계획 수립 등)의 기초인 가격수준의 적정성 제고, 공시가격의 균형성 및 정확성 제고를 위해, 기존 표준주택 심사 및 검증체계에서 지사 자체 검토 기능을 강화하였으며 공시가격 점검반을 확대 편성·활용함

2 표준주택 심사 및 검증체계 절차

2025. 10. 21 ~ 10. 24	지사 자체 검토	한국부동산원
2025. 10. 27 ~ 11. 4	〈1단계〉 : 표준주택 선정결과 심사 (시가수준 기초심사)	국토교통부 심사위원단
2025. 11. 20 ~ 11. 26	〈2단계〉 : 시가수준 심층심사	외부 점검단
2025. 11. 20 ~ 11. 26	〈3단계〉 : 지자체 사전검토	국토교통부
2025. 12. 1 ~ 12. 9	〈4단계〉 : 조사·산정보고서 사전검수	국토교통부 심사위원단
2025. 12. 10 ~ 12. 11	〈5단계〉 : 공시가격 특별점검	국토교통부
2025. 12. 31 ~ 2026. 1. 7	〈6단계〉 : 공시가격 심층점검	외부 점검단
2026. 1. 5 ~ 1. 7	지사 자체 검토	한국부동산원
2026. 1. 8 ~ 1. 15	〈7단계〉 : 표준주택 선정 재심사, 조사·산정보고서 검수 및 제출	국토교통부 심사위원단
2026. 1. 16	〈8단계〉 : 공시가격 특별점검	국토교통부

3 지사 자체 검토

가. 검토목적

- 표준주택 선정 심사 및 조사·산정보고서 검수 전 지사에서 자체 검토를 통해 오류내역을 최소화하여 원활한 심사 및 검수가 이루어질 수 있도록 함

나. 검토방법

1) 지사 자체검토는 지사에서 자체 검토반을 구성하여 지사별 관할지역(시·군·구별)을 대상으로 전산검토 실시함

※ 검토반 : 지사별 3인이상(표준주택 총괄부장 포함)으로 구성

2) 표준주택 특성 및 가격 오류확인을 위한 자체검토 내역서를 토대로 지역별 체크리스트 작성, 검토완료 후 결과보고서를 한국부동산원 부동산공시처에 제출(온라인 제출)

▮ 체크리스트(안) ▮

구 분	확 인 사 항
기본 검토사항	표준주택 기준 호수와 선정 호수 일치 여부
	선정심사 시 지적사항에 대한 조치결과 적정 여부
	토지대장 등 공부와의 상이자료 검토 여부
	전년대비 특성 상이내역 적정 여부
	선정심사 후 주요 특성항목 변경내역 적정 여부
	2개 이상 용도지역 주택의 가격 적정 여부
	업무요령 개정 사항을 제대로 반영하여 표준주택 특성 조사 여부
	표준주택의 특성조사의 오류사항 여부
	필수 검토사항 및 확인사항에 대한 조치 적정 여부

구 분	확 인 사 항
정상지가변동률 적정성 검토	가격균형협의 이후 변동된 경우 사유의 타당성
	전년대비 특성이 변경된 경우 정상지가변동률 적정 반영 여부
표준주택가격 적정성 검토	표준주택가격의 변동률 및 시세 반영률 적정 여부
	가격 변동률이 큰 주택의 변동사유의 타당성
가격수준의 적정성 검토	시세 반영률이 인접 시·군·구와 균형 유지 여부
	가격균형협의 이후 변동된 경우 사유의 타당성
	참고가격 대비 적정한 가격수준 입력 여부

다. 중점 검토사항

1) 표준주택 선정심사, 시가수준 기초심사 전 지사 자체검토에서는 표준주택 선정의 적정성, 특성의 적정성, 시가수준의 적정성, 시가수준 변동률의 적정성 등을 검토
2) 표준주택 최종검수 전 지사 자체검토에서는 기본적 검토사항, 표준주택 선정의 적정성, 주택가격의 적정성, 의견청취 결과 등을 검토

4 지자체 사전검토

가. 지자체 사전검토 목적

- 표준주택 공시업무 전반에 지자체(시 · 도 및 시 · 군 · 구)의 역할 및 참여를 확대함으로써 표준주택 특성의 정확성과 가격의 적정성을 제고하며, 지자체의 충분한 의견수렴을 목적으로 함

나. 검토 방법

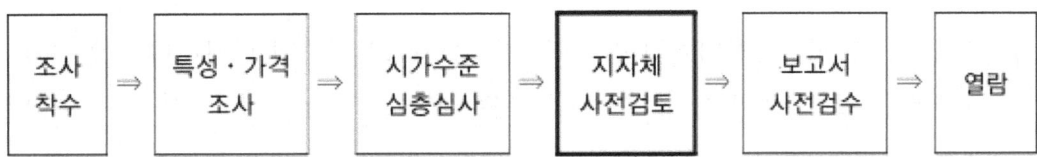

조사 착수 ⇒ 특성 · 가격 조사 ⇒ 시가수준 심층심사 ⇒ **지자체 사전검토** ⇒ 보고서 사전검수 ⇒ 열람

1) 특성 검토 : 가격열람 전 표준주택에 대한 특성조사 결과(현장조사 체크리스트 포함)가 공부상 내용과 상이한 경우 지자체에 요청하여 지자체 사전검토 프로그램을 통해 검토(사전검수 전 지자체 사전검토 요청)

2) 가격 검토 : 검토 시 필요한 공시데이터 목록(지역별·주요 부동산별 공시변동률, 가격변동사유 등)을 지자체 사전검토 프로그램을 통해 검토

※ 열람 이후 의견제출 및 이의신청 검토를 위한 외부점검단에 지자체 담당자가 참여하며, 조사자는 표준주택 가격열람 후 시·도 및 시·군·구에서 제출한 주요 의견에 대해 반영 결과 및 검토 사유 등을 회신

5 공시가격 점검반

가. 공시가격 점검반 목적

- 전체 표준주택 중 심사대상 표본을 선정하여 해당 표준주택의 가격수준 및 특성 등을 점검함으로써 표준주택 특성의 정확성 및 가격의 적정성 제고를 목적으로 함

나. 점검방법

1) 전체 표준주택 중 중요 표준주택(주요 개발사업 내 주택, 고가주택 등) 및 오류 가능성이 높은 표준주택 등을 심사대상 표본으로 선정하여 가격수준, 주택특성, 다른 통계와의 정합성 등에 대해 점검

※ 점검반 구성 : 외부전문가 점검반, 국토부 및 한국부동산원 합동점검반, 국토부 가격심사위원단 등

2) 한국부동산원은 표본으로 선정된 표준주택 특성 및 가격자료 등을 점검위원에게 제공하고 점검위원은 적정성 여부를 점검한 후 재검토가 필요한 경우 점검의견을 전산프로그램에 입력

3) 조사·산정자는 점검위원의 점검의견을 확인하고 의견이 타당하다고 인정되는 경우 이를 반영하여야 하며, 점검의견 반영 여부는 조사·산정보고서 검수 시 확인

4) 중앙부동산가격공시위원회에 외부전문가 점검반의 주요 검토결과를 보고

IX 표준주택 선정, 시가수준 기초심사

IX 표준주택 선정, 시가수준 기초 심사

1 표준주택 선정, 시가수준 기초 심사개요

가. 심사목적

- 표준주택의 활용성과 대표성을 높이기 위하여 「표준주택의 선정 및 관리지침」 따른 합리적 선정여부를 심사하여 2026년도 표준주택(안)을 확정하고
- 시가수준과 시가변동률 점검을 통해 시세조사의 정확성을 제고하기 위함

나. 심사근거

- 「표준주택의 선정 및 관리지침」 제14조

다. 심사방법

1) 표준주택 선정, 시가수준 기초심사는 252개 시・군・구별로 나누어 각 심사반에서 실시

※ 심사반 구성 : 국토교통부 및 주관 심사위원단 위원 등

2) 심사를 받는 조사・산정자는 심사 관련서류(제출 및 지참자료)를 사전에 점검하여 심사 시 제출

3) 심사반에서는 지역분석조서, 현장조사도면(GIS프로그램) 및 선정관련 심사보고서 등을 활용하여 시・군・구별・개인별로 심사 실시

4) 시・군・구별 선정, 시가수준 기초심사 직전 전산입력이 마감되며, 모든 지역 심사 종료일까지 표준주택 교체, 특성변경 등 전산입력 불가

※ 지적(보완)사항 발생 지역은 전산입력 마감 해제 요청, 지적사항 보완하고 조치결과서 작성 및 제출 후 전산입력(재)마감

라. 심사절차

- 심사절차는 기초 심사반 → 일반 심사반 → 심층 심사반으로 총 3단계로 구분됨

▮ 표준주택 선정, 시가수준 기초심사 절차 ▮

기초 심사반	표준주택 특성의 적정성, 시가수준 관련 오류사항 점검, 제반 보고서 작성의 적정성 여부 등
↓	
일반 심사반	표준주택 선정의 적정성, 시가수준 점검 등
↓	
심층 심사반	기초 · 일반 심사내용을 개별 · 구체적으로 심화 점검 등

마. 심사항목

- 심사항목은 특성의 적정성, 표준주택 선정의 적정성, 현장조사 및 도면, 표준주택 시가수준의 적정성, 제반보고서 작성의 충실도, 성실도 등으로 구분됨

심사항목	주요 심사내용
선정의 타당성	i) 용도지역 · 건물용도 · 건물구조 및 증감현황의 적정성 ii) 표준주택 증설의 적정성 iii) 과소 · 과다 및 신규 · 삭제의 적정성 iv) 가격수준별 분포현황의 적합성
표준주택 특성의 적정성	i) 토지대장 상이내역에 대한 점검 ii) 토지이용계획확인서 상이내역에 대한 점검 iii) 주택특성 조사의 적정성
현장조사 및 도면	i) 전자도면 활용성 ii) 현장조사 숙지도
표준주택 시가수준의 적정성	i) 시가수준의 적정성 검토 ii) 참고가격과의 균형성 iii) 최고 · 최저 표준주택의 시세분석의 적정성 iv) 시가수준 숙지도 v) 거래사례비교법 적용의 타당성
제반보고서 작성의 충실도	i) 제출보고서 작성의 적정성
표준주택가격 조사 · 산정 업무 성실도	i) 표준주택 선정심사에 성실하게 참여하였는지 여부 ii) 마감 기한 준수 및 지적사항 조치 완료 여부 등

2 표준주택 선정, 시가수준 기초 심사 제출 및 지참자료

- 표준주택 선정, 시가수준 기초 심사 시 제출 및 지참자료는 다음과 같음

구 분	보고서명	규 격	비 고
제출서류	1. 심사내역서	A4	시 · 군 · 구 공동 1부
	2. 표준주택 선정 총괄표	〃	
	3. 표준주택 증감현황	〃	
	4. 표준주택 삭제사유별 내역	〃	
	5. 삭제표준주택 호별 내역	〃	
	6. 신규표준주택 호별 내역	〃	
	7. 표준주택 조정내역서	〃	
	8. 표준주택 선정 협의결과서	〃	
지참서류	1. 현장조사도면(전산도면 포함)	〃	조사 · 산정자별 1부
	2. 토지대장 상이자료	〃	시 · 군 · 구 공동 1부
	3. 건축물대장 상이자료	〃	
	4. 표준주택 지번별 내역	〃	
	5. 표준주택 가격조사자료표	〃	
	6. 3방식 입력 점검내역서	〃	

※ 건축물대장 미등재 표준주택 선정의 경우 반드시 별도의 지자체 요청공문 지참(공문 예시 및 방법 등은 추후 공문으로 시행예정)

※ 현장조사도면(전산도면)은 필요 시 지참 가능

표지양식

2026년 표준주택 선정, 시가수준 기초심사 보고서

대상지역 : ○○ 시·도 ○○ 시·군·구

첨 부 서 식
1. 표준주택선정 총괄표
2. 표준주택 증감현황
3. 표준주택 삭제사유별 내역
4. 삭제표준주택 호별 내역
5. 신규표준주택 호별 내역
6. 2026년 표준주택 조정내역서
7. 2026년 표준주택 선정 협의 결과서

○○지사 담당자 ○○○ (인)
○○지사 담당자 ○○○ (인)

표준주택선정 총괄표

시·군·구명 : (단위 : 호수)

지역명	2025년 표준주택 수(A)	2026년 표준주택 수				표준주택 증감(△) (B-A=F)	교체율 (D/A)	증감률 (F/A)
		계(B) (C+E)	재선정 (C)	삭제(D)	신규(E)			
계								
○○읍 ○○면 ○○동								

※ 작성요령

1. “지역명”란은 읍·면·동명을 기재함
2. “재선정”란은 2025년 표준주택 중에서 교체할 필요가 없는 표준주택의 수를 기재함
3. “삭제”란은 2025년 표준주택 중에서 2026년 표준주택으로 선정되지 않은 표준주택의 수를 기재함
4. “신규”란은 2025년 표준주택이 아닌 단독주택 중에서 2026년에 신규로 선정된 표준주택 수를 기재함
5. “표준주택증감(△)”란은 2026년 표준주택 수에서 2025년 표준주택 수를 뺀 수를 기재함
6. “교체율”, “증감률”은 소수점이하 셋째 자리에서 반올림하여 둘째 자리까지 기재함
7. 표준주택선정 총괄표의 계(B)는 표준주택 증감현황의 용도지역별·주건물구조별 2026년 “계”란의 숫자와 일치하여야 함
8. 표준주택선정 총괄표의 삭제(D)는 표준주택 삭제사유별 내역 “계”와 삭제 표준주택 호별 내역의 숫자와 일치하여야 함
9. 표준주택선정 총괄표의 신규(E)는 신규표준주택 호별 내역의 “계”와 일치하여야 함
10. 한국부동산원은 시·군·구별로 통계자료를 작성하여 국토교통부에 제출함

표준주택 증감현황

〈시 · 군 · 구명 :   〉

○용도지역별 현황 (단위 : 호수)

구 분		전 년 도 (A)	금 년 도 (B)	증 감 (C)	증감비율(%) (C / A)
계					
도시지역	소　　계				
	주거지역				
	상업지역				
	공업지역				
	녹지지역				
용도미지정					
관리지역					
농림지역					
자연환경보전지역					

○주건물구조별 현황 (단위 : 호수)

구 분	전 년 도 (A)	금 년 도 (B)	증 감 (C)	증감비율(%) (C / A)
계				
철골근				
통나무				
철근/석조/PC/목구/라멘				
철골/스틸/연와/황토/벽돌/ALC/와이어				
보콘/보블/목				
블럭				
경철				
조패				
파이프				
석회/돌담/컨테/기타				

※ 용도지역별 "계" · 주건물구조별 "계"는 일치되어야 함

표준주택 삭제사유별 내역

시·군·구명 :

지역명	계	삭제사유									비고
		① 행정구역개편	② 용도지역변경	③ 개발사업시행	④ 지적사항변경	⑤ 건물용도변경	⑥ 분포밀도조정	⑦ 주택멸실	⑧ 건물구조변경	⑨ 기타	
계											
○○읍 ○○면 ○○동											

※ 작성요령

1. "지역명"란은 읍·면·동명을 기재함
2. "기타"란에는 숫자만 표기하고 구체적인 삭제사유는 별지로 첨부함

삭제표준주택 호별 내역

시 · 군 · 구명 :

소재지 및 지번 (도로명 주소)	일련번호	용도지역	주건물구조	삭제사유
계				

※ 작성요령

1. "일련번호"란은 해당 단독주택의 전년도 표준주택 일련번호를 행정전산망 지역코드 순서에 따라 기재함
2. "소재지 및 지번"란은 읍 · 면 · 동 · 리와 지번을 기재하고, "도로명 주소"란은 도로명 · 건물번호 및 상세주소를 기재한다.
3. "삭제사유"란은 뒷면의 "삭제사유 작성요령" 중에서 해당되는 사유(코드)를 선택하여 기재함

참고자료

삭 제 사 유 작 성 요 령

코 드	범 위
① 행정구역 개편	행정구역이 변경되어 표준주택 소재지 등이 변경된 경우 예) 행정구역 개편(군위군이 대구시로 개편)
② 용도지역 변경	용도지역의 변경으로 기존 표준주택을 교체하는 경우 예) 용도지역 변경
③ 개발사업 시행	• 도시개발사업 · 재개발사업 등 개발사업으로 표준주택이 안정성 등을 상실하여 교체하는 경우 예) 개발사업 시행(OO개발사업) • 기타 표준주택의 일부가 개발사업 등에 편입되어 교체하는 경우 예) 개발사업 시행(도로에 편입)
④ 지적사항 변경	• 합병 · 분할 등으로 대지면적이 과대 또는 과소하게 되어 표준주택을 교체하는 경우 예) 지적사항 변경(분할면적 : 20㎡) • 합병 · 분할 등으로 표준주택의 위치(지번변경 포함)가 변경되어 교체하는 경우 예) 지적사항 변경(지번변경) • 합병 · 분할 등으로 주택부지의 형상이 기형으로 변하여 표준주택을 교체하는 경우 예) 지적사항 변경(분할로 주택부지의 형상 부적합)
⑤ 건물용도 변경	건물의 용도 변경으로 대표성 등이 결여되어 표준주택을 교체하는 경우 예) 건물용도 변경(단독주택 → 연립주택 등)
⑥ 분포밀도 조정	표준주택 분포기준에 따라 표준주택을 교체하는 경우 예) 분포밀도 조정
⑦ 주택 멸실	표준주택이 멸실되어 교체하는 경우 예) 표준주택 멸실
⑧ 건물구조 변경	건물구조 변경으로 대표성 등이 결여되어 표준주택을 교체하는 경우 예) 건물구조 변경 (연와조 → 철콘조)
⑨ 기타	해당 시 · 군 · 구의 요청 등의 위의 사유에 해당되지 않는 경우의 사유로 표준주택이 교체되는 경우 예) 기타

신규표준주택 호별 내역

시 · 군 · 구명 :

소재지 및 지번 (도로명 주소)	일련번호	지 목	용도지역	주건물구조	선정사유
계					

※ 작성요령

1. "일련번호"란은 해당 표준주택의 2026년 일련번호를 행정전산망 지역코드 순서에 따라 기재함
2. "소재지 및 지번"란은 읍 · 면 · 동 · 리와 지번을 기재하고, "도로명 주소"란은 도로명 · 건물번호 및 상세주소를 기재한다.
3. "선정사유"란은 표준주택으로 신규 선정한 구체적인 선정사유를 기재하며, 삭제사유 작성요령중의 삭제사유 외에도 대표성이 낮으나 개별주택가격 산정을 위해 필요한 주택유형의 경우, 특수한 주택인 경우, 개발사업 시행지구, 일단지 산정을 위해 필요한 경우 등 우선적으로 선정해야 할 필요성이 있어 신규표준주택으로 선정한 사유를 간략하게 기재함

   ※ 선정사유 예시) 삭제 표준주택 일련번호 ○○○번 대체선정 등
4. 삭제사유 호별 내역 중 삭제 사유란은 삭제사유 작성요령의 코드번호를 기입하나, 신규표준주택 호별내역 중 선정 사유란은 코드번호가 아닌 선정사유를 간략하게 기재함

2026년 표준주택 조정내역서

- 조 정 결 과 -

◎ 2025년 표준주택 수 : ○○
◎ 삭 제 : ○○
◎ 신 규 : ○○
◎ 2026년 표준주택 수 : ○○

첨부양식 1

2025년 과소 · 과다 활용된 표준주택의 발생원인분석

<table>
<tr><th>구 분</th><th>코 드</th><th colspan="3">발 생 원 인</th><th>호 수</th><th>비 고</th></tr>
<tr><td rowspan="4">과
소
활
용</td><td>1</td><td colspan="3">특수한 요인에 의해 과소 활용된 경우</td><td></td><td></td></tr>
<tr><td>2</td><td colspan="3">비교표준주택의 선정이 부적합하여 과소 활용된 경우</td><td></td><td></td></tr>
<tr><td>3</td><td colspan="3">표준주택 분포가 과다한 경우</td><td></td><td></td></tr>
<tr><td>4</td><td colspan="3">기타원인에 의해 발생한 경우</td><td></td><td></td></tr>
<tr><td rowspan="4">과
다
활
용</td><td>5</td><td colspan="3">특수한 요인에 의해 과다 활용된 경우</td><td></td><td></td></tr>
<tr><td>6</td><td colspan="3">비교표준주택의 선정이 부적합하여 과다 활용된 경우</td><td></td><td></td></tr>
<tr><td>7</td><td colspan="3">표준주택 분포가 과소한 경우</td><td></td><td></td></tr>
<tr><td>8</td><td colspan="3">기타원인에 의해 발생한 경우</td><td></td><td></td></tr>
<tr><td colspan="2">계</td><td>과소활용 : 호</td><td>과다활용 : 호</td><td colspan="2">계 : 호</td><td></td></tr>
</table>

첨부양식 2

2026년 표준주택 조정내역

○○시(군·구)

2025년 과소·과다활용 표준주택 내역				조정내역			비고 (발생 원인)
일련 번호	소재지 및 지번 (도로명 주소)	표준주택 가격	용도 지역	과소(과다) 활용사유	조정결과	조정사유	

※ 1. 2026년 표준주택 조정내역은 전산프로그램에 의해 작성함

2. "과소 또는 과다 활용사유"란과 "조정사유"란은 그 사유를 간략히 기재함

3. "조정결과"란에는 존치나 삭제를 기재함

4. "비고"란에는 과소·과다활용 표준주택 발생원인분석 코드를 기재함

2026년 표준주택 선정 협의 결과서

「부동산 가격공시에 관한 법률」 제16조제1항 및 같은법 시행령 제26조제2항의 규정에 의한 2026년 표준주택 선정 협의 결과를 아래와 같이 제출합니다.

1. 대상지역 시(도) 시(군・구)
2. 협의결과

구 분	협의내용		
	협 의 요 청	회 신 내 용	조 정 내 용
• 2025년 표준주택 수 – 삭제호수 – 신규호수 • 2026년 표준주택 수			

붙임 가. 협의요청 공문 사본 1부(서식 1 ~ 8 포함)
나. 회신공문 사본 1부

※ 붙임 가. 첨부서식은 심사보고서 참고

견 본

○ 시・군・구 협의요청 공문(안)

문서번호 :
수 신 :
참 조 :
제 목 : 2026년 표준주택 선정에 관한 협의요청

1. 표준주택가격 조사・산정 업무와 관련하여 항상 협조하여 주심에 깊이 감사드리며 귀 시(군・구)의 무궁한 발전을 기원합니다.
2. 「부동산 가격공시에 관한 법률」 제16조제1항 및 같은법 시행령 제26조제2항의 규정에 따라 귀 시(군・구) 관할구역내의 2026년 표준주택 선정 협의를 위해 붙임과 같이 의견조회 하오니, 그 적정성 여부에 대한 의견을 조속히 회신하여 주기 바랍니다.

붙임 서식 1 ~ 8 각 1부

※ 붙임 첨부서식은 심사보고서 참고

참고자료

표준주택 지번별 내역

시 · 군 · 구명 :

일련번호	소재지 및 지번 (도로명 주소)	지목	용도지역	주건물 용도	주건물 구조	층수
계						

※ 작성요령

1. "일련번호"란은 해당 표준주택의 일련번호를 행정전산망 지역코드 순서에 따라 기재한다.
2. "소재지 및 지번"란은 읍 · 면 · 동 · 리와 지번을 기재하며, 2필지 이상의 토지가 일단의 주택부지로 이용되고 있는 경우 일반건축물대장상의 대표지번(100 외)으로 기재한다.
3. "도로명주소"란은 도로명, 건물번호 및 상세주소(상세주소가 있는 경우만 해당)를 기재한다.
4. 주택부지가 둘 이상의 용도지역으로 구분되어 있는 경우에는 용도지역 기재 순서에 따라 2개를 기재한다.
5. "주건물용도"란은 단독주택 · 다가구주택 · 다중주택 · 주상 · 기타를 기재한다.
6. "주건물구조"란은 기둥 또는 벽과 지붕을 기재한다.
   (기재 예 : 연와조 슬래브위 기와지붕)
7. "층수"란은 일반건축물대장상의 지상 및 지하 층수를 기재한다.
   (기재 예 : 지상 3층 지하 1층)

3 2026년 표준주택 선정, 시가수준 기초 심사 세부일정

- 일 정 : 2025. 10. 27 ~ 11. 4
- 시 · 군 · 구별 세부일정은 추후 공문 발송

X

조사 · 산정보고서 사전 검수

X 조사·산정보고서 사전검수

1 검수 목적

- 소유자, 시·도지사 및 시·군·구청장 의견청취 전 표준주택가격(안)의 정확성, 적정성을 검토함으로써 오류가능성을 낮추고 의견청취 후 표준주택가격의 변경 가능성을 최소화하여 가격의 신뢰성을 확보하고자 함

2 검수 방법

1) 조사·산정보고서 사전검수는 252개 시·군·구 전체를 대상으로 검수 실시

※ 검수반 구성 : 국토교통부 주관 심사위원단 위원 등

2) 검수를 받는 조사·산정자는 검수 관련서류 일체를 사전에 점검하여 검수 시 제출

3) 표준주택가격(안), 가격관련자료 등을 활용하여 시·군·구별, 개인별 검수 실시

4) 시·군·구별 선정 심사 직전 전산입력이 마감되며, 모든 지역 심사 종료일까지 표준주택 교체, 특성변경 등 전산입력 불가

※ 지적(보완)사항 발생 지역은 전산입력 마감 해제 요청, 지적사항 보완하고 조치결과서 작성 및 제출 후 전산입력(재)마감

3 검수 절차

- 검수절차는 기초 검수반 → 일반 검수반 → 심층 검수반의 총 3단계로 구분됨

〈조사 · 산정보고서 사전검수 절차〉

기초 검수반	선정심사 이후 표준주택 교체 및 특성변경의 적정성, 제반 보고서 작성의 적정성 여부 등
↓	
일반 검수반	시가수준 등 적정성, 표준주택가격(안) 입력 점검
↓	
심층 검수반	기초, 일반 검수내용을 개별 · 구체적으로 심화 점검 등

※ 조사 · 산정보고서 사전검수 세부계획은 추후 공문조치

4 검수 항목

검수는 표준주택 특성의 정확성, 표준주택가격의 적정성 및 균형성, 표준주택가격(안)의 적정성, 시가수준의 적정성, 표준주택가격 조사 · 산정 업무 성실도 등으로 구분됨

검수항목	주요 검수내용
표준주택 특성의 정확성	i) 토지대장 상이내역에 대한 점검 ii) 토지이용계획확인서 상이내역에 대한 점검 iii) 주택 · 토지 특성 불일치 검토 iv) 주택특성 조사의 적정성
표준주택 가격의 적정성 및 균형성	i) 지적사항 조치결과 검토 ii) 선정심사 후 변경내역의 적정성 iii) 제출 서류의 적정성
표준주택가격(안)의 적정성	i) 주택가격의 적정성 ii) 주택가격 변동률 검토 iii) 그밖의 심사사항 검토
시가수준의 적정성	i) 시가수준의 적정성 ii) 참고가격의 적정성 iii) 시가변동률의 적정성
표준주택가격 조사 · 산정 업무 성실도	i) 표준주택 사전검수에 성실하게 참여하였는지 여부 ii) 마감 기한 준수 및 지적사항 조치 완료 여부 등

XI

표준주택 선정 재심사 및 조사 · 산정보고서 검수 · 제출

XI 표준주택 선정 재심사 및 조사·산정보고서 검수·제출

1 표준주택 선정 재심사

가. 재심사목적

- 「표준주택의 선정 및 관리지침」에 따른 표준주택 선정심사, 시가수준 기초심사 이후 용도지역, 이용상황 등의 변경으로 인하여 표준주택의 재선정 또는 주요 특성이 변경이 있는 경우 그 합리적 선정여부를 심사하여 표준주택의 선정의 적정성을 제고하기 위함

나. 재심사근거

- 「표준주택의 선정 및 관리지침」 제14조 및 제16조

다. 재심사방법

1) 표준주택 선정 심사, 시가수준 기초 심사 이후 표준주택 지번, 주요 특성 등 변경 사항 발생 지역을 대상으로 표준주택 재심사는 해당 시·군·구별로 나누어 각 심사반에서 실시

   ※ 심사반 구성 : 국토교통부 주관 심사위원단 위원 등

2) 심사를 받는 조사·산정자는 심사관련서류(제출 및 지참자료)를 사전에 점검하여 심사시 제출

3) 심사반에서는 지역분석조서, 현장조사도면(GIS프로그램) 및 선정관련 심사보고서 등을 활용하여 표준주택 선정 심사, 시가수준 기초심사 후 변경내역을 시·군·구별·개인별로 심사 실시

4) 그 밖의 사항은 표준주택 선정 심사 방법 준용

   ※ 표준주택 선정 재심사 세부계획은 추후 공문조치

라. 재심사항목

- 심사항목은 특성의 적정성, 표준주택 선정의 적정성, 현장조사 및 도면, 표준주택 시가수준의 적정성, 제반보고서 작성의 충실도, 성실도 등으로 구분됨

심사항목	주요 심사내용
선정의 타당성	i) 표준주택 사전검수 후 삭제되거나 신규 선정된 주택의 적정성
표준주택 특성의 적정성	i) 토지대장 상이내역에 대한 점검 ii) 토지이용계획확인서 상이내역에 대한 점검 iii) 주택특성 조사의 적정성
현장조사 및 도면	i) 전자도면 활용성 ii) 현장조사 충실도
표준주택 시가수준의 적정성	i) 시가수준의 적정성 검토 ii) 참고가격과의 균형성 iii) 최고 · 최저 표준주택의 시세분석의 적정성 iv) 시가수준 숙지도 v) 거래사례비교법 적용의 타당성
제반보고서 작성의 충실도	i) 제출보고서 작성의 적정성
표준주택가격 조사 · 산정 업무 성실도	i) 표준주택 선정 재심사에 성실하게 참여하였는지 여부 ii) 마감 기한 준수 및 지적사항 조치 완료 여부 등
절차 준수 여부	i) 소유자 등 의견청취 후 신규 선정된 표준주택의 소유자 등의 의견청취를 거쳤는지 여부

2 표준주택 조사 · 산정보고서 검수

가. 검수목적

- 2026년도 표준주택의 수와 토지대장 상이내역, 건축물대장 상이내역 및 선정결과 심사 후 변경내역, 표준주택가격(안) 검수 후 변경내역 등을 재심사하고 프로그램상의 입력된 오류내역 내용을 확인함으로써 표준주택 조사 · 산정보고서의 오류 최소화 및 가격의 신뢰성을 확보하고자 함

나. 검수방법

1) 조사 · 산정보고서 검수는 252개 시 · 군 · 구 전체를 대상으로 검수 실시

※ 검수반 구성 : 국토교통부 주관 심사위원단 위원 등

2) 검수를 받는 조사 · 산정자는 검수 관련서류 일체를 사전에 점검하여 검수시 제출

3) 표준주택가격(안), 가격관련자료 등을 활용하여 시 · 군 · 구별, 개인별 검수 실시

4) 시 · 군 · 구별 선정 심사 직전 전산입력이 마감되며, 모든 지역 심사 종료일까지 표준주택 교체, 특성변경 등 전산입력 불가

※ 지적(보완)사항 발생 지역은 전산입력 마감 해제 요청, 지적사항 보완하고 조치결과서 작성 및 제출 후 전산입력(재)마감

다. 검수절차

- 전산자료 입력 마감 → 전산검수 → 국토교통부 심사위원단 검토 → 심층검토 대상지역 검수 등 4단계로 구성

※ 표준주택 조사 · 산정보고서 검수 세부계획은 추후 공문조치

〈표준주택 조사·산정보고서 검수 절차〉

전산제출 마감	전산자료 내용 출력 및 토지대장 상이내역 등 확인
↓	
전산검수	전산자료 결과 및 오류내용 확인
↓	
심사위원단 검토	심층검토 대상지역 선정
↓	
심층검수	심층검토 대상지역 집중검수

라. 표준주택 조사·산정보고서 검수내용

1) 기본검수사항

- 2026년 표준주택 수, 토지대장 상이내역, 건축물대장 상이내역, 표준주택 조사·산정 가격내역, 표준주택 선정결과 심사 후 변경내역(특성, 3방식 입력 등) 등

2) 기타 확인사항

- 필수 검토사항, 확인사항 등

3) 주택가격 통계현황

- 최고·최저가격현황, 최고·최저지가현황, 최고·최저 재조달원가현황, 표준주택가격 변동현황, 표준주택 교체현황, 표준주택 분포현황 등

4) 기타 검색프로그램에서 정하는 사항 등

마. 검색프로그램

- 표준주택의 특성 등이 대부분 전산파일로 관리됨에 따라 전산자료의 논리적인 오류(필수 검토사항 및 확인사항) 등을 사전에 검색·수정하기 위하여 검색프로그램을 활용함

바. 표준주택 조사·산정보고서 검수시 제출 보고서

- 표준주택 조사·산정보고서 검수관련 보고서의 작성방법은 "XIII. 각종 보고서의 작성요령" 등에 따라 작성함

구 분	보고서명	규 격	비 고
조사·산정 보고서 검수 제출서류	1. 검색내역서	A4	온라인 제출
	2. 3방식 입력점검 내역서	〃	
	3. 지역분석조서	〃	
	4. 표준주택 소유자의 의견청취결과서	〃	
	5. 시·도지사 및 시·군·구청장의 의견청취결과서	〃	
	6. 의견청취결과 처리내역서	〃	
	7. 표준주택 조사사항 및 가격산정의견서	〃	
	8. 표준주택 위치표시도면	〃	온라인 제출 및 지자체 출력물 제출(요청시)

사. 2026년 표준주택 조사·산정보고서 검수 세부일정

- 일 정 : 2026. 1. 8 ~ 1. 15
- 시·군·구별 세부일정은 추후 공문 발송

3 조사 · 산정보고서 제출

가. 조사 · 산정보고서 제출 시 중점 확인사항

1) 보고서의 종류 및 수량 확인

2) 보고서 인쇄과정에서 누락 · 오기된 표준주택 확인, 페이지 누락, 중복, 밀림 등

3) 의견청취결과서 통계의 정확성 등

나. 조사 · 산정보고서 제출

– 조사 · 산정보고서 제출관련 보고서의 작성방법은 "Ⅷ. 각종 보고서의 작성요령"에 따라 전산으로 작성하여 제출

일련번호	종 류	수 량
1	표준주택가격(안)	1부
2	표준주택 조사 · 산정보고서	1부

다. 2026년 표준주택 조사 · 산정보고서 제출 일정

– 일 시 : 2026. 1. 19

– 제출방법 : 조사 · 산정보고서는 전산으로 작성 후 제출

※ 확인서 양식 및 세부 제출방식 등은 추후 공문 참조

XII 표준주택가격의 산정

XII 표준주택가격의 산정

1 표준주택가격 산정의 개념

가. 표준주택가격 산정의 목적

매년 공시기준일 현재의 표준주택에 대한 적정가격을 산정・공시하여 국가・지방자치단체 등의 기관이 행정목적으로 개별주택가격을 산정하는 경우에 그 기준으로 적용하기 위함

나. 표준지공시지가와 표준주택가격의 비교

표준지공시지가와 표준주택가격은 아래와 같이 비교됨

구 분	표준지공시지가	표준주택가격
산정(평가)대상	토지	주택(토지+건물)
효 력	지가정보제공, 거래지표, 지가산정, 평가기준 등	개별주택가격 산정기준
가격개념	적정가격	적정가격
상정조건	나지상정(정착물이 없는 상태)	현황산정(정착물이 있는 상태)
건부감가여부	최유효이용 상정	건부증・감가 반영
가격수준파악	정착물과 분리된 지가수준	토지・건물 일체의 거래가격 수준
산정(평가)방식	토지만의 거래사례비교법이 주방식	토지와 건물을 일체로 한 거래사례비교법 주방식(거래유형 다양)

다. 표준주택가격의 산정

1) 표준주택가격은 「부동산 가격공시에 관한 법률」 제16조제5항 및 같은법 시행령 제31조의 위임을 받은 「표준주택가격 조사・산정 기준」 제10조에 따라 시장성이 있는 표준주택은 인근 유사 단독주택의 거래가격 등을 고려하여 토지와 건물 일체의 가격으로 산정함

2) 시장성이 없거나 주택의 용도 등이 특수하여 인근 유사단독주택의 거래가격을 고려하는 것이 곤란한 주택은 유사 단독주택의 건설에 필요한 비용추정액 또는 임대료 등을 고려하여 가격을 산정하며, 비용추정액은 공시기준일 현재 해당 표준주택와 유사한 이용가치를 지닌다고 인정되는 단독주택의 건설에 필요한 표준적인 건축비와 일반적인 부대비용 및 부속토지가격 수준으로 함

3) 표준주택가격을 토지 · 건물 일체 가격(일체 거래사례비교법)과 유사 단독주택의 건설에 필요한 비용추정액(원가법)으로 산정한 경우에는 다른 하나 이상의 산정방법으로 산출한 가액과 비교하여 합리성을 검토하여야 함

4) 표준주택가격은 주택이 있는 상태를 기준으로 하는 현황 산정이며 건부증 · 감가를 반영하므로 토지 · 건물 일체의 거래가격 수준을 파악하여 토지 · 건물을 일체로 한 거래사례비교법을 주방식으로 산정함

2 표준주택가격의 결정

표준주택가격은 「부동산 가격공시에 관한 법률」 제26조의2 (적정가격 반영을 위한 계획 수립 등)에 따른 계획을 반영하여 결정함

※ 「부동산 가격공시에 관한 법률」 제26조의2 적정가격 반영을 위한 계획 수립 등

> ① 국토교통부장관은 부동산공시가격이 적정가격을 반영하고 부동산의 유형 · 지역 등에 따른 균형성을 확보하기 위하여 부동산의 시세 반영률의 목표치를 설정하고, 이를 달성하기 위하여 대통령령으로 정하는 바에 따라 계획을 수립하여야 한다.
> ② 제1항에 따른 계획을 수립하는 때에는 부동산 가격의 변동 상황, 지역 간의 형평성, 해당 부동산의 특수성 등 제반사항을 종합적으로 고려하여야 한다.
> ③ 국토교통부장관이 제1항에 따른 계획을 수립하는 때에는 관계 행정기관과의 협의를 거쳐 공청회를 실시하고, 제24조에 따른 중앙부동산가격공시위원회의 심의를 거쳐야 한다.
> ④ 국토교통부장관, 시장 · 군수 또는 구청장은 부동산공시가격을 결정 · 공시하는 경우 제1항에 따른 계획에 부합하도록 하여야 한다.

3 표준주택가격의 토지 · 건물가액 배분

가. 표준주택가격의 토지 · 건물가액 배분의 필요성

1) 표준주택가격은 국가 · 지방자치단체 등의 기관이 행정목적으로 개별주택가격을 산정하는 경우에 그 기준이 됨

2) 개별주택가격은 비교표준주택을 선정하고, 비교표준주택과 산정대상 개별주택의 토지 · 건물특성을 비교하여 서로 다른 특성을 찾아낸 다음, 서로 다른 토지 · 건물 특성에 대한 가격배율을 주택가격비준표(토지비준표와 건물비준표로 구성)에서 추출하여, 비교표준주택가격에 가격배율을 곱하여 개별주택 공시가격을 산정하게 됨

▌〈그림1〉 개별주택가격 산정방법 ▌

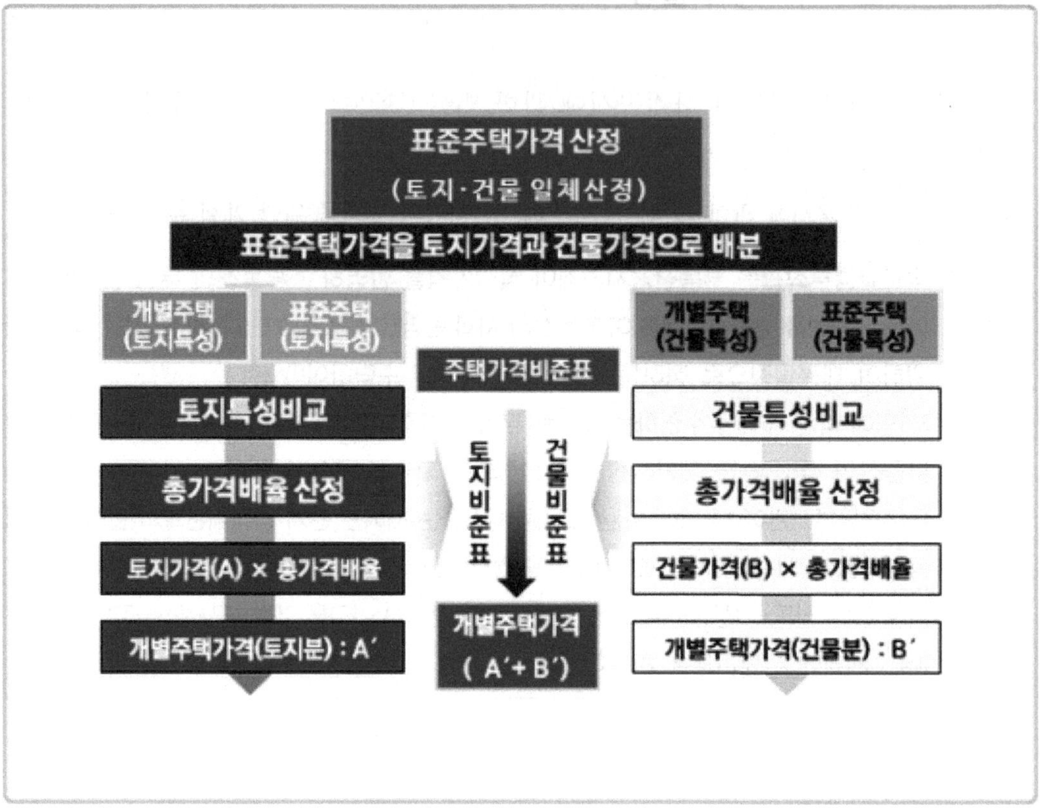

3) 표준주택가격은 토지 · 건물을 일체로 한 거래사례비교법으로 산정한 금액이나 개별주택의 가격산정을 위하여 토지가액과 건물가액의 배분이 필요함

나. 표준주택가격의 토지 · 건물가액 배분 모형과 장 · 단점

모 형	모형 방식	장 점	단 점
모형 1	표준주택가격 − 건물가액 = 토지가액	• 원가법에 의한 건물가액을 산정하기 용이 • 다양한 건물의 가격균형성을 반영한 건물가액 산정 가능 • 조사 · 산정자의 주관성이 개입될 여지가 적음 • 나대지가 거의 없는 대도시 및 중 · 소도시의 토지가격 산정 용이 • 국세청 기준시가, 행정안전부 건물과세시가표준액 이상의 현실적인 건물가액 산정 가능 • 건물에 비용을 투입한 민원인의 이의제기에 객관적으로 대처 가능	• 현실적인 다양한 거래유형의 건물거래관행과 괴리
모형 2	표준주택가격 − 토지가액 = 건물가액	• 현실적인 다양한 거래유형의 건물거래관행과 부합	• 나대지가 거의 없는 대도시 및 중 · 소도시의 토지만의 가격 파악 곤란 • 현실적인 거래유형을 다양하게 반영할 시 건물가액간의 균형성 왜곡 초래 • 토지가격에 화체된 다양한 구조의 건물가액을 정확하게 반영할 수 없어 토지가격의 왜곡 또한 초래 • 조사 · 산정자의 주관성이 개입될 여지가 큼 • 국세청 기준시가, 행정안전부 건물과세시가표준액 이하의 건물가액도 산정되게 됨 • 건물에 비용을 투입한 민원인의 이의제기에 객관적으로 대처 곤란

다. 표준주택가격의 토지 · 건물가액 배분 모형의 결정

1) 다양한 건물의 가격균형성 유지

2) 조사 · 산정자의 주관성 개입 최소화

3) 기존 행정기관의 과표보다 적게 건물가액이 산정되는 것을 방지

4) 건물가액에 대한 민원인의 이의제기에 객관적 근거로 대처

5) 모형 2를 적용할 경우 대도시 및 중소도시에서는 나대지가 거의 없으므로 표준주택가격에서 공제할 토지가격을 현실적으로 적정하게 파악 곤란

6) 위와 같은 사유로 표준주택가격 공시제도의 안정성과 대국민 신뢰성을 확보하기 위하여 토지가액 · 건물가액 배분 모형은 "모형 1"로 결정

표준주택가격 – 건물가액 = 토지가액

라. 표준주택가격의 토지 · 건물가액 배분의 적정성 검토

– 표준주택가격(안) 열람 시 시 · 군 · 구에 토지와 건물가격을 별도로 제공하여 적정성을 검토

– 다음 서식에 따라 제공함

시 · 군 · 구 :

일련번호	소재지	지목	대지면적(㎡)	용도지역	도로접면	형상	고저	지리적 위치	변동률(%)
	도로명 주소	건물 용도	건물 연면적(㎡)	주건물 구조	층수(지상/지하)	사용승인 연도	주위환경	전년가격(원)	토지배분 가격(원)
			건축면적(㎡)	용도지구	동수	용적률(%)	건폐율(%)	금년가격(원)	건물배분 가격(원)

XIII

각종 보고서의 작성요령

XIII 각종 보고서의 작성요령

1 각종 보고서의 작성방법

가. 표준주택 조사 · 산정보고서

- 다음의 서식에 따라 전산프로그램으로 작성함
- 일단지로 조사 · 산정된 표준주택에 대해서는 소재지란에 대표지번과 '외'를 기재하고 일단지를 괄호로 표시하며 대지면적은 일단지로 조사된 주택의 전체면적을 표시하고, 주거용과 비주거용 혼합으로 이용 중인 주택(주 · 상용 등)의 경우 대지면적 및 건물 연면적란에 주거용부분의 면적을 기재하고 전체 면적을 괄호로 표시하며, 이하 "각종 보고서의 작성요령"에 동일하게 적용함

① 일단지 표시 예)

소재지
○○동 103-2외 (일단지)

② 용도혼합용 면적 기재 예)

대지면적(㎡) 건물연면적(㎡)
15.0 (214.0)
24.3 (83.76)

표준주택 조사 · 산정보고서

일련번호	소재지	지 목 / 건물용도	대지면적(㎡) / 건 물 연 면 적(㎡)	용도지역 / 주건물구조	도로접면 / 층수(지상/지하)	형상고저 / 사용승인연도	주위환경	표준주택가격(원)
[예시] 41490 -000	○○동 103-2외 (일단지)	대	15.0 (214.0)	계획관리지역	소로한면	부정형평지	순수 농촌지대	102,000,000
	○○로 245	주상용	24.3 (83.76)	연와조 슬래브 기와	2/1	1993		

나. 표준주택 조사사항 및 가격산정의견서

- 다음의 서식에 따라 전산프로그램으로 작성함

(　　　)년도 표준주택 조사사항 및 가격산정의견서

표준주택일련번호 :　　　　　　　　　　　　조사 · 산정자 :

<table>
<tr><td colspan="2" rowspan="2">소 재 지
(도로명주소)</td><td colspan="3"></td></tr>
<tr><td colspan="3"></td></tr>
<tr><td rowspan="9">토지
지역요인
및
개별요인
분석</td><td>지 목</td><td></td><td>대지면적</td><td>㎡</td></tr>
<tr><td>일 단 지</td><td colspan="3"></td></tr>
<tr><td>주위환경</td><td></td><td>형 상</td><td></td></tr>
<tr><td>고 저</td><td></td><td>방 위</td><td></td></tr>
<tr><td rowspan="4">도시계획
및
공적규제</td><td colspan="3">용도지역 :</td></tr>
<tr><td colspan="3">용도지구 :</td></tr>
<tr><td colspan="2">도시 · 군 계획시설 :</td><td>저촉률 : %</td></tr>
<tr><td colspan="3">기타제한 :</td></tr>
<tr><td>도로접면</td><td colspan="3"></td></tr>
<tr><td rowspan="7">주건물
개별요인
분석</td><td>건축면적</td><td>㎡</td><td>층 수</td><td>지상( )/지하( )</td></tr>
<tr><td>동 수</td><td>동</td><td>연면적</td><td>㎡</td></tr>
<tr><td>사용승인연도</td><td></td><td>건 폐 율</td><td>%</td></tr>
<tr><td>건물구조</td><td></td><td>용 적 률</td><td>%</td></tr>
<tr><td>건물지붕</td><td colspan="3"></td></tr>
<tr><td>건물용도</td><td colspan="3"></td></tr>
<tr><td>특수부대설비</td><td colspan="3"></td></tr>
</table>

가격산정	거래가능가격	원		
	내용연수	년		
	잔존가치율	%		
	건물가액	원	토지가액	총액 : 원
				단가 : 원/㎡

층	주용도(A)						부속용도(B)				필로티(C)		
	건물구조		구분	면적(㎡)	재조달원가(원)	적용단가(원)	구분	면적(㎡)	재조달원가(원)	적용단가(원)	면적(㎡)	재조달원가(원)	적용단가(원)
주건물													
B2	구조1												
	구조2												
	구조3												
B1	구조1												
	구조2												
	구조3												
1	구조1												
	구조2												
	구조3												
2	구조1												
	구조2												
	구조3												
3	구조1												
	구조2												
	구조3												
4	구조1												
	구조2												
	구조3												
5	구조1												
	구조2												
	구조3												
6	구조1												
	구조2												
	구조3												
옥탑	구조1												
	구조2												
	구조3												

층	주용도(A)						부속용도(B)				필로티(C)		
	건물구조		구분	면적(㎡)	재조달원가(원)	적용단가(원)	구분	면적(㎡)	재조달원가(원)	적용단가(원)	면적(㎡)	재조달원가(원)	적용단가(원)
부속건물1													
1	구조1												
	구조2												
	구조3												
2	구조1												
	구조2												
	구조3												
3	구조1												
	구조2												
	구조3												
부속건물2													
1	구조1												
	구조2												
	구조3												
2	구조1												
	구조2												
	구조3												
3	구조1												
	구조2												
	구조3												

표준주택가격	원
산정의견	
기타참고사항	

거래 사례 비교법	거래사례 소재지			
	거래(가격)시점	년 월 일	거래가격	원
	사정보정		시점수정	
	지역요인비교		개별요인비교	
	그밖의요인보정		시산가격	원

원가법	토지	거래사례 소재지			
		거래(가격)시점	년 월 일	토지단가	원/㎡
		토지면적	㎡	토지가격	원
	건물	건물연면적	㎡	건물가격	원
	시산가격				원

수익 환원법	연임대수익	원	기타수익	원		
	총소득	원	총비용	원		
	순수익	원	자본 환원이율	%		
	시산가격	원	건물연면적	㎡	건물연면적 기준단가	원/㎡
			토지면적	㎡	대지면적 기준단가	원/㎡

가격 산정	시산가격	거래사례 비교법	원		
		원가법	원		
		수익환원법	원		
		가격결정	원		
	배분가격	건물가액	원		
		토지가액	원	토지단가	원/㎡

※ 작성요령

1. 산정의견

산정의견란은 전산프로그램에 따라 작성 기재함

2. 기타 참고사항 기재

가. 일단지의 지번목록을 기재함

나. 토지(임야)대장상의 지번과 일반건축물대장(재산세(주택)과세대장)상의 지번이 상이한 경우 일반건축물대장(재산세(주택)과세대장)상의 지번을 기재함

다. 표준주택 조사사항 및 가격산정의견서의 각 기재사항에 대한 보충설명이 필요한 경우 기재함

라. 표준주택가격 결정방법에 관한 특기사항이 있는 경우 기재함

마. 기타 필요한 사항을 기재함

3. 거래사례비교법

가. 토지 · 건물 통합 비준

나. 거래사례비교 선택기준

① 최근 3년 내에 거래된 사례의 수집이 가능한 경우에만 기재하며, 거래사례가 수집된 경우에도 그 수집자료 내용을 신뢰할 수 없는 경우에는 기재하지 아니함

② 거래사례비교법의 사례는 '가격조사자료표'상 사례를 사용하여 분석함

다. 시점수정

① 시점수정치는 한국부동산원에서 제공하는 지가변동률 및 생산자 물가지수, 단독주택 매매가격 지수 등을 사용함

② 시점수정치는 소수점 이하 다섯째자리까지 기재함

라. 사정보정치, 지역요인, 개별요인, 그밖의요인 비교치는 소수점이하 넷째 자리까지 직접 입력

4. 원가법

가. 토지와 건물가격을 각각 산정 후 합산함

5. 수익환원법

가. 대상 표준주택의 수익자료 수집이 가능한 경우에 한하여 적용함

6. 시산가격결정

가. 3가지 방식에 의하여 산정된 가격을 서로 비교하여 적정성 여부를 검토함

나. 각 방식에 의하여 산정된 가격 중 가장 적정한 하나를 선택하여 가격을 결정하고 가격산정 의견을 입력함

다. 2026년 표준주택가격(안)

- 다음의 서식에 따라 전산프로그램으로 작성하며, 한국부동산원에서는 전국 표준주택가격(안)을 전산 입력하여 국토교통부에 제출함

2026년 표준주택가격(안)

시 · 군 · 구 :

일련번호	소재지	지목	대지면적(㎡)	용도지역	용도지구	도로접면	형상고저	주위환경	표준주택가격(안)
	도로명주소	건물용도	건축면적(㎡)	건폐율(%)	주건물구조	동수	사용승인연도		
			건물연면적(㎡)	용적률(%)		층수(지상/지하)			

라. 표준주택 가격조사표

- 다음의 서식에 따라 전산프로그램으로 작성함

표준주택 가격조사표

시 · 군 · 구 :

일련번호	소재지	지목	공적규제	기타제한(구역 등)		지형지세		도로조건	유해시설 접근성
			용도지역	기타		고저			철도 · 고속국도 등 거리
	도로명주소	대지면적(㎡)	용도지구	도시 · 군계획시설	저촉률	형상	방위	도로접면	폐기물시설 등 거리
									변전소와의 거리 등
	표준주택가격(원)	건물연면적(㎡)	주건물구조			건물용도	사용승인연도	층수	특수부대설비

마. 표준주택 소유자의 의견청취결과서

1) 시 · 군 · 구명

- 해당 시 · 도 및 시 · 군 · 구의 명칭을 기재함

2) 요청일

- 요청일은 한국부동산원이 표준주택 소유자에게 의견청취를 요청한 문서의 발송일자를 기재함

3) 의견회신기간

- 의견회신기간은 표준주택 소유자가 제출한 의견을 한국부동산원이 접수한 기간을 기재함

4) 의견내용

- 표준주택 소유자로부터의 가격(토지 · 건물 일체가격, 토지분 가격, 건물분 가격) 조정 및 특성정정 요구사항에 대하여 가격조정 요구 건수, 상향조정 건수, 하향조정 건수, 특성정정 요구건수를 파악하여 기재하고, 주요의견을 간략하게 기재함
- 의견은 표준주택의 소유권 구분에 따라 토지 · 건물 일체가격, 토지분 가격, 건물분 가격에 대하여 각각 청취하고, 요구 건수 등 각 항목에 대하여는 소유권 구분에 따른 가격별 의견청취 합계를 기재함

5) 반영여부

- 위 검토사항에 대하여 반영 건수(상향조정, 하향조정, 특성정정)와 미반영 건수를 구분하여 기재
- 조사 · 산정자의 표준주택예정가격을 조정하거나 주택특성을 정정한 경우에는 별지에 조정 · 정정된 표준주택의 소재지, 가격구분, 조정 · 정정내역(요구사항, 조정 · 정정사항) 및 사유 등을 표준주택별로 작성함

6) 의견제출건의 반영 기준

- 표준주택 특성에 오류가 있는 경우

- 표준주택 가격수준 조사에 오류가 있는 경우
- 인근 표준주택과 균형성에 문제가 있어 조정이 필요한 경우
- 그 밖에 합리적인 사유가 있는 경우

7) 기 타

- 표준주택 소유자의 의견청취에 관한 기타 의견, 반송건수 및 반송률 등을 기재함

  ※ 주소가 불분명하거나 없는 경우 등은 시 · 군 · 구 세무과 등의 협조를 받아 확인하여야 함 (표준주택 조사 · 산정보고서 검수 시 중점점검 사항)

8) 한국부동산원 조치사항

- 한국부동산원은 전국 표준주택 소유자의 의견청취결과서 분석에 대한 통계자료를 작성하여 국토교통부에 제출함

<u>표준주택 소유자의 의견청취결과서</u>

① 시 · 군 · 구명 :

구 분	내 용
의견청취기간	② 요 청 일 : 2025년 월 일 ③ 의견회신기간 : 년 월 일 ~ 월 일 ※ 요청 표준주택 총 수 : ( )호
④ 의 견 내 용	○ 표준주택 소유자 가격조정 요구 • 요구 건수(계) : ( ) - 상 향 조 정 : ( ) - 하 향 조 정 : ( ) • 주 요 의 견 : ○ 표준주택 소유자 특성정정 요구 • 요구 건수(계) : ( )
⑤ 반 영 여 부	○ 반영건수 • 반영건수(계) : ( ) - 가격조정건수(계) : ( ) • 상 향 조 정 : ( ) • 하 향 조 정 : ( ) - 특성정정건수(계) : ( ) ○ 미반영건수(계): ( )
⑥ 기 타	○ 반송 건 (반송률 %) ○ 기타의견

표준주택 소유자의 의견청취결과 처리내역서

① 가격조정 처리내역

일련번호	소재지 지 번	가격구분	면적(㎡)		용도지역	건물용도	조사 · 산정자 표준주택가격(안)	표준주택 소유자 요구가격	조사 · 산정자 조정가격	조정사유
			토지	건물						

② 특성정정 처리내역

구분	일련번호	소재지 지 번	면적(㎡)		지목	용도지역	도로접면	고저	건물용도	주건물구조	층수	사용승인연도	정정사유
			토지	건물									
당초													
요구													
정정													
당초													
요구													
정정													

※ 가격구분란에는 토지 · 건물 일체가격, 토지분 가격, 건물분 가격으로 구분하여 기재함(기재예 : 토지건물, 토지분, 건물분)

※ 조정사유란에는 조사 · 산정자가 해당 표준주택가격(안)을 조정한 사유를 간략히 기재함

견 본

「표준주택 소유자의 의견청취문」출력 양식

〈앞면〉

한국부동산원 ○○지사
○○시 ○○구 ○○로 ○○
TEL : 02-123-4567 FAX : 02-999-9999
우편번호 12345

우체국
요금별납

○○시 ○○구 ○○○로 ○○
홍길동 귀하
○○○○○

표준주택 소유자의 의견청취문

1. 한국부동산원은 「부동산 가격공시에 관한 법률」 관련 규정에 따라 국토교통부장관의 의뢰를 받아 표준주택으로 선정된 주택에 대하여 2026. 1. 1. 현재의 주택특성 및 공시예정가격(토지·건물 일체가격)을 잠정 조사·산정하여 주택소유자인 귀하의 의견을 듣고자 합니다.

소재지(도로명주소)			토지면적(㎡)	연면적(㎡)	지목
용도지역	도로접면	고저	건물용도	주건물구조 / 건물지붕	
층수(지상/지하)	사용승인연도	전년 공시가격(원)		'26년 공시예정가격(원)	

「부동산 가격공시에 관한 법률」 제16조제7항에 따라 위 공시예정가격 및 특성에 대하여 의견이 있으시면 2026. 1. 6(화)까지 우리 원에 서면 또는 인터넷(부동산공시가격알리미 사이트 : http://www.realtyprice.kr)을 통해 의견서를 제출하여 주시기 바라며, 위 기간까지 의견서가 도착되지 않으면 다른 의견이 없는 것으로 간주하겠습니다.

2. 위 표준주택 공시예정가격은 주택 소재지 시·도지사 및 시·군·구청장의 의견청취와 중앙부동산가격공시위원회의 심의를 거쳐 최종결정된 후 **2026. 1. 23(금) 국토교통부장관이 관보에 공고할 예정**이며, 최종적으로 공시되는 가격과는 달라질 수 있습니다. 공시된 내용은 인터넷(부동산공시가격알리미 사이트) 및 표준주택 소재지 관할 시·군·구청에서 열람할 수 있습니다.

   표준주택가격은 주택(토지·건물)에 대한 통합과세(재산세)의 부과기준이 되는 개별주택가격의 산정 등에 활용되며, 공시(2026. 1. 23(금) 예정)된 표준주택가격에 대하여 이의가 있는 경우에는 「부동산 가격공시에 관한 법률」 제16조제7항의 규정에 따라 공시일로부터 30일 이내에 서면 또는 인터넷(부동산공시가격알리미 사이트 http://www.realtyprice.kr)으로 국토교통부장관에게 이의를 신청할 수 있습니다.

2025. 00. 00.

국토교통부장관의 위임을 받은
한 국 부 동 산 원 장
조사·산정 담당자 ○ ○ ○

의견청취 결과는 별도로 개별 통지하지 아니하며, 최종 공시가격은 2026. 1. 23(금)부터 관보 공고 및 국토교통부 부동산공시가격알리미 사이트(http://www.realtyprice.kr)에 게시할 예정입니다.
※ 1. 23(금)은 공시예정일로서 사정에 따라 변경될 수 있음
한편, 부동산공시가격알리미 사이트에서 휴대전화 문자메시지 전송서비스를 신청하신 경우에는 해당 표준주택 최종 공시가격을 문자메시지로 수신받을 수 있으며, 검토결과(반영·미반영 여부 및 사유) 및 향후 일정 등을 안내 받을 수 있음

〈뒷면〉

주택특성 용어해설

○ 소　재　지 : 해당주택의 도로명주소 기재(도로명주소 정비가 완료되지 않은 경우 지번주소 기재)
○ 지　　　목 : 공시기준일 현재의 토지(임야)대장에 표시된 지목 기재
○ 토 지 면 적 : 토지(임야)대장에 표시된 면적 기재. 단, 용도혼합용 주택인 경우 주거용 면적(전체면적)으로 기재
○ 연　면　적 : 주택가격 산정에 포함되는 주용도 주거용 면적과 주거용 부속용도 면적을 합산하여 기재. 단, 용도혼합용 주택인 경우 주거용 면적(전체면적)으로 기재
○ 용 도 지 역 : 「국토의 계획 및 이용에 관한 법률」 제36조 · 제79조 및 같은법 시행령 제30조의 규정에 의한 용도지역을 기재. 단, 개발제한구역은 용도지역은 아니나 그 규제내용이 엄격하므로 용도지역으로 분류
○ 주건물구조 / 건물지붕 : 일반건축물대장(일반건축물대장이 없는 경우 재산세(주택) 과세대장)을 참조하여 기재하되, 공부상 건물구조/건물지붕과 실제 건물구조/건물지붕이 상이한 경우에는 실제 건물구조/건물지붕을 기재

* 용도혼합용 건물 중 건물용도별로 건물구조가 상이한 경우 주용도가 주거용에 해당하는 건물구조를 기재

○ 도로접면 : 주택부지가 접한 도로 중 넓은 도로(주된 역할을 하는 도로)를 기준으로 기재

도로접면	적 용 범 위
광대한면	폭25m 이상의 도로에 한면이 접하고 있는 토지
광대소각	광대로에 한면이 접하고 소로 이상의 도로에 한면 이상 접하고 있는 토지
광대세각	광대로에 한면이 접하면서 자동차 통행이 가능한 세로(가)에 한면 이상 접하고 있는 토지
중로한면	폭 12m 이상 25m 미만 도로에 한면이 접하고 있는 토지
중로각지	중로에 한면이 접하면서 중로, 소로, 자동차 통행이 가능한 세로(가)에 한면 이상 접하고 있는 토지
소로한면	폭 8m 이상 12m 미만의 도로에 한면이 접하고 있는 토지
소로각지	소로에 한면이 접하면서 소로, 자동차통행이 가능한 세로(가)에 한면 이상 접하고 있는 토지
세로(가)	자동차 통행이 가능한 폭 8m 미만의 도로에 한면이 접하고 있는 토지
세각(가)	자동차 통행이 가능한 세로에 두면 이상이 접하고 있는 토지
세로(불)	자동차 통행이 불가능하나 이륜자동차의 통행이 가능한 세로에 한면이 접하고 있는 토지
세각(불)	자동차 통행이 불가능하나 이륜자동차의 통행이 가능한 세로에 두면 이상 접하고 있는 토지
맹　지	이륜자동차의 통행이 불가능한 도로에 접한 토지와 도로에 접하지 아니한 토지

○ 고　저

고 저	적 용 범 위
저 지	간선도로 또는 주위의 지형지세보다 현저히 낮은 지대의 토지
평 지	간선도로 또는 주위의 지형지세와 높이가 비슷하거나, 경사도가 미미한 토지
완경사	간선도로 또는 주위의 지형지세보다 높고 경사도가 15° 이하인 지대의 토지
급경사	간선도로 또는 주위의 지형지세보다 높고 경사도가 15°를 초과하는 지대의 토지
고 지	간선도로 또는 주위의 지형지세보다 현저히 높은 지대의 토지

* 간선도로 : 간선도로라 함은 「도로법」에 의한 국도 · 지방도 · 시도 · 군도를 말함. 단, 대중교통수단이 1일 1~2회 통과하는 도로는 제외

바. 시 · 도지사 및 시장 · 군수 · 구청장의 표준주택가격 의견청취결과서

1) 시 · 도 및 시 · 군 · 구명

– 해당 시 · 도 및 시 · 군 · 구의 명칭을 기재함

2) 요청일

– 한국부동산원이 시 · 도 및 시 · 군 · 구에 표준주택가격 의견청취를 요청한 문서의 발송일자를 기재함

3) 시 · 군 · 구 부동산가격공시위원회 개최일

– 시 · 군 · 구 부동산가격공시위원회 개최일자를 기재하고, ○○년 ○월 ○일 후단(　　)에 참석 인원수를 예시와 같이 기재함

예) 해당 시 · 군 · 구의 조사 · 산정자 총 6명중 5명이 부동산가격공시위원회에 참석한 경우(5/6)

– 시 · 도지사 의견청취의 경우, 시 · 도 차원의 부동산가격공시위원회가 별도로 없기 때문에 개최일 기재를 생략함

4) 의견회신일

– 시 · 도 및 시 · 군 · 구에서 한국부동산원에게 회신한 문서의 발송일자를 기재하고, 후단에 한국부동산원이 접수한 날짜를 (　　)에 기재함

5) 주요의견

– 시 · 도 및 시 · 군 · 구의 의견을 "상향조정" 또는 "하향조정" 등으로 기재하고, 조정요구한 건수 및 사유를 기재함

– 해당 시 · 도 및 시 · 군 · 구의 요구건(계)란에는 상향 및 하향조정을 요구하는 전체 건수를 (　　)에 기재함

6) 반영여부

– 주요 의견과 연계하여 작성하되 시 · 도 및 시 · 군 · 구 의견을 반영한 이유를 기재하고, (　　)에는 건수를 기재함

- 표준주택가격을 조정한 경우에는 별지에 조정된 표준주택의 소재지, 조정내역(요청가격, 조정가격) 및 조정사유 등을 표준주택별로 작성하여 첨부함
- 해당 시 · 도 및 시 · 군 · 구의 반영 건(계)란에는 상향 · 하향 및 미조정된 전체 건수를 ( )에 기재함

7) 구비서류

- 표준주택가격 의견청취결과서에는 "표준주택가격 의견청취 요청서 사본"과 "시 · 도지사 및 시장 · 군수 · 구청장 의견회신 공문서 사본"을 각각 1부 첨부함

8) 한국부동산원 조치사항

- 한국부동산원은 상향요구 및 하향요구 건수와 상향조정 및 하향조정에 대한 통계자료를 작성하여 국토교통부에 제출함

시 · 도지사 및 시장 · 군수 · 구청장의 표준주택가격 의견청취결과서(예시)

① 시 · 도 및 시 · 군 · 구명 :

구 분	내 용
의 견 청 취 일 자	② 요청일 : 2025년 월 일 ③ 시 · 군 · 구 부동산가격공시위원회 개최일 : 년 월 일( ) ④ 의견회신일 : 2025년 월 일( )
⑤ 주요의견 (예시)	1. ○○지역의 주택가격 낮음:( )건 상향조정 요구 - 사유 : 2. 교외지역의 주택가격 높음:( )건 하향조정 요구 - 사유 : ※ 요구건(계) : 상향조정요구( ), 하향조정요구( )
⑥ 반영여부 (예시)	1. ○○지역은 조사 · 산정자 표준주택가격(안)이 적정하므로 반영불가( ) 2. 교외지역의 주택가격을 재조사하여 일부 반영 - 하향조정 : ( )호 3. 조정된 표준주택 및 미조정 표준주택 내역(시장 · 군수 · 구청장의 표준주택가격의견청취결과 처리내역서) : 별첨 ※ 반영건(계) : 상향조정( ), 하향조정( ), 미조정( )

⑦ 첨부서류 : 1. 표준주택가격 의견청취 요청서 사본 1부.
2. 시 · 도지사 및 시장 · 군수 · 구청장의 회신공문서 각 사본 1부.

시 · 도지사 및 시장 · 군수 · 구청장의 표준주택가격 의견청취결과 처리내역서

일련 번호	소재지 지 번	면적(㎡)		용도 지역	건물 용도	토지배분 가격(안)	시 · 도지사 및 시 · 군 · 구 요청가격	조사 · 산정자 조정가격	조정 사유
		토지	건물			건물배분 가격(안)			
						표준주택 가격(안)			

※ 조정사유란에는 조사 · 산정자가 표준주택가격(안)을 조정한 사유를 간략히 기재함
기재예시 : 인근주택가격과의 균형유지, 전년대비 과다상승 등

사. 표준주택 위치표시도면

1) 조사 · 산정자는 표준주택 위치표시도면을 매년 전산프로그램을 이용하여 새로이 작성하되, 현장조사도면은 동일지역을 계속 담당하는 경우 연속하여 사용할 수 있음

2) 현장조사도면은 축척 1/5,000 이상의 지번도로 작성함을 원칙으로 하되, 지역별 특성에 따라 적합한 축척의 도면으로 작성할 수 있음

3) 용도지역별 경계선의 색상표시

도시지역(주거지역-노랑색, 상업지역-분홍색, 공업지역-남보라색, 녹지지역-연두색) 관리지역-보라색, 농림지역- 초록색, 자연환경보전지역-파랑색

4) 조사 · 산정자는 현장조사도면에 전년도 표준주택가격과 해당연도의 표준주택 예정가격을 표준주택가격간의 가격균형성을 세밀히 검토하여야 함(표준주택 선정 심사, 시가수준 기초심사 및 표준주택 조사 · 산정보고서 검수 시 점검사항 아님)

5) 작성 및 관리에 대한 사항

○ 현장조사 단계

- 전년도 담당자에게서 인수한 도면을 참고자료로 활용하여 현장조사도면을 필히 작성함

○ 「표준주택 선정 심사, 시가수준 기초심사」 단계

- 현장조사도면 등에 삭제표준주택과 신규표준주택을 일정한 부호로 표시하고, 표준주택 선정결과에 대한 심사를 받음

※ 전산도면을 활용하여 현장조사 및 가격균형검토가 가능한 경우 현장조사도면을 전산도면으로 갈음할 수 있음

○ 「표준주택 조사 · 산정보고서 검수」 단계

- 시 · 군 · 구별로 표준주택 위치표시도면은 전산프로그램을 이용하여 작성한 후 국토교통부에 제출함

※ 시 · 군 · 구에서 표준주택 위치표시도면을 요청할 경우 별도로 1부를 제출함

6) 표준주택 건물용도별 도면표시방법

<table>
<tr><th colspan="2">표준주택 위치 표시부호</th><th>표준주택 일련번호, 지번</th></tr>
<tr><td>단독주택</td><td>○</td><td rowspan="4">(예)
← 1.5㎝ →
1.3㎝ (↕)
125 ←일련번호
3-50 ←지 번

※ 모든 표기는 적색으로 진하게 표시함
※ 표준주택 위치 표시방법은 표준주택밀도 등 지역사정에 따라 크기를 적의 조정하여 표시할 수 있음</td></tr>
<tr><td>다가구주택</td><td>⊖</td></tr>
<tr><td>다중주택</td><td>⊕</td></tr>
<tr><td>용도혼합</td><td>(△)</td></tr>
</table>

○ 지번도가 있는 지역은 일련번호만 기재

○ 색인도는 표지 뒷장에 반드시 작성 · 부착

○ 도면 하단좌측에 해당 시 · 군 · 구의 도면 매수를 표시

(예 : [1 / 10], [21 / 30])

○ 지도아래 도각표시를 절단하지 말고 지도 원본 그대로 편철할 것

아. 가격조사자료표

1) 작성목적

– 표준주택 조사과정에서 수집한 각종 가격자료(평가선례, 거래사례, 탐문가격 등)를 체계적인 방법으로 작성하고, DB로 구축함

– 조사된 가격자료를 연도별로 일관성 있게 활용하여 표준주택가격 조사 · 산정의 공신력 향상과 조사 · 산정업무의 전문성을 제고함

2) 자료의 심사 및 제출

– 수집된 자료를 일정한 양식에 기재하고, 이를 전산구조로 보관함

– 팀별로 작성된 가격조사자료표는 「표준주택 조사 · 산정보고서 검수」 시 시 · 군 · 구별로 취합하여 제출함

3) 가격조사자료표 양식

가 격 조 사 자 료 표

○○ 시 · 군 · 구

1. 총괄표(표준주택)

선정 거래사례 건수(A)	활용 거래사례 건수(B)	활용비율(%) (B/A)	사정보정 거래사례 건수	임의입력 거래사례 건수

2. 가격조사자료표

① 사정보정이 필요한 거래사례

거래(가격)시점	소재지 지 번	구분	지목	용도지역	대지면적(㎡)	거래(산정)가격	대지면적 기준단가(원/㎡)	사정보정치	기타제한(구역 등)	비고
			층수	구조	연면적(㎡)		연면적 기준단가(원/㎡)		사정보정 사유	사용승인일

② 기타 조사한 거래사례

거래(가격)시점	소재지 지 번	구분	지목	용도지역	대지면적(㎡)	거래(산정)가격	대지면적 기준단가(원/㎡)	기타제한(구역 등)	비고
			층수	구조	연면적(㎡)		연면적 기준단가(원/㎡)		사용승인일

※ 작성요령

1. 가격시점, 소재지 지번은 조사 가능한 범위 내에서 기재함
2. 거래가격은 ㎡당 가격으로 기재하고, 배분법에 의한 토지 · 건물가격을 산출 · 기재함
3. 기타제한(구역 등)란에는 해당 거래 호의 공법상 제한사항(거래시점 기준)을 모두 기재함
4. 비고란에는 조사처 또는 특정건물의 상호명 등을 기재함

2 보고서의 편철 등

가. 보고서류는 다음 방법을 참고하여 전산으로 제출함

보고서류 편철 방법

구 분	규 격	편철방법
◦ 표준주택가격(안)	A4	
◦ 표준주택 조사 · 산정보고서	A4	
◦ 표준주택 소유자의 의견청취결과서	A4	
◦ 시 · 도지사 및 시장 · 군수 · 구청장의 표준주택가격 의견청취결과서	A4	
◦ 지역분석조서(총괄분)	A4	
◦ 표준주택 위치표시도면	–	

나. 각 보고서 표지에는 다음 사항을 기재함

1) 보고서의 명칭

2) 조사 · 산정지역(시 · 도와 시 · 군 · 구 기재)

3) 조사 · 산정자의 서명 및 날인

XIV

2026년 표준주택가격 조사·산정 업무요령 중 주요 개정내용

1 「표준주택가격 조사·산정계획」

page	2025년 업무요령			2026년 업무요령			개정사유
P.10	가. 2025년 표준주택가격 조사·산정 일정			가. 2026년 표준주택가격 조사·산정 일정			'26년도 일정반영
	24.8.5	표준주택 선정 및 가격산정 의뢰	국토교통부	25.8.4	표준주택 선정 및 가격산정 의뢰	국토교통부	
	24.8.7 ~ 9.9	표준주택 조사·산정자 교육	국토교통부 및 한국부동산원	25.8.7 ~ 8.29	표준주택 조사·산정자 교육	국토교통부 및 한국부동산원	
	24.8.5 ~ 12.10	표준주택 선정·조사, 지역분석 및 가격산정(안) 산정	조사·산정자	25.8.4 ~ 12.9	표준주택 선정·조사, 지역분석 및 가격산정(안) 산정	조사·산정자	
	24.10.18	공시가격 시장분석 회의	국토교통부 및 한국부동산원	25.10.17	공시가격 시장분석 회의	국토교통부 및 한국부동산원	
	24.10.22 ~ 10.25	지사 자체 검토	한국부동산원	25.10.21 ~ 10.24	지사 자체 검토	한국부동산원	
	24.10.28 ~ 11.5	표준주택 선정결과 심사 (시가수준 기초심사)	국토교통부 심사위원단	25.10.27 ~ 11.4	표준주택 선정결과 심사 (시가수준 기초심사)	국토교통부 심사위원단	
	24.11.14 ~ 11.15	공시가격(표준주택·표준지간) 균형협의	조사·산정자	25.11.13 ~ 11.14	공시가격(표준주택·표준지간) 균형협의	조사·산정자	
	24.11.21 ~ 11.27	시가수준 심층심사	외부 점검단	25.11.20 ~ 11.26	시가수준 심층심사	외부 점검단	
	24.11.21 ~ 11.27	지자체 사전검토	국토교통부	25.11.20 ~ 11.26	지자체 사전검토	국토교통부	
	24.12.2 ~ 12.10	조사·산정보고서 사전검수	국토교통부 심사위원단	25.12.1 ~ 12.9	조사·산정보고서 사전검수	국토교통부 심사위원단	
	24.12.11 ~ 12.12	공시가격 특별점검	국토교통부	25.12.10 ~ 12.11	공시가격 특별점검	국토교통부	
	24.12.19 ~ '25.1.7	표준주택 소유자 및 시·도지사 및 시장·군수·구청장의 의견청취	조사·산정자	25.12.18 ~ '26.1.6	표준주택 소유자 및 시·도지사 및 시장·군수·구청장의 의견청취	조사·산정자	
	24.12.26	공시가격(안) 시·도 협의회	국토교통부	25.12.24	공시가격(안) 시·도 협의회	국토교통부	
	25.1.2 ~ 1.8	공시가격 심층점검	외부 점검단	25.12.31 ~ '26.1.7	공시가격 심층점검	외부 점검단	
	25.1.6 ~ 1.8	지사 자체 검토 (용도지역 변경 등 특성확인)	한국부동산원	26.1.5 ~ 1.7	지사 자체 검토 (용도지역 변경 등 특성확인)	한국부동산원	
	25.1.9 ~ 1.16	표준주택 선정 재심사 및 조사·산정보고서 검수	국토교통부 심사위원단	26.1.8 ~ 1.15	표준주택 선정 재심사 및 조사·산정보고서 검수	국토교통부 심사위원단	
	25.1.17 ~ 1.20	공시가격 특별점검	국토교통부	26.1.16	공시가격 특별점검	국토교통부	
	25.1.20	조사·산정보고서 접수	국토교통부	26.1.19	조사·산정보고서 접수	국토교통부	
	25.1.22	중앙부동산가격공시위원회 심의	국토교통부	26.1.20	중앙부동산가격공시위원회 심의	국토교통부	
	25.1.24	표준주택가격 공시	국토교통부	26.1.23	표준주택가격 공시	국토교통부	
	25.1.24 ~ 2.24	표준주택가격 이의신청 접수	국토교통부	26.1.23 ~ 2.23	표준주택가격 이의신청 접수	국토교통부	
	25.3.4	이의신청 심층심사	외부점검단	26.3.3	이의신청 심층심사	외부점검단	
	25.3.6	이의신청 재조사·산정보고서 검수	국토교통부 심사위원단	26.3.5	이의신청 재조사·산정보고서 검수	국토교통부 심사위원단	
	25.3.12	중앙부동산가격공시위원회 심의	국토교통부	26.3.11	중앙부동산가격공시위원회 심의	국토교통부	
	25.3.14	표준주택가격 조정공시	국토교통부	26.3.13	표준주택가격 조정공시	국토교통부	

page	2025년 업무요령	2026년 업무요령	개정사유
P. 11	나. 2025년 표준주택가격 조사·산정 세부일정	나. 2026년 표준주택가격 조사·산정 세부일정	'26년도 일정반영

나. 2025년 표준주택가격 조사·산정 세부일정

구 분	추 진 내 용	추진일정
• 조사 의뢰 및 조사자 교육	• 표준주택 선정 및 가격산정의뢰 • 표준주택 조사 · 산정자 교육	• 24.8.5 • 24.8.7 ~9.9
• 표준주택 선정 · 조사 및 가격산정	• 표준주택 선정 · 조사 지역분석 및 가격산정 - 거래사례 등 가격자료구축 - 지역특성 · 주택가격동향 등 분석 • 표준주택 증감요청 • 표준주택 조정통보	• 24.8.5 ~12.10 • 24.9.26 ~9.30 • 24.10.11
• 지사 자체검토	• 지사별 자체 검토	• 24.10.22 ~10.25
• 표준주택 선정 결과심사 (시가수준 기초심사)	• 표준주택 선정결과 심사 • 표준주택 시가수준 기초 심사	• 24.10.28 ~11.5
• 가격균형 협의	• 공시가격 시장분석 회의 • 공시가격(표준주택 · 표준지간) 균형협의	• 24.10.18 • 24.11.14 ~11.15
• 시가수준 심층심사	• 시가수준심층심사 (외부점검단)	• 24.11.21 ~11.27
• 지자체 사전검수	• 표준주택 선정 및 가격 지자체 사전검수	• 24.11.21 ~11.27
• 조사 산정보고서 사전검수	• 조사 · 산정보고서 사전검수	• 24.12.2 ~12.10
• 공시가격 특별점검	• 주요 표준주택 특별점검	• 24.12.11 ~12.12
• 표준주택 가격 의견청취	• 표준주택예정가격 의견청취 - 소유자, 시 · 도지사 및 시 · 군 · 구의견청취결과서 작성	• 24.12.19 ~25.1.7
• 특성정정	• 표준주택 선정결과 심사 후 특성 정정	• 24.12.19 ~25.1.7
• 시 · 도 협의회	• 표준주택 가격(안)에 대한 시 · 도 공식 협의회 개최	• 24.12.26
• 공시가격 심층점검	• 의견제출 검토 결과 및 표본심사	• 25.1.2 ~1.8
• 지사 자체검토	• 지사별 자체 검토 (용도지역 변경 등 특성 재확인)	• 25.1.6 ~1.8
• 표준주택 선정 재심사, 조사 · 산정 보고서 검수	• 표준주택 선정 재심사 및 조사 · 산정 보고서 검수	• 25.1.9 ~1.16
• 공시가격 특별점검	• 공시전 오류 점검	• 25.1.17 ~1.20
• 표준주택 조사 · 산정 보고서제출	• 표준주택 조사 · 산정 보고서 제출	• 25.1.20
• 표준주택 가격 공시	• 중앙부동산가격공시위원회 심의 • 표준주택가격공시(관보공고)	• 25.1.22 • 25.1.24
• 표준주택 가격 이의신청	• 이의신청 접수 • 이의신청 표준주택 조사 · 산정 • 이의신청 표준주택 재심사(심사위원단) • 이의신청 심층심사(외부점검단) • 조사 · 산정보고서 접수 • 중앙부동산가격공시위원회 심의 • 표준주택가격 조정공시(관보공고)	• 25.1.24 ~2.24 • 25.1.27 ~2.28 • 25.3.4 • 25.3.6 • 25.3.11 • 25.3.12 • 25.3.14

나. 2026년 표준주택가격 조사·산정 세부일정

구 분	추 진 내 용	추진일정
• 조사 의뢰 및 조사자 교육	• 표준주택 선정 및 가격산정의뢰 • 표준주택 조사 · 산정자 교육	• 25.8.4 • 25.8.7 ~8.29
• 표준주택 선정 · 조사 및 가격산정	• 표준주택 선정 · 조사 지역분석 및 가격산정 - 거래사례 등 가격자료구축 - 지역특성 · 주택가격동향 등 분석 • 표준주택 증감요청 • 표준주택 조정통보	• 25.8.4 ~12.9 • 25.9.19 ~9.23 • 25.9.30
• 지사 자체검토	• 지사별 자체 검토	• 25.10.21 ~10.24
• 표준주택 선정 결과심사 (시가수준 기초심사)	• 표준주택 선정결과 심사 • 표준주택 시가수준 기초 심사	• 25.10.27 ~11.4
• 가격균형 협의	• 공시가격 시장분석 회의 • 공시가격(표준주택 · 표준지간) 균형협의	• 25.10.17 • 25.11.13 ~11.14
• 시가수준 심층심사	• 시가수준심층심사 (외부점검단)	• 25.11.20 ~11.26
• 지자체 사전검수	• 표준주택 선정 및 가격 지자체 사전검수	• 25.11.20 ~11.26
• 조사 산정보고서 사전검수	• 조사 · 산정보고서 사전검수	• 25.12.1 ~12.9
• 공시가격 특별점검	• 주요 표준주택 특별점검	• 25.12.10 ~12.11
• 표준주택 가격 의견청취	• 표준주택예정가격 의견청취 - 소유자, 시 · 도지사 및 시 · 군 · 구의견청취결과서 작성	• 25.12.18 ~26.1.6
• 특성정정	• 표준주택 선정결과 심사 후 특성 정정	• 25.12.18 ~26.1.6
• 시 · 도 협의회	• 표준주택 가격(안)에 대한 시 · 도 공식 협의회 개최	• 25.12.24
• 공시가격 심층점검	• 의견제출 검토 결과 및 표본심사	• 25.12.31 ~26.1.7
• 지사 자체검토	• 지사별 자체 검토 (용도지역 변경 등 특성 재확인)	• 26.1.5 ~1.7
• 표준주택 선정 재심사, 조사 · 산정 보고서 검수	• 표준주택 선정 재심사 및 조사 · 산정 보고서 검수	• 26.1.8 ~1.15
• 공시가격 특별점검	• 공시전 오류 점검	• 26.1.16
• 표준주택 조사 · 산정 보고서제출	• 표준주택 조사 · 산정 보고서 제출	• 26.1.19
• 표준주택 가격 공시	• 중앙부동산가격공시위원회 심의 • 표준주택가격공시(관보공고)	• 26.1.20 • 26.1.23
• 표준주택 가격 이의신청	• 이의신청 접수 • 이의신청 표준주택 조사 · 산정 • 이의신청 표준주택 재심사(심사위원단) • 이의신청 심층심사(외부점검단) • 조사 · 산정보고서 접수 • 중앙부동산가격공시위원회 심의 • 표준주택가격 조정공시(관보공고)	• 26.1.23 ~2.23 • 25.1.26 ~2.27 • 26.3.3 • 26.3.5 • 26.3.10 • 26.3.11 • 26.3.13

2 「표준주택특성 조사요령」

page	2025년 업무요령	2026년 업무요령	개정사유
P.59	2. 토지특성 조사요령 (8) 용도지구 (상 략) (용도지구 구분: 아래 2025년 표)	2. 토지특성 조사요령 (8) 용도지구 (상 략) (용도지구 구분: 아래 2026년 표)	'18년도 「국토계획법」 개정사항 오반영에 따라 삭제 및 '25년도 「국토계획법 시행령」 개정에 따라 보호취락지구 신설
P.61	(9) 기타제한(구역 등) : 기타 가. 「국토의 계획 및 이용에 관한 법률」·「도로법」·**「문화유산보호법」**·**「자연유산보호법」** 등 개별법에 의한 구역(지역)이 지정된 경우에는 이를 2개까지 기재함	(9) 기타제한(구역 등) : 기타 가. 「국토의 계획 및 이용에 관한 법률」·「도로법」·**「문화유산법」**·**「자연유산법」** 등 개별법에 의한 구역(지역)이 지정된 경우에는 이를 2개까지 기재함	관련 법령 약칭 용어 정비

2025년 업무요령 – ▮용도지구 구분▮

구 분	용도지구	전산코드	약 어
경관지구	자연경관지구 시가지경관지구 특화경관지구 기타경관지구	110 120 130 140	자연경관 시가경관 특화경관 기타경관
고도지구	고도지구	200	고도지구
방화지구	방화지구	300	방화지구
방재지구	방재지구 **시가지방재지구** **자연방재지구**	400 **410** **420**	방재지구 **시가방재** **자연방재**
보호지구	역사문화환경보호지구 중요시설물보호지구 중요시설물(항만)보호지구 중요시설물(공항)보호지구 중요시설물(공용시설)보호지구 중요시설물(교정군사)보호지구 생태계보호지구	510 520 521 522 523 524 530	역사보호 시설보호 항만보호 공항보호 공용보호 군사보호 생태보호
취락지구	자연취락지구 집단취락지구 **(신 설)**	610 620 **(신 설)**	자연취락 집단취락 **(신 설)**
개발진흥지구	주거개발진흥지구 산업유통개발진흥지구 관광휴양개발진흥지구 복합개발진흥지구 특정개발진흥지구	710 720 730 740 750	주거진흥 산업진흥 관광진흥 복합진흥 특정진흥
특정용도제한지구	특정용도제한지구	800	특정용도
복합용도지구	복합용도지구	900	복합용도
기타지구	기타지구	999	기타지구

2026년 업무요령 – ▮용도지구 구분▮

구 분	용도지구	전산코드	약 어
경관지구	자연경관지구 시가지경관지구 특화경관지구 기타경관지구	110 120 130 140	자연경관 시가경관 특화경관 기타경관
고도지구	고도지구	200	고도지구
방화지구	방화지구	300	방화지구
방재지구	방재지구 **(삭제)** **(삭제)**	400 **(삭제)** **(삭제)**	방재지구 **(삭제)** **(삭제)**
보호지구	역사문화환경보호지구 중요시설물보호지구 중요시설물(항만)보호지구 중요시설물(공항)보호지구 중요시설물(공용시설)보호지구 중요시설물(교정군사)보호지구 생태계보호지구	510 520 521 522 523 524 530	역사보호 시설보호 항만보호 공항보호 공용보호 군사보호 생태보호
취락지구	자연취락지구 집단취락지구 **보호취락지구**	610 620 **630**	자연취락 집단취락 **보호취락**
개발진흥지구	주거개발진흥지구 산업유통개발진흥지구 관광휴양개발진흥지구 복합개발진흥지구 특정개발진흥지구	710 720 730 740 750	주거진흥 산업진흥 관광진흥 복합진흥 특정진흥
특정용도제한지구	특정용도제한지구	800	특정용도
복합용도지구	복합용도지구	900	복합용도
기타지구	기타지구	999	기타지구

page	2025년 업무요령	2026년 업무요령	개정사유
P. 69	**(10) 기타제한(구역 등) : 도시 · 군계획시설**	**(10) 기타제한(구역 등) : 도시 · 군계획시설**	**제도개선사항** 광역급행철도 조사방식 개선

2025년 업무요령

(10) 기타제한(구역 등) : 도시 · 군계획시설

(상 략)

※ 입체이용이 가능한 도시·군계획시설(철도, **(신 설),** 도로)은 지상 또는 지하로 구분하여 조사하되, **지하도로 및 지하철도**는 지상의 토지이용상황이 공공용지(例: 도로, 철도, 공원 등)가 아닌 부지의 지하에 설치된 **도로 및 철도**로서 산악 · 시가지 등을 통과하기 위한 터널을 포함

- **지하철도 중 대심도 지하철도(예) 수도권 광역급행철도, GTX)는 별도 조사항목으로 처리하며, 일반 지하철도 및 GTX**가 중복 지정된 경우에는 지하철도 배율만 적용

(중 략)

도 시 · 군 계 획 시 설 구 분

구 분	전산코드	약 자	기재방법
지상도로	011	지상도로	지상도로
지하도로	012	지하도로	지하도로
공 원	020	공 원	공 원
지상철도, 지상궤도	031	지상철도	지상철도
지하철도, 지하궤도	032	지하철도	지하철도
(신 설)	**(신설)**	**(신 설)**	**(신 설)**
녹지, 공공공지	040	녹 지	녹지 등
폐기물처리시설 및 수질오염방지시설	050	폐 수	폐기물수질
열공급설비, 가스공급설비, 유류저장 및 송유설비	060	열공급	열공급설비 등
전기공급설비	070	전 기	전기공급설비
도축장	080	도축장	도축장
공동묘지, 화장시설, 봉안시설	090	묘 지	공동묘지 등
시장, 유통업무설비	100	시 장	시장 등
유원지	110	유원지	유원지
주차장	120	주차장	주차장
자동차정류장	130	정류장	정류장
광 장	140	광 장	광 장
운동장, 체육시설	150	운동장	운동장 등
수도공급설비, 공동구, 하수도	160	수 도	수도공급설비 등
공공청사, 학교, 도서관	170	청 사	공공청사 등
하천, 유수지, 저수지, 저류지	180	하 천	하 천
방송통신시설	190	방 송	방송통신시설
문화시설, 연구시설, 사회복지시설, 공공직업훈련시설 및 청소년수련시설	200	문 화	문화시설 등
기타시설	990	기 타	기타시설

2026년 업무요령

(10) 기타제한(구역 등) : 도시 · 군계획시설

(상 략)

※ 입체이용이 가능한 도시·군계획시설(철도, **광역급행철도,** 도로)은 지상 또는 지하로 구분하여 조사하되, 지하도로, **지하철도 및 광역급행철도**는 지상의 토지이용상황이 공공용지(例: 도로, 철도, 공원 등)가 아닌 부지의 지하에 설치된 **도로, 철도 및 광역급행철도**로서 산악 · 시가지 등을 통과하기 위한 터널을 포함

- **일반 지하철도 및 광역급행철도**가 중복 지정된 경우에는 지하철도 배율만 적용

(중 략)

도 시 · 군 계 획 시 설 구 분

구 분	전산코드	약 자	기재방법
지상도로	011	지상도로	지상도로
지하도로	012	지하도로	지하도로
공 원	020	공 원	공 원
지상철도, 지상궤도	031	지상철도	지상철도
지하철도, 지하궤도	032	지하철도	지하철도
광역급행철도	**033**	**광역급행철도**	**광역급행철도**
녹지, 공공공지	040	녹 지	녹지 등
폐기물처리시설 및 수질오염방지시설	050	폐 수	폐기물수질
열공급설비, 가스공급설비, 유류저장 및 송유설비	060	열공급	열공급설비 등
전기공급설비	070	전 기	전기공급설비
도축장	080	도축장	도축장
공동묘지, 화장시설, 봉안시설	090	묘 지	공동묘지 등
시장, 유통업무설비	100	시 장	시장 등
유원지	110	유원지	유원지
주차장	120	주차장	주차장
자동차정류장	130	정류장	정류장
광 장	140	광 장	광 장
운동장, 체육시설	150	운동장	운동장 등
수도공급설비, 공동구, 하수도	160	수 도	수도공급설비 등
공공청사, 학교, 도서관	170	청 사	공공청사 등
하천, 유수지, 저수지, 저류지	180	하 천	하 천
방송통신시설	190	방 송	방송통신시설
문화시설, 연구시설, 사회복지시설, 공공직업훈련시설 및 청소년수련시설	200	문 화	문화시설 등
기타시설	990	기 타	기타시설

<table>
<tr><th>page</th><th>2025년 업무요령</th><th>2026년 업무요령</th><th>개정사유</th></tr>
<tr>
<td>P.74</td>
<td>
(13) 지형지세 : 형상
(상 략)
▌형상 구분▐
<table>
<tr><th>구 분</th><th>전산코드</th><th>기재방법</th><th>내 용</th></tr>
<tr><td>정 방 형</td><td>1</td><td>정방형</td><td>정사각형 모양의 토지로서 양변의 길이 비율이 1:1.1 내외인 토지</td></tr>
<tr><td>가로장방형</td><td>2</td><td>가장형</td><td>장방형의 토지로 넓은면이 도로에 접하거나 도로를 향하고 있는 토지</td></tr>
<tr><td>세로장방형</td><td>3</td><td>세장형</td><td>장방형의 토지로 좁은면이 도로에 접하거나 도로를 향하고 있는 토지</td></tr>
<tr><td>사다리형</td><td>4</td><td>사다리</td><td>사다리꼴(변형사다리형을 포함)모양의 토지</td></tr>
<tr><td>부 정 형</td><td>5</td><td>부정형</td><td>불규칙한 형상의 토지 또는 삼각형 모양의 토지 중 최소외접직사각형 기준 1/3 이상의 면적손실이 발생한 토지</td></tr>
<tr><td>자 루 형</td><td>6</td><td>자루형</td><td>출입구가 자루처럼 좁게 생겼거나 삼각형의 토지(역사다리형을 포함)로 꼭지점 부분이 도로에 접하거나 도로를 향하고 있는 토지</td></tr>
</table>
</td>
<td>
(13) 지형지세 : 형상
(상 략)
▌형상 구분▐
<table>
<tr><th>구 분</th><th>전산코드</th><th>기재방법</th><th>내 용</th></tr>
<tr><td>정 방 형</td><td>1</td><td>정방형</td><td>정사각형 모양의 토지로서 양변의 길이 비율이 1:1.1 내외인 토지</td></tr>
<tr><td>가로장방형</td><td>2</td><td>가장형</td><td>장방형의 토지로 넓은면이 도로에 접하거나 도로를 향하고 있는 토지</td></tr>
<tr><td>세로장방형</td><td>3</td><td>세장형</td><td>장방형의 토지로 좁은면이 도로에 접하거나 도로를 향하고 있는 토지</td></tr>
<tr><td>사다리형</td><td>4</td><td>사다리</td><td>사다리꼴(변형사다리형을 포함)모양의 토지</td></tr>
<tr><td>부 정 형</td><td>5</td><td>부정형</td><td>불규칙한 형상의 토지 또는 삼각형 모양의 토지 중 최소외접직사각형 기준 1/3 이상의 면적손실이 발생한 토지</td></tr>
<tr><td>자 루 형</td><td>6</td><td>자루형</td><td>출입구가 자루처럼 좁게 생겼거나 역삼각형의 토지(역사다리형을 포함)로 꼭지점 부분이 도로에 접하거나 도로를 향하고 있는 토지</td></tr>
</table>
</td>
<td>'21년도 제도개선 반영(형상 판단 객관화) 용어 정비</td>
</tr>
<tr>
<td>P.100</td>
<td>
(10) 건물지붕
(상 략)
다. <u>건물의 지붕</u>을 기타로 기재한 경우에는 (　　)란에 세부 사항을 기재함
※ 일반건축물대장에 건물지붕이 "루핑지붕" 등으로 기재되어 있는 경우에는 실제 지붕을 파악하여 기재함
</td>
<td>
(10) 건물지붕
(상 략)
다. <u>건물지붕</u>을 기타로 기재한 경우에는 (　　)란에 세부 사항을 기재함
※ 일반건축물대장에 건물지붕이 "루핑지붕" 등으로 기재되어 있는 경우에는 실제 지붕을 파악하여 기재함
</td>
<td>용어 정비</td>
</tr>
</table>

<table>
<tr><th>page</th><th>2025년 업무요령</th><th>2026년 업무요령</th><th>개정사유</th></tr>
<tr><td>P.121</td><td>

<u>(17) 주택유형구분</u>

<u>주택유형을 다음 구분에 의해 조사·기재함</u>

▌주택유형구분▐

<table>
<tr><th>구 분</th><th>전산
코드</th><th>기재
방법</th><th>내 용</th></tr>
<tr><td>고급주택</td><td>010</td><td>고급</td><td>「지방세법」 제13조 제5항 제3호 및 「지방세법 시행령」 제28조 제4항에 해당하는 주택</td></tr>
<tr><td>일반주택</td><td>020</td><td>일반</td><td>순수 주택인 경우</td></tr>
<tr><td>농가주택</td><td>030</td><td>농가</td><td>전업 농·어가 주택인 경우</td></tr>
<tr><td>광산주택</td><td>040</td><td>광산</td><td>광산촌의 광산근로자 주택인 경우</td></tr>
<tr><td>복지주택</td><td>050</td><td>복지</td><td>양로원, 고아원, 기타 이와 유사한 시설</td></tr>
<tr><td>별장주택</td><td>060</td><td>별장</td><td>개인 또는 가족이 휴양·피서 또는 위락 등의 용도로 사용하는 주택</td></tr>
<tr><td>전통한옥주택</td><td>070</td><td>전한</td><td>주요구조가 기둥·보 및 한식지붕틀로 된 목구조로서 우리나라 전통양식(전통기와, 습식공법, 전통창호, 전통구들온돌)이 반영된 주택</td></tr>
<tr><td>신한옥주택</td><td>071</td><td>신한</td><td>한옥건축양식 중 현대적인 재료와 기술을 사용하여 건축된 주택
※ 한옥건축양식이란 한옥의 형태와 구조를 갖추거나 또는 이를 현대적인 재료와 기술을 사용하여 건축한 것을 말함(「한옥 등 건축자산의 진흥에 관한 법률」 제2조 제3호)</td></tr>
<tr><td>일반한옥주택</td><td>072</td><td>일한</td><td>근현대한옥으로 도시화 과정 속에서 도시 내 규모가 축소된 전통한옥 형태의 주택(도시형 한옥) 또는 전통한옥 형태에서 변형이 이루어진 주택(개량한옥)</td></tr>
<tr><td>전원주택
단지주택</td><td>080</td><td>전원</td><td>「주택법」 제16조 및 「주택법 시행령」 제15조에 따라 단독주택단지를 조성하기 위하여 대지조성사업 승인을 받은 면적 1만㎡ 이상, 주택호수 30호 이상인 단지의 주택으로서, 그 주변에 농경지나 녹지 등이 있어서 시골의 정취를 느낄 수 있도록 교외에 지은 주택</td></tr>
<tr><td>타운하우스
단지주택</td><td>090</td><td>타운</td><td>「주택법」 제16조 및 「주택법 시행령」 제15조에 따라 단독주택단지를 조성하기 위하여 대지조성사업 승인을 받은 면적 1만㎡ 이상, 주택호수 30호 이상인 단지의 주택으로서, 2~3층짜리 단독주택을 두 세 이상 나란히 붙여 벽을 공유하는 주택</td></tr>
<tr><td>기타주택</td><td>990</td><td>기타</td><td>기타</td></tr>
</table>

(하 략)

</td><td><u>(삭 제)</u></td><td>제도개선사항
주택유형구분 조사항목 삭제</td></tr>
<tr><td>P.123</td><td>(18) 공가주택 구분
(19) 표준주택가격
(20) 건물가액
(20-1) 재조달원가
(21) 토지가액
(22) 전년 주택가격
(23) 산정의견</td><td>(17) 공가주택 구분
(18) 표준주택가격
(19) 건물가액
(19-1) 재조달원가
(20) 토지가액
(21) 전년 주택가격
(22) 산정의견</td><td>주택유형구분 조사항목 삭제에 따른 특성구분 번호 변경</td></tr>
</table>

page	2025년 업무요령	2026년 업무요령	개정사유
P.125	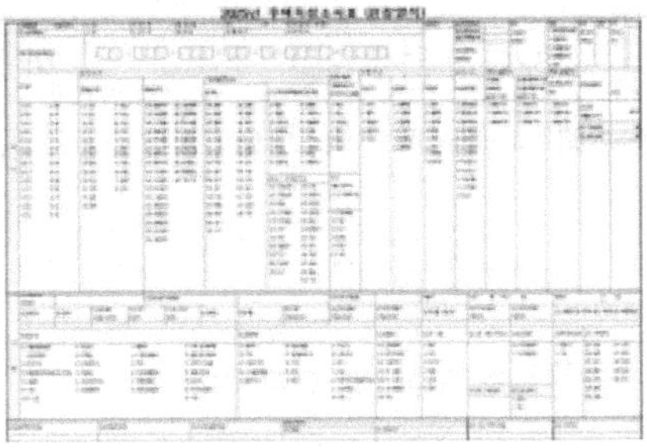		제도개선사항을 반영하여 주택특성조사표 수정

3 「표준주택 가격균형협의」

page	2025년 업무요령	2026년 업무요령	개정사유
P.130	1. 표준주택 가격균형협의 개요 (상 략) 다. 가격균형협의 구분 및 업무사항 등	1. 표준주택 가격균형협의 개요 (상 략) 다. 가격균형협의 구분 및 업무사항 등	'26년도 일정반영

2025년 업무요령

구 분	장소 및 일시 등	조사·산정자	국토교통부, 한국부동산원 및 한국부동산원 지역본부장
공시가격 시장분석회의	• 한국부동산원 부동산공시처 (10. 18)		• 한국부동산원 부동산공시처 주관 • 한국부동산원 지사장, 지가공시협의회 위원 참석 • 성과평가 결과 및 사회·경제현황 검토·분석
시·군·구내 가격균형협의	• 지사, 현장 등 (시가수준 심층심사 시까지	• 시·군·구내 가격균형협의서 작성 (2인 이상 참여하는 시·군·구 담당자만 작성) 후 한국부동산원 부동산공시처로 제출	
시·군·구간 가격균형협의	• 지사, 현장 등 (시가수준 심층심사 시까지	• 협의서(시·군·구간 가격균형협의서) 작성 후 한국부동산원 부동산공시처로 제출	
표준주택·표준지 균형협의 및 지도점검	• 각 표준주택·표준지 균형협의 장소 (시가수준 심층심사 시까지	• 도면 등 협의관련자료를 지참하여 시·도 가격균형협의에 참석 후 표준주택예정가격 최종협의	• 지도점검 실시 • 전국가격균형협의용 표준주택·표준지 균형협의결과보고서 작성 후 한국부동산원 부동산공시처로 송부 (한국부동산원 지역본부장) • 전국가격균형협의 자료검토 (한국부동산원 부동산공시처)
전국 가격균형협의	• 한국부동산원 부동산공시처 (11. 14~11. 15)		• 한국부동산원 부동산공시처 주관 • 한국부동산원 지역본부장, 지가공시협의회 위원 참석

2026년 업무요령

구 분	장소 및 일시 등	조사·산정자	국토교통부, 한국부동산원 및 한국부동산원 지역본부장
공시가격 시장분석회의	• 한국부동산원 부동산공시처 (10. 17)		• 한국부동산원 부동산공시처 주관 • 한국부동산원 지사장, 지가공시협의회 위원 참석 • 성과평가 결과 및 사회·경제현황 검토·분석
시·군·구내 가격균형협의	• 지사, 현장 등 (시가수준 심층심사 시까지	• 시·군·구내 가격균형협의서 작성 (2인 이상 참여하는 시·군·구 담당자만 작성) 후 한국부동산원 부동산공시처로 제출	
시·군·구간 가격균형협의	• 지사, 현장 등 (시가수준 심층심사 시까지	• 협의서(시·군·구간 가격균형협의서) 작성 후 한국부동산원 부동산공시처로 제출	
표준주택·표준지 균형협의 및 지도점검	• 각 표준주택·표준지 균형협의 장소 (시가수준 심층심사 시까지	• 도면 등 협의관련자료를 지참하여 시·도 가격균형협의에 참석 후 표준주택예정가격 최종협의	• 지도점검 실시 • 전국가격균형협의용 표준주택·표준지 균형협의결과보고서 작성 후 한국부동산원 부동산공시처로 송부 (한국부동산원 지역본부장) • 전국가격균형협의 자료검토 (한국부동산원 부동산공시처)
전국 가격균형협의	• 한국부동산원 부동산공시처 (11. 13~11. 14)		• 한국부동산원 부동산공시처 주관 • 한국부동산원 지역본부장, 지가공시협의회 위원 참석

4 「표준주택 선정, 시가수준 기초 심사」

<table>
<tr><th>page</th><th>2025년 업무요령</th><th>2026년 업무요령</th><th>개정사유</th></tr>
<tr>
<td>P.168</td>
<td>
2. 표준주택 선정, 시가수준 기초 심사 제출 및 지참자료
(상 략)
2025년 표준주택 선정, 시가수준 기초심사 보고서
(중 략)
표준주택 증감현황
(하 략)
○ 주건물구조별현황
(단위 : 호수)
<table>
<tr><th>구 분</th><th>전년도 (A)</th><th>금년도 (B)</th><th>증 감 (C)</th><th>증감률(%) (C/A)</th></tr>
<tr><td>계</td><td></td><td></td><td></td><td></td></tr>
<tr><td>철골근</td><td></td><td></td><td></td><td></td></tr>
<tr><td>통나무</td><td></td><td></td><td></td><td></td></tr>
<tr><td>철근석조/PC/목구/라멘</td><td></td><td></td><td></td><td></td></tr>
<tr><td>철골/연와/벽돌/통되/스틸/ALC</td><td></td><td></td><td></td><td></td></tr>
<tr><td>보강/보통/목</td><td></td><td></td><td></td><td></td></tr>
<tr><td>블럭</td><td></td><td></td><td></td><td></td></tr>
<tr><td>경량</td><td></td><td></td><td></td><td></td></tr>
<tr><td>조적/와이어</td><td></td><td></td><td></td><td></td></tr>
<tr><td>파이프</td><td></td><td></td><td></td><td></td></tr>
<tr><td>석회/흙담/컨테이너/기타</td><td></td><td></td><td></td><td></td></tr>
</table>
※ 용도지역별 "계"·주건물구조별 "계"는 일치되어야 함
</td>
<td>
2. 표준주택 선정, 시가수준 기초 심사 제출 및 지참자료
(상 략)
2026년 표준주택 선정, 시가수준 기초심사 보고서
(중 략)
표준주택 증감현황
(하 략)
○ 주건물구조별현황
(단위 : 호수)
<table>
<tr><th>구 분</th><th>전년도 (A)</th><th>금년도 (B)</th><th>증 감 (C)</th><th>증감률(%) (C/A)</th></tr>
<tr><td>계</td><td></td><td></td><td></td><td></td></tr>
<tr><td>철골근</td><td></td><td></td><td></td><td></td></tr>
<tr><td>통나무</td><td></td><td></td><td></td><td></td></tr>
<tr><td>철근석조/PC/목구/라멘</td><td></td><td></td><td></td><td></td></tr>
<tr><td>철골/스틸/연와/황토/벽돌/ALC/와이어</td><td></td><td></td><td></td><td></td></tr>
<tr><td>보강/보통/목</td><td></td><td></td><td></td><td></td></tr>
<tr><td>블럭</td><td></td><td></td><td></td><td></td></tr>
<tr><td>경량</td><td></td><td></td><td></td><td></td></tr>
<tr><td>조적</td><td></td><td></td><td></td><td></td></tr>
<tr><td>파이프</td><td></td><td></td><td></td><td></td></tr>
<tr><td>석회/흙담/컨테이너/기타</td><td></td><td></td><td></td><td></td></tr>
</table>
※ 용도지역별 "계"·주건물구조별 "계"는 일치되어야 함
</td>
<td>주건물구조별 현황 양식 통일</td>
</tr>
</table>

5 「각종 보고서의 작성요령」

<table>
<tr><th>page</th><th>2025년 업무요령</th><th>2026년 업무요령</th><th>개정사유</th></tr>
<tr>
<td>p211
~212</td>
<td>
<u>「표준주택 소유자의 의견청취문」출력 양식</u>

(상 략)

표준주택 소유자의 의견청취문

1. 한국부동산원은 「부동산 가격공시에 관한 법률」 관련 규정에 따라 국토교통부장관의 의뢰를 받아 표준주택으로 선정된 주택에 대하여 <u>2025</u>. 1. 1. 현재의 주택특성 및 공시예정가격(토지·건물 일체가격)을 잠정 조사·산정하여 주택소유자인 귀하의 의견을 듣고자 합니다.

<table>
<tr><td colspan="3">소재지(도로명주소)</td><td>토지면적
(㎡)</td><td>연면적
(㎡)</td><td>지목</td></tr>
<tr><td colspan="3"></td><td></td><td></td><td></td></tr>
<tr><td>용도지역</td><td>도로
접면</td><td>고저</td><td>건물용도</td><td colspan="2"><u>주건물구조</u></td></tr>
<tr><td></td><td></td><td></td><td></td><td colspan="2"></td></tr>
<tr><td>층수
(지상/지하)</td><td>사용
승인
연도</td><td colspan="2">전년 공시가격(원)</td><td colspan="2">'25년
공시예정가격(원)</td></tr>
<tr><td></td><td></td><td colspan="2"></td><td colspan="2"></td></tr>
</table>
(중 략)

주택특성 용어해설

(하 략)

○ <u>주 건 물 구 조</u> : 일반건축물대장(일반건축물대장이 없는 경우 재산세(주택) 과세대장)을 참조하여 기재하되, 공부상 <u>건물구조와</u> 실제 <u>건물구조가</u> 상이한 경우에는 실제 <u>건물구조를</u> 기재
* 용도혼합용 건물 중 건물용도별로 건물구조가 상이한 경우 주용도가 주거용에 해당하는 건물구조를 기재
</td>
<td>
<u>「표준주택 소유자의 의견청취문」출력 양식</u>

(상 략)

표준주택 소유자의 의견청취문

1. 한국부동산원은 「부동산 가격공시에 관한 법률」 관련 규정에 따라 국토교통부장관의 의뢰를 받아 표준주택으로 선정된 주택에 대하여 <u>2026</u>. 1. 1. 현재의 주택특성 및 공시예정가격(토지·건물 일체가격)을 잠정 조사·산정하여 주택소유자인 귀하의 의견을 듣고자 합니다.

<table>
<tr><td colspan="3">소재지(도로명주소)</td><td>토지면적
(㎡)</td><td>연면적
(㎡)</td><td>지목</td></tr>
<tr><td colspan="3"></td><td></td><td></td><td></td></tr>
<tr><td>용도지역</td><td>도로
접면</td><td>고저</td><td>건물용도</td><td colspan="2"><u>주건물구조 /
건물지붕</u></td></tr>
<tr><td></td><td></td><td></td><td></td><td colspan="2"></td></tr>
<tr><td>층수
(지상/지하)</td><td>사용
승인
연도</td><td colspan="2">전년 공시가격(원)</td><td colspan="2">'26년
공시예정가격(원)</td></tr>
<tr><td></td><td></td><td colspan="2"></td><td colspan="2"></td></tr>
</table>
(중 략)

주택특성 용어해설

(하 략)

○<u>주건물구조/ 건물지붕</u>: 일반건축물대장(일반건축물대장이 없는 경우 재산세(주택) 과세대장)을 참조하여 기재하되, 공부상 <u>건물구조/건물지붕과</u> 실제 <u>건물구조/건물지붕이</u> 상이한 경우에는 실제 <u>건물구조/건물지붕을</u> 기재
* 용도혼합용 건물 중 건물용도별로 건물구조가 상이한 경우 주용도가 주거용에 해당하는 건물구조를 기재
</td>
<td>의견청취문
특성제공
현행화</td>
</tr>
</table>

부 록

부 록

1 표준주택의 선정 및 관리지침

개정 2023. 1. 30. 국토교통부훈령 제1595호

제1장 총칙

제1조(목적) 이 지침은「부동산 가격공시에 관한 법률」제16조제1항 및 같은 법 시행령 제26조제2항에 따라 표준주택의 선정 및 관리 등에 관하여 필요한 사항을 정함을 목적으로 한다.

제2조(정의) 이 지침에서 사용하는 용어의 뜻은 다음과 같다.

1. "지역분석"이란 지역의 주택가격수준에 전반적인 영향을 미치는 가격형성요인을 일정한 지역범위별로 조사・분석함으로써 지역 내 단독주택에 대한 건물의 표준적인 구조와 가격수준 및 그 변동추이를 판정하는 것을 말한다.
2. "가격형성요인"이란 단독주택의 객관적인 가치에 영향을 미치는 지역요인 및 개별요인을 말한다.
3. "지역요인"이란 그 지역의 단독주택 가격수준에 영향을 미치는 자연적・사회적・경제적・행정적 요인을 말한다.
4. "개별요인"이란 해당 단독주택의 가격에 직접 영향을 미치는 형상・위치, 건물의 구조・경과연수 등의 개별적인 요인을 말한다.
5. "용도지대"란 토지의 실제용도에 따른 구분으로서「국토의 계획 및 이용에 관한 법률」상의 용도지역에도 불구하고 토지의 지역적 특성이 동일하거나 유사한 지역의 일단을 말하며, 상업지대・주택지대・공업지대・농경지대・임야지대・후보지지대・기타지대 등으로 구분한다.

6. "해당지역"이란 「부동산 가격공시에 관한 법률」(이하 "법"이라 한다) 제16조 제4항에 따라 표준주택 조사·산정의 의뢰 대상이 되는 각각의 시·군·구 또는 이를 구분한 지역을 말한다.

7. "표준주택선정단위구역"이란 동일한 용도지역 내에서 주택가격수준 및 건물구조 등을 고려하여 표준주택의 선정범위를 구획한 구역을 말한다.

제2장 지역분석

제3조(지역분석의 실시) 국토교통부장관으로부터 표준주택의 선정·교체·조사 등을 의뢰받은 자(이하 "표준주택 선정자"라 한다)가 일단의 단독주택 중에서 표준주택의 선정·교체 등을 하고자 할 때에는 지역분석을 실시하여야 한다.

제4조(지역분석의 방법) ① 제3조에 따른 지역분석은 가격형성요인에 따라 해당지역의 용도지역이나 용도지대를 적절하게 세분(이하 "세분된 지역"이라 한다)하여 실시하며, 인접한 지역과 상호 연계성이 유지될 수 있도록 한다.

② 지역분석은 다음 각 호의 순서에 따라 실시한다.

1. 해당지역의 전반적인 지역요인의 분석

2. 지역특성을 고려하여 해당지역을 용도지역으로 구분하고 주택가격에 대한 주요 변동원인과 가격수준에 미치는 영향을 분석

3. 제2호에 따라 구분된 용도지역의 단독주택 가격수준 및 표준적 건물구조 등을 다음 각목에 따라 판정

   가. 해당지역의 토지의 용도지역 또는 건물의 구조 등을 고려

   나. 가격수준의 판정 시에는 객관적인 가격자료를 검토·분석하여 상급주택, 중급주택 및 하급주택으로 구분하여 가격수준을 판정

4. 기존 표준주택의 개별주택가격 산정에 대한 활용실적을 분석하고 지역요인 등의 변화를 고려하여 인근지역별로 표준주택의 분포를 적절하게 조정

제5조(지역분석조서의 작성) ① 표준주택 선정자는 지역분석결과를 인접한 지역의 지역분석결과와 비교·검토하고 가격수준을 협의하여 이를 지역분석조서로 작성한다.

② 제1항에 따른 지역분석조서를 작성할 때에는 지역개황, 세분된 지역별 가격형성요인 분석내용, 단독주택의 가격수준 검토협의, 표준주택의 선정 및 분포조정 등에 관한 사항을 기재하여야 한다.

③ 제2항에 따른 지역개황에 관한 사항에는 다음 각 호의 사항을 포함하여야 한다.

1. 해당지역의 전반적인 지역요인의 분석내용

2. 용도지역별 단독주택 현황 및 표준적 건물구조의 현황

3. 전반적인 단독주택 가격수준의 현황 및 변동추이

4. 용도지역별 단독주택 가격수준의 현황 및 변동추이

제6조(가격수준 협의) ① 표준주택 선정자는 제5조에 따른 지역분석조서를 작성하는 경우에는 세분된 지역별로 단독주택 가격수준을 상급주택, 중급주택 및 하급주택으로 분류하고 해당 가격수준별로 주택거래유형을 파악한 후, 인접한 지역의 표준주택 선정자와 지역분석내용을 비교·검토하여 지역간의 적정한 단독주택 가격수준을 협의하여야 한다.

② 표준주택 선정자가 제1항에 따른 단독주택 가격수준을 협의하는 경우에는 인접한 지역의 표준주택 선정자와 사전 및 수시협의를 통하여 적정한 단독주택 가격수준을 판정하되, 협의 시에는 평가선례·사례분석 등 객관적인 가격자료와 지역분석 자료를 활용하여 용도지역별로 가격수준을 협의한다.

제3장 표준주택의 선정 및 관리

제7조(표준주택 선정 및 관리의 기본원칙) ① 표준주택은 국가·지방자치단체 등의 기관이 개별주택가격의 산정 등에 효율적으로 활용할 수 있도록 선정·관리한다.

② 해당지역의 일반적이고 평균적인 단독주택 가격수준 및 그 변화를 나타낼 수 있도록 표준주택을 선정·관리한다.

③ 표준주택 상호간 연계성을 고려하여 세분된 지역 또는 건물구조별로 표준주택을 균형 있게 분포시키고, 인근주택의 가격비교기준이 되는 단독주택으로서 연도별로 일관성을 유지할 수 있도록 표준주택을 선정·관리한다.

제8조(표준주택의 분포기준) ① 지역별·용도지역별·건물용도별·주건물구조별로 전체적인 표준주택 수를 배분하기 위한 표준주택의 일반적인 분포기준은 별표 1과 같다. 다만, 다른 단독주택의 가격산정에의 비교가능성 및 활용도를 높이기 위하여 필요하다고 인정되는 경우에는 표준주택의 분포기준을 조정할 수 있다.

② 표준주택 선정자는 지역분석을 토대로 세분된 지역의 표준주택 분포 및 활용의 적절성을 판단하여 단독주택 가격분포가 다양하고 변화가 많은 지역에 대해서는 상대적으로 많은 표준주택이 분포될 수 있도록 한다.

제9조(표준주택 분포의 조정) ① 지역요인의 변동이 현저한 지역에 대해서는 표준주택의 분포를 조정할 수 있다.

② 기존 표준주택의 활용실적을 분석하여 과소 또는 과다하게 활용한 표준주택이 있는 경우에는 표준주택이 적절하게 활용될 수 있도록 지역간 표준주택의 분포를 조정할 수 있다.

제10조(표준주택의 선정기준) ① 표준주택은 다음 각 호의 일반적인 기준을 종합적으로 반영하여 선정하여야 한다.

1. 토지

가. 지가의 대표성 : 표준주택선정단위구역 내에서 지가수준을 대표할 수 있는 토지 중 인근지역 내 가격의 층화를 반영할 수 있는 표준적인 토지

나. 토지특성의 중용성 : 표준주택선정단위구역 내에서 개별토지의 토지이용상황·대지면적·지형지세·도로조건·주위환경 및 공적규제 등이 동일 또는 유사한 토지 중 토지특성빈도가 가장 높은 표준적인 토지

다. 토지용도의 안정성 : 표준주택선정단위구역 내에서 개별토지의 주변이용상황으로 보아 그 이용상황이 안정적이고 장래 상당기간 동일 용도로 활용될 수 있는 표준적인 토지

라. 토지구별의 확정성 : 표준주택선정단위구역 내에서 다른 토지와 구분이 용이하고 위치를 쉽게 확인할 수 있는 표준적인 토지

2. 건물

가. 건물가격의 대표성 : 표준주택선정단위구역 내에서 건물가격수준을 대표할 수 있는 건물 중 인근지역 내 가격의 층화를 반영할 수 있는 표준적인 건물

나. 건물특성의 중용성 : 표준주택선정단위구역 내에서 개별건물의 구조·용도·연면적 등이 동일 또는 유사한 건물 중 건물특성빈도가 가장 높은 표준적인 건물

다. 건물용도의 안정성 : 표준주택선정단위구역 내에서 개별건물의 주변이용상황으로 보아 건물로서의 용도가 안정적이고 장래 상당기간 동일 용도로 활용될 수 있는 표준적인 건물

라. 외관구별의 확정성 : 표준주택선정단위구역 내에서 다른 건물과 외관구분이 용이하고 위치를 쉽게 확인할 수 있는 표준적인 건물

② 국가 및 지방자치단체에서 행정목적상 필요하여 표준주택을 선정하여 줄 것을 요청한 특정지역이나 단독주택에 대해서는 지역특성을 고려하여 타당하다고 인정하는 경우에는 표준주택을 선정할 수 있다.

제11조(표준주택의 선정 제외기준) ① 표준주택은 다음 각 호의 선정 제외기준을 고려하여 선정하여야 한다.

1. 필수적 제외

가. 공시지가 표준지

나. 무허가건물(다만, 개별주택가격산정을 위하여 시 · 군 · 구에서 요청한 경우는 제외한다)

다. 개 · 보수, 파손 등으로 감가수정시 관찰감가를 요하는 단독주택

2. 임의적 제외

가. 토지 · 건물 소유자가 상이한 주택

나. 주택부지가 둘 이상의 용도지역으로 구분되어 있는 경우

다. 2개동 이상의 건물을 주건물로 이용 중인 주택

② 제1항제2호가목의 토지 · 건물 소유자가 상이한 주택을 표준주택으로 선정한 경우에는 토지 · 건물 소유자가 동일한 것을 전제로 하여 산정가격을 결정하여야 한다.

제12조(표준주택의 교체 등) ① 기존의 표준주택은 특별한 사유가 없는 한 교체하지 아니한다.

② 표준주택이 다음 각 호의 어느 하나에 해당되는 경우에는 이를 인근의 다른 단독주택으로 교체하거나 삭제할 수 있다.

1. 도시계획사항의 변경, 단독주택의 이용상황 변경, 주택개발사업의 시행 등으로 인하여 제10조제1항의 선정기준에 부합되지 아니하는 경우

2. 개별주택가격의 산정 시에 비교표준주택으로서의 활용성이 낮아 실질적으로 기준성을 상실한 경우

③ 제9조제2항에 따라 해당지역의 표준주택 수가 증가 또는 감소되는 경우에는

다음 각 호의 사항을 고려하여 표준주택이 인근 단독주택의 가격비교기준으로 효율적으로 활용될 수 있도록 교체하거나 삭제할 수 있다.

1. 개별주택가격의 산정 시에 비교표준주택으로의 활용실적 분석결과

2. 지역분석에 따른 표준주택 분포조정 검토결과

3. 도시개발사업 또는 재개발사업 등의 시행으로 인한 주택수급의 변경 등

제13조(표준주택의 선정 등에 관한 협의) ① 표준주택 선정자는 표준주택 선정 등에 관하여 해당지역을 관할하는 시장·군수 또는 구청장과 협의를 하여야 하며, 필요한 경우 특별시장·광역시장 또는 도지사와 협의할 수 있다.

② 표준주택의 선정에 관하여 협의할 때에는 지역분석의 결과에 따른 표준주택 분포조정의 필요성과 표준주택의 활용도 등을 검토한다.

제4장 표준주택의 선정 심사

제14조(표준주택 선정에 대한 심사) ① 표준주택 선정자는 표준주택 선정 등에 대하여 국토교통부장관의 심사를 받아야 한다.

② 표준주택 선정에 대한 심사는 지역분석조서, 별지 제1호부터 제5호까지의 서식을 제출받아 다음 각 호의 사항을 심사한다.

1. 지역분석내용

2. 현장조사의 성실한 이행여부 및 표준주택의 조사사항

3. 표준주택 과소·과다 활용의 원인 분석 및 분포조정의 내용

4. 표준주택 선정협의 여부

5. 표준주택 선정(안) 위치 표시 도면의 작성내용

6. 표준주택의 선정, 교체(삭제·신규를 포함한다) 및 분포조정의 타당성

제15조(표준주택 선정심사 결과 처리) ① 표준주택 선정자는 표준주택 선정 등과 관련하여 조사한 사항을 국토교통부장관이 정하는 바에 따라 전산입력하여야 하며, 제14조에 따른 심사 결과 표준주택 내역의 변경 등의 보완사항이 있는 경우에는 이를 해당 시·군·구에 통보하여야 한다.

② 한국부동산원은 제14조에 따른 표준주택 선정심사가 종결된 때에는 즉시 그 결과를 국토교통부장관에게 보고한다.

제16조(표준주택의 확정) 제14조에 따른 표준주택 선정 심사가 완료된 때에 표준주택은 확정된다. 다만, 표준주택 선정심사 이후 공시기준일까지 발생한 사유로 인하여 표준주택의 교체 또는 삭제가 필요하다고 인정되는 경우에는 표준주택의 선정을 재심사할 수 있으며, 이 경우에 제14조 및 제15조의 규정을 준용한다.

제17조(표준주택의 위치 표시) 표준주택의 위치는 「부동산 가격공시에 관한 법률 시행규칙」 제11조제2항제4호에 따른 도면(전자도면을 포함한다)에 별표 2에서 정한 기호로 표시하고 기호 밑에 일련번호를 기재한다. 다만, 전자도면일 경우 별표 2에서 정한 기호 외의 방법으로 위치를 표시할 수 있다.

제18조(재검토기한) 국토교통부장관은 「훈령·예규 등의 발령 및 관리에 관한 규정」에 따라 이 훈령에 대하여 2017년 1월 1일을 기준으로 매 3년이 되는 시점(매 3년째의 12월 31일까지를 말한다)마다 그 타당성을 검토하여 개선 등의 조치를 하여야 한다.

부칙 〈제1595호, 2023. 1. 30.〉

이 훈령은 발령한 날부터 시행한다.

[별표 1]

표 준 주 택 분 포 기 준

표준주택의 선정 및 관리지침 제8조 제1항에 따라 지역별·용도지역별·건물용도별·주건물구조별로 전체적인 표준주택 수를 배분하기 위한 표준주택의 일반적인 분포기준으로 아래 표 양식으로 작성되어 있음. 지역별 표준주택 수 확인은 법제처 국가법령정보센터(https://www.law.go.kr) 내 표준주택의 선정 및 관리지침 [별표1]을 다운받아 확인할 수 있음

표준주택 분포기준 표 양식 (단위 : 호)

시도	시군구	건물용도	건물구조	1전	2전	1주	2주	3주	준주	상업	공업	녹지	개제	미지정	관리	보관	생관	계관	농림	자보	합계
○○시	○○구	단독	철골근																		
			통나무																		
			철근/석조/PC/목구/라멘																		
			철파/스틸/연와/황토/벽돌/ALC/와이어																		
			보콘/보블/목																		
			블럭																		
			경철																		
			조패																		
			파이프																		
			석회/돌담/컨테/기타																		
		다가구·다중	철골근																		
			통나무																		
			철근/석조/PC/목구/라멘																		
			철파/스틸/연와/황토/벽돌/ALC/와이어																		
			보콘/보블/목																		
			블럭																		
			경철																		
			조패																		
			파이프																		
			석회/돌담/컨테/기타																		
		용도혼합	철골근																		
			통나무																		
			철근/석조/PC/목구/라멘																		
			철파/스틸/연와/황토/벽돌/ALC/와이어																		
			보콘/보블/목																		
			블럭																		
			경철																		
			조패																		
			파이프																		
			석회/돌담/컨테/기타																		
	○○구 요약																				

[별표 2]

표 준 주 택 위 치 표 시 부 호

구 분	단독주택	다가구주택	다중주택	용도혼합
부 호	○	⊖	⊕	◬

■ 표준주택의 선정 및 관리지침 [별지 제1호서식]

표 준 주 택 선 정 총 괄 표

시 · 군 · 구명 : (단위 : 호수)

지역명	전년도 표준주택수 (A)	조사연도 표준주택 수				표준주택 증감(△) (B−A=F)	교체율 (D/A)	증감률 (F/A)
		계(B) (C+E)	재선정 (C)	삭제(D)	신규(E)			
계								
○○읍 ○○면 ○○동								

※ 작성요령

1. "지역명"란은 읍 · 면 · 동명을 기재한다.
2. "재선정"란은 전년도 표준주택 중에서 교체할 필요가 없는 표준주택의 수를 기재한다.
3. "삭제"란은 전년도 표준주택 중에서 조사연도 표준주택으로 선정되지 않은 표준주택의 수를 기재한다.
4. "신규"란은 전년도 표준주택이 아닌 단독주택 중에서 조사연도에 신규로 선정된 표준주택 수를 기재한다.
5. "표준주택증감(△)"란은 조사연도 표준주택 수에서 전년도 표준주택 수를 뺀 수를 기재한다.
6. "교체율", "증감률"은 소수점이하 셋째 자리에서 반올림하여 둘째 자리까지 기재한다.
7. 표준주택선정 총괄표의 계(B)는 표준주택 증감현황의 용도지역별 · 주건물구조별 금년도(B) "계"란의 숫자와 일치하여야 한다.
8. 표준주택선정 총괄표의 삭제(D)는 표준주택 삭제사유별 내역 "계"와 삭제 표준주택 호별 내역의 숫자와 일치하여야 한다.
9. 표준주택선정 총괄표의 신규(E)는 신규표준주택 호별 내역의 "계"와 일치하여야 한다.

210mm×297mm(백상지 80g/㎡ 또는 중질지 80g/㎡)

■ 표준주택의 선정 및 관리지침 [별지 제2호서식]

표 준 주 택 증 감 현 황

시·군·구명 :

○ 용도지역별 현황 (단위 : 호수)

구 분		전 년 도 (A)	금 년 도 (B)	증 감 (C)	증감비율(%) (C/A)
계					
도시 지역	소 계				
	주거지역				
	상업지역				
	공업지역				
	녹지지역				
	개발제한구역				
용도미지정					
관 리 지 역					
농 림 지 역					
자연환경보전지역					

○ 주건물구조별 현황 (단위 : 호수)

구 분	전 년 도 (A)	금 년 도 (B)	증 감 (C)	증감비율(%) (C/A)
계				
철골근				
통나무				
철근/석조/PC/목구/라멘				
철골/스틸/연와/황토/벽돌/ALC/와이어				
보콘/보블/목				
블럭				
경철				
조패				
파이프				
석회/돌담/컨테/기타				

※ 용도지역별 "계"와 주건물구조별 "계"는 일치되어야 한다.

210mm×297mm(백상지 80g/㎡ 또는 중질지 80g/㎡)

■ 표준주택의 선정 및 관리지침 [별지 제3호서식]

표준주택 삭제사유별 내역

시·군·구명 :

지역명	계	삭 제 사 유									비고
		① 행정 구역 개편	② 용도 지역 변경	③ 개발 사업 시행	④ 지적 사항 변경	⑤ 건물 용도 변경	⑥ 분포 밀도 조정	⑦ 주택 멸실	⑧ 건물 구조 변경	⑨ 기타	
계											
○○읍 ○○면 ○○동											

※ 작성요령

1. "지역명"란은 읍·면·동명을 기재한다.

2. "기타"란에는 숫자만 표기하고 구체적인 삭제사유는 별지로 첨부한다.

■ 표준주택의 선정 및 관리지침 [별지 제4호서식]

(앞 면)

삭제 표준주택 호별 내역

소재지 및 지번	일련번호	용도지역	주건물구조	삭제사유
계				

※ 작성요령

1. "소재지 및 지번"란은 읍·면·동·리와 지번을 기재한다.
2. "일련번호"란은 해당 단독주택의 전년도 표준주택 일련번호를 행정전산망 지역코드 순서에 따라 기재한다.
3. "삭제사유"란은 뒷면의 "삭제사유 작성요령" 중에서 해당되는 유형을 선택하여 기재한다.

(뒷 면)

삭 제 사 유 작 성 요 령

삭제사유유형	범 위	예 시
① 행정구역 개편	행정구역이 변경되어 표준주택 소재지 등이 변경된 경우	행정구역 개편 (금산군이 대전광역시로 편입)
② 용도지역 변경	용도지역의 변경으로 기존 표준주택을 교체하는 경우	용도지역 변경
③ 개발사업 시행	•도시개발사업 · 재개발사업 등 대규모 개발사업으로 표준주택이 안정성 등을 상실하여 교체하는 경우 •기타 표준주택의 일부가 개발사업 등에 편입되어 교체하는 경우	개발사업 시행 (○○개발사업) 개발사업 시행 (일부 편입)
④ 지적사항 변경	•합병 · 분할 등으로 대지면적이 과대 또는 과소하게 되어 표준주택을 교체하는 경우 •합병 · 분할 등으로 표준주택의 위치(지번변경 포함)가 변경되어 교체하는 경우 •합병 · 분할 등으로 주택부지의 형상이 기형으로 변하여 표준주택을 교체하는 경우	지적사항 변경 (분할면적 : 20㎡) 지적사항 변경 (지번변경) 지적사항 변경 (분할로 주택부지의 형상 부적합)
⑤ 건물용도 변경	건물용도변경으로 대표성 등이 결여되어 표준주택을 교체하는 경우	건물용도변경 (주거 → 상가, 다가구 → 다세대)
⑥ 분포밀도 조정	표준주택 분포기준에 따라 표준주택을 교체하는 경우	
⑦ 주택멸실	주택이 멸실되어 표준주택을 교체하는 경우	
⑧ 건물구조 변경	리모델링으로 주된 건물구조가 바뀌어 표준주택을 교체하는 경우	
⑨ 기 타	해당 시 · 군 · 구의 요청 등 위의 사유에 해당되지 않는 기타의 사유로 표준주택이 교체되는 경우	기 타

■ 표준주택의 선정 및 관리지침 [별지 제5호서식]

신규 표준주택 호별 내역

시·군·구명 :

소재지 및 지번	일련번호	지목	용도지역	주건물구조	선정사유
계					

※ 작성요령

1. "소재지 및 지번"란은 읍·면·동·리와 지번을 기재한다.
2. "일련번호"란은 해당 표준주택의 조사연도 일련번호를 행정전산망 지역코드 순서에 따라 기재한다.
3. "선정사유"란은 표준주택으로 신규선정한 구체적인 선정사유를 기재하며, 삭제사유작성요령중의 삭제사유 외에도 대표성이 낮으나 개별주택가격 산정을 위해 필요한 주택유형의 경우, 특수한 주택인 경우, 대규모 개발사업시행지구, 일단지 가격산정을 위해 필요한 경우 등 우선적으로 선정해야 할 필요성이 있어 신규표준주택으로 선정한 사유를 간략하게 기재한다.

2 표준주택가격 조사 · 산정 기준

개정 2023. 1. 30. 국토교통부훈령 제1596호

제1장 총칙

제1조(목적) 이 기준은 「부동산 가격공시에 관한 법률」 제16조 및 같은 법 시행령 제31조에 따른 표준주택가격의 조사 · 산정을 위한 세부기준과 절차 등을 정함을 목적으로 한다.

제2조(정의) 이 기준에서 사용하는 용어의 뜻은 다음과 같다.

1. "일시적인 이용상황"이란 관련 법령에 따라 국가나 지방자치단체의 계획이나 명령 등으로 주택 전체 또는 일부를 본래의 용도로 이용하는 것이 일시적으로 금지되거나 제한되어 다른 용도로 이용하고 있거나 주위 환경 등으로 보아 현재의 이용이 임시적인 것으로 인정되는 이용을 말한다.

2. "인근지역"이란 해당 주택이 속한 지역으로서 주택의 이용이 동질적이고 가격 형성요인 중 지역요인을 공유하는 지역을 말한다.

3. "유사지역"이란 해당 주택이 속하지 아니하는 지역으로서 인근지역과 유사한 특성을 갖는 지역을 말한다.

4. "동일수급권"이란 일반적으로 해당 주택과 대체 · 경쟁관계가 성립하고 가격 형성에 서로 영향을 미치는 관계에 있는 다른 주택이 존재하는 권역을 말하며, 인근지역과 유사지역을 포함한다.

5. "용도지대"란 토지의 실제용도에 따른 구분으로서 「국토의 계획 및 이용에 관한 법률」(이하 "국토계획법"이라 한다) 상의 용도지역에도 불구하고 토지의 지역적 특성이 동일하거나 유사한 지역의 일단을 말하며, 상업지대 · 주택지대 · 공업지대 · 농경지대 · 임야지대 · 후보지지대 · 기타지대 등으로 구분한다.

제3조(적용 범위) 표준주택가격의 조사·산정은 법령에서 따로 정한 것을 제외하고는 이 기준에서 정하는 바에 따르고, 이 기준에서 정하지 아니한 사항은 표준주택가격 조사·산정 업무요령에 따른다.

제2장 산정기준

제4조(적정가격 기준 산정) 표준주택의 산정가격은 해당 표준주택에 대하여 통상적인 시장에서 정상적인 거래가 이루어지는 경우 성립될 가능성이 가장 높다고 인정되는 적정가격으로 결정하되, 시장에서 형성되는 가격자료를 충분히 조사하여 표준주택의 객관적인 시장가치를 산정한다.

제5조(실제용도 기준 산정) 표준주택가격의 산정은 공부상의 용도에도 불구하고 공시기준일 현재의 실제용도를 기준으로 산정하되, 일시적인 이용상황은 고려하지 아니한다.

제6조(사법상 제한상태 배제 상정 산정) 표준주택가격의 산정에서 전세권 등 그 표준주택의 사용·수익을 제한하는 사법상의 권리가 설정되어 있는 경우에는 그 사법상의 권리가 설정되어 있지 아니한 상태를 상정하여 산정한다.

제7조(공법상 제한상태 기준 산정) 표준주택가격의 산정은 국토계획법 등에 따른 제한이 있는 경우에는 제한받는 상태를 기준으로 산정한다.

제8조(두 필지 이상에 걸쳐 있는 주택가격의 산정) ① 두 필지 이상에 걸쳐 있는 주택(부속건물 포함)은 대지면적을 합산하여 하나의 주택부지로 산정한다.

② 주택 부속토지가 인접토지와 용도상 불가분의 관계에 있는 경우에는 인접토지를 포함하여 하나의 주택부지로 산정한다.

③ 제2항의 "용도상 불가분의 관계"란 주택 부속토지가 이용되고 있는 상황이 사회적·경제적·행정적 측면에서 합리적이고 해당 주택의 가치형성측면에서도 타당하다고 인정되는 관계에 있는 경우를 말한다.

제9조(필지의 일부가 대지인 주택가격의 산정) 필지의 일부가 대지인 주택은 그 대지면적만을 주택부지로 산정한다. 다만, 대지면적 이외의 토지의 이용상황을 고려하여 산정한다.

제10조(산정방식의 적용) ① 시장성이 있는 표준주택은 인근 유사 단독주택의 거래가격 등을 고려하여 토지와 건물 일체의 가격으로 산정한다.

② 시장성이 없거나 주택의 용도 등이 특수하여 인근 유사단독주택의 거래가격을 고려하는 것이 곤란한 주택은 유사 단독주택의 건설에 필요한 비용추정액 또는 임대료 등을 고려하여 가격을 산정한다.

③ 제2항에 따른 비용추정액은 공시기준일 현재 해당 표준주택과 유사한 이용가치를 지닌다고 인정되는 단독주택의 건설에 필요한 표준적인 건축비와 일반적인 부대비용 및 부속토지가격 수준으로 한다.

④ 표준주택가격을 제1항 또는 제2항에 따라 산정한 경우에는 다른 하나 이상의 산정방법으로 산출한 가액과 비교하여 합리성을 검토하여야 한다. 다만, 대상주택의 특성 등으로 인하여 다른 산정방법을 적용하는 것이 곤란한 경우에는 제21조에 따른 조사·산정보고서에 그 사유를 기재하여야 한다.

제11조(사정보정 및 시점수정) ① 수집된 거래사례 등이 거래당사자의 특수한 사정 또는 개별적인 동기가 내재되어 있거나 평가선례 등에 특수한 평가조건 등이 반영되어 있는 경우에는 그러한 사정이나 조건 등이 없는 상태로 적정하게 보정(이하 "사정보정"이라 한다)하여야 한다.

② 가격자료의 거래시점 등이 공시기준일과 다른 경우에는 다음 각 호에서 타당한 것을 선택하여 시점수정을 행한다.

1. 「부동산 거래신고 등에 관한 법률」 제19조에 따라 국토교통부장관이 조사한 지가변동률로서 가격자료가 소재한 시·군·구의 같은 이용상황의 지가변동률

2. 「한국은행법」 제86조에 따라 한국은행이 조사·발표하는 생산자물가지수 또는

「통계법」 제18조에 따라 한국건설기술연구원이 통계작성 승인을 받아 발표하는 월별 건설공사비지수

3. 「통계법」 제18조에 따라 한국부동산원이 조사·발표하는 전국주택가격동향조사 단독주택 매매가격지수 등

제12조(지역요인 및 개별요인의 비교) ① 수집된 거래사례 등의 주택이 표준주택의 인근지역에 있는 경우에는 개별요인만을 비교하고, 동일수급권 안의 유사지역에 있는 경우에는 지역요인 및 개별요인을 비교한다.

② 지역요인 및 개별요인 비교는 용도지대별로 다음 각 호를 종합적으로 고려하여 행한다.

1. 토지조건 : 가로조건·접근조건·환경조건·획지조건·행정적조건·기타조건

2. 건물조건 : 건물구조조건·건물이용상태조건·면적조건·내구연한조건·기타조건

③ 각 용도지대별 지역요인 및 개별요인 비교항목은 별표에 따른다.

제13조(용도혼합 주택가격의 산정) 건물내부 용도가 주거용 부문과 비주거용 부문으로 혼재된 주택의 가격을 산정할 때에는 건물의 크기, 층별 세부용도, 층별 효용 정도, 건물 내 주거용 부분이 차지하는 비중, 비주거용의 유형 등을 종합적으로 고려하여야 한다.

제3장 조사·산정절차

제14조(조사·산정절차) 표준주택가격의 조사·산정은 「부동산 가격공시에 관한 법률」(이하 "법"이라 한다) 제16조제1항 및 같은 법 시행령 제26조제2항에 따른 「표준주택의 선정 및 관리지침」에서 정한 지역분석 등을 실시한 후에 다음 각 호의 절차에 따라 수행한다.

1. 공부조사

2. 실지조사

3. 가격자료의 수집 및 정리

4. 가격균형 여부 검토

5. 산정가격의 결정 및 표시

6. 표준주택 소유자의 의견청취

7. 특별시장 · 광역시장 · 특별자치시장 · 도지사 또는 특별자치도지사(이하 "시 · 도지사"라 한다) 및 시장 · 군수 · 구청장(자치구의 구청장을 말한다. 이하 같다)의 의견청취

8. 조사 · 산정보고서의 작성

제15조(공부조사) 표준주택가격을 조사 · 산정할 때에는 일반건축물대장, 재산세(주택) 과세대장, 토지 · 임야대장, 지적 · 임야도, 토지이용계획확인서, 환지계획 · 환지처분 등 환지 관련 서류 및 도면 등에 따라 공시기준일 현재의 다음 각 호의 사항을 조사한다.

1. 소재지(지번 포함), 지목, 면적

2. 공법상 제한사항의 내용 및 그 제한의 정도

3. 그 밖의 공부(公簿) 조사사항

제16조(실지조사) 표준주택가격을 조사 · 산정할 때에는 공시기준일 현재의 다음 각 호의 사항을 실지조사한다.

1. 소재지(지번 포함), 지목, 면적

2. 하나의 주택이 둘 이상의 필지에 걸쳐 있는 지 여부

3. 위치 및 주위 환경

4. 공법상 제한사항과의 부합 여부

5. 도로 및 교통 환경

6. 형상·지세 등의 상태

7. 편의시설의 접근성 및 편의성

8. 유해시설 접근성 및 재해·소음 등 유해정도

9. 건물 기본현황(건물구조·건물지붕·건축연면적·건축연도 등)

10. 증축·개축·대수선 여부

11. 층별 건물 용도·특수부대설비 유무

12. 그 밖에 가격형성에 영향을 미치는 요인 등

제17조(가격자료의 수집 및 정리) ① 표준주택가격을 조사·산정할 때에는 인근지역 및 동일수급권 안의 유사지역에 있는 거래사례 및 평가선례 등 가격결정에 참고가 되는 자료(이하 "가격자료"라 한다)를 수집하여 정리 한다.

② 제1항에 따른 가격자료는 다음 각 호의 요건을 갖추어야 한다.

1. 최근 3년 이내의 자료인 것

2. 사정보정이 가능한 것

3. 지역요인 및 개별요인의 비교가 가능한 것

제18조(가격균형 여부 검토) ① 거래사례비교법 등에 따라 표준주택의 가격을 산정한 때에는 인근지역 또는 동일수급권 안의 유사지역에 있는 표준주택의 가격과 가격균형 여부를 검토하여야 한다.

② 제1항의 가격균형여부 검토는 시·군·구내, 시·군·구간, 시·도간, 전국 순으로 검토한다.

제19조(산정가격의 결정 및 표시) 표준주택가격은 호별가격으로 표시하되 유효숫자 세 자리로 표시함을 원칙으로 한다. 다만, 표준주택가격이 10억 원 이상인 경우에는 유효숫자 네 자리로 표시한다.

제20조(표준주택 소유자의 의견청취) 법 16조제7항에 따라 해당 소유자가 표준주택의 산정가격에 대하여 의견을 제시한 때에는 그 산정가격의 적정여부를 재검토하고, 표준주택 소유자가 제시한 의견이 객관적으로 타당하다고 인정되는 경우에는 반영하여 산정가격을 조정하여야 한다.

제21조(시장·군수·구청장의 의견청취) ①「부동산 가격공시에 관한 법률 시행령」 제30조제2항에 따라 시·도지사 및 시장·군수·구청장(필요한 경우 특별시장·광역시장 또는 도지사를 포함한다. 이하 이 조에서 같다)의 의견을 듣고자 할 때에는 표준주택의 호별 가격 및 가격변동률, 용도지역·건물구조별 최고·최저가격, 전년 대비 가격변동이 현저한 표준주택의 내역 및 변동사유 등 표준주택의 산정가격 검토에 필요한 자료를 제출하여야 한다.

② 시·도지사 및 시장·군수·구청장으로부터 특정한 표준주택에 대하여 산정가격의 조정의견이 제시된 때에는 그 산정가격의 적정여부를 재검토하고 그 의견이 객관적으로 타당하다고 인정되는 경우에는 반영하여 산정가격을 조정하여야 한다.

제22조(조사·산정보고서의 작성) 표준주택가격에 대한 조사·산정이 완료된 때에는 표준주택가격 조사·산정보고서를 작성하여「부동산 가격공시에 관한 법률 시행규칙」 제11조제2항에서 정하는 서류(전산자료를 포함한다)와 함께 국토교통부장관에게 제출하여야 한다.

제23조(재검토기한) 국토교통부장관은 이 훈령에 대하여「훈령·예규 등의 발령 및 관리에 관한 규정」에 따라 2023년 1월 1일을 기준으로 매 3년이 되는 시점(매 3년째의 12월 31일까지를 말한다)마다 그 타당성을 검토하여 개선 등의 조치를 하여야 한다.

부칙 〈제1596호, 2023. 1. 30.〉

이 훈령은 발령한 날부터 시행한다.

[별표] 지역요인 및 개별요인

지 역 요 인

조건	항 목	세 항 목
가로 조건	가로 폭 / 구조 등의 상태	폭, 포장, 보도
		계통 및 연속성
	가구(block)의 상태	가구의 정면성
		가구시설의 상태
접근 조건	도심과의 거리 및 교통시설 접근성	도심과의 접근성
		인접 교통시설의 유형/접근성
	상가 수준 및 접근성	인근상가의 수준 (대형상가 등)
		인근상가의 접근성
	공공 및 편익시설의 접근성	학교 접근성
		병원, 관공서 등 접근성
		공원, 휴양시설 접근성
환경 조건	주거환경	일조, 통풍 등
		조망, 경관 등
	사회환경	인접지역 거주자의 직업, 연령, 학력수준 등
		범죄의 발생정도 치안 및 보안 유지 정도
		인구변화
		학군 등
	공급 및 처리 시설의 상태	상수도, 하수도
		도시가스 등
	위험 및 혐오시설 유무	변전소, 가스탱크, 오수처리장 등의유무
		특별고압선 등의 통과 유무
	재해발생 위험성	홍수, 산사태, 붕괴 등
	공해발생 정도	소음, 진동, 대기오염 등
행정 조건	행정상의 규제정도	용도지역, 지구, 구역 등
		용적률 및 고도제한
		기타규제
기타 조건	기타	장래의 동향
		기타

개 별 요 인

조건	항 목	세 항 목
가로 조건	가로 폭 / 구조 등의 상태	폭, 포장, 보도
		계통 및 연속성
접근 조건	교통시설 접근성	인접 교통시설의 유형/접근성
	상가와의 접근성	인근상가의 수준 (대형상가 등)
		인근상가의 접근성
환경 조건	주거환경	일조, 통풍 등
		조망, 경관 등
	공급시설 및 처리시설의 상태	상수도
		하수도
		도시가스
	위험 및 혐오시설 등	변전소, 가스탱크, 오수처리장 등의 유무
		특별고압선 등과의 거리
획지 조건	면적	면적
	지형지세	방위, 고저, 경사
	접면도로 상태	각지, 2면획지, 3면획지
행정 조건	행정상의 규제정도	공적규제(용도지역, 지구, 구역 등)
		용적률 및 고도제한
		기타규제
건물 조건	건물의 성격	단독, 전원, 별장 등
		임대가능 유무
	건물구조	건물구조
		건물지붕
	내구연한	건축연도(사용승인일)
		증/개축 및 대수선
	건물 상태	건축자재, 마감재, 담장, 정원, 조형물 등
	면적	건축면적
		건물연면적
	건물의 배치	조망, 일조, 형상 등을 고려한 배치
	주차	주차대수
		주차시설(기계식 여부 등)
	부대설비	엘리베이터
		냉난방설비
		기타
기타 조건	기타	장래의 동향
		기타

3 행정전산망 지역코드

지 역	코 드	지 역	코 드
11000	**서울특별시**	26000	부산광역시
11110	종 로 구	26110	중 구
11140	중 구	26140	서 구
11170	용 산 구	26170	동 구
11200	성 동 구	26200	영 도 구
11215	광 진 구	26230	부산진구
11230	동대문구	26260	동 래 구
11260	중 랑 구	26290	남 구
11290	성 북 구	26320	북 구
11305	강 북 구	26350	해운대구
11320	도 봉 구	26380	사 하 구
11350	노 원 구	26410	금 정 구
11380	은 평 구	26440	강 서 구
11410	서대문구	26470	연 제 구
11440	마 포 구	26500	수 영 구
11470	양 천 구	26530	사 상 구
11500	강 서 구	26710	기 장 군
11530	구 로 구	**27000**	**대구광역시**
11545	금 천 구	27110	중 구
11560	영등포구	27140	동 구
11590	동 작 구	27170	서 구
11620	관 악 구	27200	남 구
11650	서 초 구	27230	북 구
11680	강 남 구	27260	수 성 구
11710	송 파 구	27290	달 서 구
11740	강 동 구	27710	달 성 군

지 역	코 드	지 역	코 드
27720	군 위 군	41111	수원장안구
28000	**인천광역시**	41113	수원권선구
28110	중 구	41115	수원팔달구
28140	동 구	41117	수원영통구
28177	미추홀구	41131	성남수정구
28185	연 수 구	41133	성남중원구
28200	남 동 구	41135	성남분당구
28237	부 평 구	41150	의정부시
28245	계 양 구	41171	안양만안구
28260	서 구	41173	안양동안구
28710	강 화 군	41192	부천원미구
28720	옹 진 군	41194	부천소사구
29000	**광주광역시**	41196	부천오정구
29110	동 구	41210	광 명 시
29140	서 구	41220	평 택 시
29155	남 구	41250	동두천시
29170	북 구	41271	안산상록구
29200	광 산 구	41273	안산단원구
30000	**대전광역시**	41281	고양덕양구
30110	동 구	41285	고양일산동구
30140	중 구	41287	고양일산서구
30170	서 구	41290	과 천 시
30200	유 성 구	41310	구 리 시
30230	대 덕 구	41360	남양주시
31000	**울산광역시**	41370	오 산 시
31110	중 구	41390	시 흥 시
31140	남 구	41410	군 포 시
31170	동 구	41430	의 왕 시
31200	북 구	41450	하 남 시
31710	울 주 군	41461	용인처인구
36110	**세종특별자치시**	41463	용인기흥구
41000	**경 기 도**	41465	용인수지구

지 역	코 드	지 역	코 드
41480	파 주 시	44200	아 산 시
41500	이 천 시	44210	서 산 시
41550	안 성 시	44230	논 산 시
41570	김 포 시	44250	계 룡 시
41590	화 성 시	44270	당 진 시
41610	광 주 시	44710	금 산 군
41630	양 주 시	44760	부 여 군
41650	포 천 시	44770	서 천 군
41670	여 주 시	44790	청 양 군
41800	연 천 군	44800	홍 성 군
41820	가 평 군	44810	예 산 군
41830	양 평 군	44825	태 안 군
43000	**충청북도**	**46000**	**전라남도**
43111	청주상당구	46110	목 포 시
43112	청주서원구	46130	여 수 시
43113	청주흥덕구	46150	순 천 시
43114	청주청원구	46170	나 주 시
43130	충 주 시	46230	광 양 시
43150	제 천 시	46710	담 양 군
43720	보 은 군	46720	곡 성 군
43730	옥 천 군	46730	구 례 군
43740	영 동 군	46770	고 흥 군
43745	증 평 군	46780	보 성 군
43750	진 천 군	46790	화 순 군
43760	괴 산 군	46800	장 흥 군
43770	음 성 군	46810	강 진 군
43800	단 양 군	46820	해 남 군
44000	**충청남도**	46830	영 암 군
44131	천안동남구	46840	무 안 군
44133	천안서북구	46860	함 평 군
44150	공 주 시	46870	영 광 군
44180	보 령 시	46880	장 성 군

지 역	코 드	지 역	코 드
46890	완도군	48129	창원진해구
46900	진도군	48170	진주시
46910	신안군	48220	통영시
47000	**경상북도**	48240	사천시
47111	포항남구	48250	김해시
47113	포항북구	48270	밀양시
47130	경주시	48310	거제시
47150	김천시	48330	양산시
47170	안동시	48720	의령군
47190	구미시	48730	함안군
47210	영주시	48740	창녕군
47230	영천시	48820	고성군
47250	상주시	48840	남해군
47280	문경시	48850	하동군
47290	경산시	48860	산청군
47730	의성군	48870	함양군
47750	청송군	48880	거창군
47760	영양군	48890	합천군
47770	영덕군	**50000**	**제주특별자치도**
47820	청도군	50110	제주시
47830	고령군	50130	서귀포시
47840	성주군	**51000**	**강원특별자치도**
47850	칠곡군	51110	춘천시
47900	예천군	51130	원주시
47920	봉화군	51150	강릉시
47930	울진군	51170	동해시
47940	울릉군	51190	태백시
48000	**경상남도**	51210	속초시
48121	창원의창구	51230	삼척시
48123	창원성산구	51720	홍천군
48125	창원마산합포구	51730	횡성군
48127	창원마산회원구	51750	영월군

지 역	코 드	지 역	코 드
51760	평 창 군	52140	익 산 시
51770	정 선 군	52180	정 읍 시
51780	철 원 군	52190	남 원 시
51790	화 천 군	52210	김 제 시
51800	양 구 군	52710	완 주 군
51810	인 제 군	52720	진 안 군
51820	고 성 군	52730	무 주 군
51830	양 양 군	52740	장 수 군
52000	**전북특별자치도**	52750	임 실 군
52111	전주완산구	52770	순 창 군
52113	전주덕진구	52790	고 창 군
52130	군 산 시	52800	부 안 군

4 2025년 시 · 군 · 구별 표준주택 수 현황

(전국 250,000호)

시 · 도	시 · 군 · 구	표준주택수	시 · 도	시 · 군 · 구	표준주택수
서울(25)	종 로 구	976		부산진구	1,512
(23,318)	중 구	501		동 래 구	813
	용 산 구	1,026		남 구	1,106
	성 동 구	763		북 구	504
	광 진 구	1,200		해운대구	786
	동대문구	1,132		사 하 구	1,084
	중 랑 구	1,212		금 정 구	1,090
	성 북 구	1,499		강 서 구	539
	강 북 구	1,164		연 제 구	692
	도 봉 구	615		수 영 구	639
	노 원 구	547		사 상 구	612
	은 평 구	1,181		기 장 군	573
	서대문구	1,046	대구(9)	중 구	493
	마 포 구	1,163	(9,656)	동 구	1,529
	양 천 구	617		서 구	1,192
	강 서 구	809		남 구	1,091
	구 로 구	754		북 구	1,369
	금 천 구	612		수 성 구	1,276
	영등포구	1,018		달 서 구	1,216
	동 작 구	1,036		달 성 군	874
	관 악 구	1,419		군 위 군	616
	서 초 구	597	인천(10)	중 구	489
	강 남 구	800	(5,979)	동 구	376
	송 파 구	832		미추홀구	1,203
	강 동 구	799		연 수 구	217
부산(16)	중 구	433		남 동 구	595
(13,079)	서 구	964		부 평 구	739
	동 구	825		계 양 구	336
	영 도 구	913		서 구	513

시·도	시·군·구	표준주택수	시·도	시·군·구	표준주택수
	강 화 군	1,151		평 택 시	1,947
	옹 진 군	360		동두천시	457
광주(05)	동 구	792		안산상록구	550
(5,071)	서 구	864		안산단원구	479
	남 구	956		고양덕양구	641
	북 구	1,463		고양일산동구	442
	광 산 구	996		고양일산서구	240
대전(05)	동 구	1,138		과 천 시	129
(4,887)	중 구	1,258		구 리 시	316
	서 구	1,092		남양주시	1,200
	유 성 구	722		오 산 시	382
	대 덕 구	677		시 흥 시	499
울산(05)	중 구	886		군 포 시	228
(4,137)	남 구	968		의 왕 시	194
	동 구	545		하 남 시	483
	북 구	511		용인처인구	1,153
	울 주 군	1,227		용인기흥구	401
세종(01)	세종특별자치시	1,072		용인수지구	204
경기(44)	수원장안구	562		파 주 시	1,569
(30,567)	수원권선구	674		이 천 시	1,335
	수원팔달구	621		안 성 시	1,210
	수원영통구	239		김 포 시	838
	성남수정구	889		화 성 시	1,864
	성남중원구	458		광 주 시	921
	성남분당구	296		양 주 시	832
	의정부시	819		포 천 시	1,290
	안양만안구	460		여 주 시	1,260
	안양동안구	174		연 천 군	569
	부천원미구	601		가 평 군	834
	부천소사구	391		양 평 군	1,430
	부천오정구	210	충북(14)	청주상당구	1,055
	광 명 시	276	(13,502)	청주서원구	864

시·도	시·군·구	표준주택수	시·도	시·군·구	표준주택수
	청주흥덕구	1,014		광 양 시	930
	청주청원구	959		담 양 군	907
	충 주 시	1,847		곡 성 군	740
	제 천 시	1,372		구 례 군	625
	보 은 군	781		고 흥 군	1,712
	옥 천 군	970		보 성 군	1,026
	영 동 군	992		화 순 군	996
	증 평 군	279		장 흥 군	934
	진 천 군	680		강 진 군	907
	괴 산 군	973		해 남 군	1,545
	음 성 군	1,160		영 암 군	951
	단 양 군	556		무 안 군	1,211
충남(16)	천안동남구	1,358		함 평 군	834
(19,360)	천안서북구	918		영 광 군	977
	공 주 시	1,460		장 성 군	876
	보 령 시	1,409		완 도 군	1,182
	아 산 시	1,359		진 도 군	763
	서 산 시	1,499		신 안 군	1,052
	논 산 시	1,786	경북(23)	포항남구	1,531
	계 룡 시	108	(28,748)	포항북구	1,518
	당 진 시	1,394		경 주 시	2,791
	금 산 군	978		김 천 시	1,696
	부 여 군	1,400		안 동 시	2,027
	서 천 군	1,299		구 미 시	1,548
	청 양 군	722		영 주 시	1,476
	홍 성 군	1,403		영 천 시	1,737
	예 산 군	1,211		상 주 시	1,800
	태 안 군	1,056		문 경 시	1,277
전남(22)	목 포 시	1,337		경 산 시	1,334
(25,484)	여 수 시	2,395		의 성 군	1,394
	순 천 시	1,943		청 송 군	655
	나 주 시	1,641		영 양 군	475

시 · 도	시 · 군 · 구	표준주택수	시 · 도	시 · 군 · 구	표준주택수
	영 덕 군	963	강원(18)	춘 천 시	1,728
	청 도 군	1,046	(15,881)	원 주 시	1,919
	고 령 군	630		강 릉 시	1,899
	성 주 군	920		동 해 시	695
	칠 곡 군	913		태 백 시	419
	예 천 군	1,066		속 초 시	578
	봉 화 군	799		삼 척 시	976
	울 진 군	947		홍 천 군	1,191
	울 릉 군	205		횡 성 군	885
경남(22)	창원의창구	1,038		영 월 군	813
(25,881)	창원성산구	433		평 창 군	804
	창원마산합포구	1,422		정 선 군	801
	창원마산회원구	1,016		철 원 군	601
	창원진해구	923		화 천 군	419
	진 주 시	2,694		양 구 군	351
	통 영 시	1,226		인 제 군	574
	사 천 시	1,328		고 성 군	655
	김 해 시	1,635		양 양 군	573
	밀 양 시	1,646	전북(15)	전주완산구	1,180
	거 제 시	1,380	(17,979)	전주덕진구	1,279
	양 산 시	883		군 산 시	1,935
	의 령 군	715		익 산 시	2,335
	함 안 군	1,038		정 읍 시	1,659
	창 녕 군	1,142		남 원 시	1,330
	고 성 군	1,086		김 제 시	1,569
	남 해 군	1,297		완 주 군	1,256
	하 동 군	1,059		진 안 군	608
	산 청 군	893		무 주 군	595
	함 양 군	891		장 수 군	551
	거 창 군	1,002		임 실 군	711
	합 천 군	1,134		순 창 군	708
제주(02)	제 주 시	3,385		고 창 군	1,146
(5,399)	서귀포시	2,014		부 안 군	1,117

5 주택가격(단독 · 공동주택)공시제도의 도입배경

가. 주택의 시장가치에 근거한 부동산 보유세의 형평과세를 위하여 토지 · 건물을 통합한 시가를 조사하여 과표로 활용

1) 토지 · 건물 구분과세는 지역별 · 주택유형별로 불형평 야기

2) '04. 9. 15 통합과세 및 시가과표 결정

나. 주택가격은 단독 · 다가구주택 약 407만호를 조사 · 산정대상으로 확정

1) 단독 · 다가구주택 약 407만호('25년도 기준 – 단독 2,849,367호, 다가구 499,231호, 다중 12,083호, 주상용 705,531호, 기타 4,201호)를 통합산정대상으로 확정(주택의 토지 · 건물은 통합산정기법 개발 후 통합과세를 추진)

※ 재정경제부는 국민경제자문회의(2005. 5. 4)에서 2007년부터 사무실 · 빌딩 등의 부동산에 대해 공시가격 제도를 도입하여 통합산정, 통합과세하는 추진 방안을 보고

2) 토지 · 건물 통합산정의 근거 마련을 위하여 기존 「지가공시 및 토지 등의 평가에 관한 법률」 을 「부동산가격공시 및 감정평가에 관한 법률」 로 전면 개정(2005. 1. 14)

다. 2025년 주택가격 조사 · 산정 및 산정 현황

(단위 : 호)

단독	다가구	다중	용도혼합	기타	총계
2,849,367	499,231	12,083	705,531	4,201	4,070,413

6 국세청 건물 기준시가 계산방법 고시 (국세청)

국세청 고시 제2024-38호

국세청 건물 기준시가 계산방법 고시

「상속세 및 증여세법」 제61조제1항제2호와 「소득세법」 제99조제1항제1호나목에 따라 건물의 기준시가에 관한 사항 을 다음과 같이 개정하여 고시합니다.

2024년 12월 31일

국세청장

제1조(목적) 이 고시는 「상속세 및 증여세법」 제61조제1항제2호와 「소득세법」 제99조제1항제1호나목에서 국세청장에게 위임한 건물에 대한 기준시가 산정방법에 대한 전반적인 사항을 정함을 목적으로 한다.

제2조(정의) ① 이 고시에서 사용하는 용어의 정의는 다음과 같다.

1. "건물 기준시가"란 「상속세 및 증여세법」과 「소득세법」에 따른 건물 기준시가를 말한다.

② 이 고시에서 특별히 정하는 용어를 제외하고는 「건축법」 과 같은 법 시행령에서 정하는 바에 따른다.

제3조(적용범위) ① 건물 기준시가 계산방법은 「건축법 시행령」 별표1의 '용도별 건축물의 종류'에서 공공업무시설 (제1종 근린생활시설 중 공공업무시설 등을 포함), 교정 및 군사시설을 제외한 모든 용도의 건물(무허가 건물을 포함한다)에 대하여 적용한다. 다만, 「부동산 가격공시에 관한 법률」 제17조 및 제18조와 「소득세법」 제99조제1항제1호다목, 「상속세 및 증여세법」 제61조제1항제3호에 따라 토지와 건물의 가액을 일괄하여 산정·공시(또는 고시)한 개별주택·공동주택·오피스텔 및 상업용 건물의 경우에는 이를 적용하지 아니한다.

② 건물 기준시가는 건물가격만을 말하며, 건물 부속토지의 가격과 영업권 등 각종 권리의 가액은 포함되지 아니한 것으로 한다.

제4조(개별건물 기준시가 적용방법) 개별건물에 대한 기준시가는 해당 건물을 제5조(기준시가 계산)의 계산식에 따라 계산하여 산출된 가액으로 한다. 이때 산출된 가액은 그 건물의 기준시가로 고시한 것과 같은 효력을 갖는다.

제5조(기준시가 계산) ① 건물 기준시가를 산정하기 위한 기본 계산식은 다음과 같다.

<u>**건물 기준시가 산정 기본 계산식**</u>

(1) 기준시가 = 평가대상 건물의 면적(㎡)[1] × ㎡당 금액[2]

(2) ㎡당 금액 = 건물신축가격기준액 × 구조지수 × 용도지수 × 위치지수 × 경과연수별잔가율 × 개별건물의 특성에 따른 조정률[3]

1) 연면적을 말하며, 집합건물의 경우 전용면적과 공용면적을 포함한 면적을 말한다.
2) ㎡당 금액은 1,000원 단위 미만은 버린다.
3) 개별건물의 특성에 따른 조정률은 「상속세 및 증여세법」 제61조제1항제2호에 따라 기준시가를 계산하는 경우에만 적용한다.

② 제1항의 건물 기준시가 산정 기본 계산식에서 개별건물의 특성에 따른 조정률은 「소득세법」 제99조제1항제1호나목에 따라 기준시가를 계산하는 경우에는 적용하지 않고, 「상속세 및 증여세법」 제61조제1항제2호에 따라 기준시가를 계산하는 경우에만 적용한다.

제6조(건물신축가격기준액) 건물신축가격기준액은 ㎡당 850,000원으로 한다.

제7조(구조지수) 구조지수는 다음과 같이 한다.

번 호	구 조 별	지 수
1	통나무조	135
2	목구조	125
3	철골(철골철근)콘크리트조	110
4	철근콘크리트조, 석조, 프리캐스트 콘크리트조, 목조, 라멘조, ALC조, 스틸하우스조	100
5	연와조, 철골조, 보강콘크리트조, 보강블록조	95
6	시멘트벽돌조, 황토조, 시멘트블록조, 와이어패널조	90
7	철골조 중 조립식패널(EPS패널에 한함)	85
8	조립식패널조	80
9	경량철골조	79
10	석회 및 흙벽돌조, 돌담 및 토담조	60
11	철파이프조, 컨테이너건물	59

제8조(용도지수) 용도지수는 다음과 같이 한다.

구분	용 도		번호	대 상 건 물	지수
Ⅰ	주거용 건 물	주거시설	1	◦ 아파트	110
			2	◦ 단독주택(노인복지주택 제외) ◦ 다중주택, 다가구주택, 연립주택, 다세대주택, 기숙사(학생복지주택 포함), 도시형 생활주택 등 기타 주거용건물	100
Ⅱ	상업용 및 업무용 건 물	숙박시설	3	◦ 관광호텔(5성급·4성급) : 관광진흥법상 관광숙박시설	140
			4	◦ 호텔(공중위생법상 일반숙박시설을 말한다) ◦ 관광호텔(3성급이하), 수상관광호텔, 한국전통호텔, 가족호텔, 호스텔, 소형호텔, 의료관광호텔 및 휴양 콘도미니엄, 펜션(관광진흥법상 관광편의시설) ◦ 생활숙박시설(공중위생법상 생활숙박시설을 말한다)	130
			5	◦ 외국인관광 도시민박(홈스테이, 게스트하우스 포함) (관광진흥법상 관광편의시설) ◦ 한옥체험시설(관광진흥법상 관광편의시설)	120
			6	◦ 여관(모텔 포함)	112
			7	◦ 다중생활시설(제2종 근린생활시설에 해당되는 것은 제외)	105
			8	◦ 여인숙	100
		판매시설	9	◦ 백화점	135
			10	◦ 소매점 중 대형점(대형마트, 전문점 등으로서 매장면적이 3,000㎡ 이상인 것), 쇼핑센터, 복합쇼핑몰 ◦ 위에 열거되지 않은 기타 대규모점포	125
			11	◦ 일반상점(슈퍼마켓과 일용품 소매점으로서 바닥면적 합계가 1,000㎡ 이상~3,000㎡ 미만인 것) ◦ 위에 열거되지 않은 기타 판매 및 영업시설	95
			12	◦ 도매시장(도매위주 매장면적이 3,000㎡ 이상인 것) ◦ 전통(재래)시장 ◦ 농수축화훼공판장, 경매장	85
		운수시설	13	◦ 여객자동차터미널, 철도시설, 공항시설, 항만시설 ◦ 위에 열거되지 않은 기타 비슷한 시설	120
		위락시설	14	◦ 무도장	140
			15	◦ 유흥주점 및 이와 유사한 것 ◦ 카지노영업소	130
			16	◦ 관광진흥법에 의한 유원시설업의 시설 기타 이와 유사한 것(제2종 근린생활시설, 운동시설에 해당되는 것은 제외)	120
			17	◦ 단란주점(풍속영업시설에 해당되는 것은 제외)	115
			18	◦ 무도학원	90

구분	용 도		번호	대 상 건 물	지수
II	상업용 및 업무용 건 물	문화 및 집회시설	19	◦ 집회장(경마·경륜·경정 장외발매소 및 전화투표소)으로서 제2종 근린생활시설에 해당하지 아니하는 것	130
			20	◦ 예식장(제2종 근린생활시설에 해당되는 것은 제외) ◦ 공연장(극장, 영화관, 연예장, 음악당, 서커스장, 비디오물소극장 등)으로서 제2종 근린생활시설에 해당하지 아니하는 것 ◦ 집회장(공회당, 회의장 등)으로서 제2종 근린생활시설에 해당하지 아니하는 것	115
			21	◦ 동물원, 식물원, 수족관 ◦ 전시장(박물관, 미술관, 과학관, 문화관, 체험관, 기념관, 산업전시장, 박람회장 등)	110
			22	◦ 관람장(경마장, 경륜장, 경정장, 자동차경기장, 기타 이와 유사한 것 및 체육관, 운동장으로서 관람석의 바닥면적의 합계가 1,000㎡ 이상인 것)	105
		종교시설	23	◦ 교회·성당·사찰·기도원·수도원·수녀원·제실(祭室:제사를 지내는 시설)·사당 등 종교집회장과 종교집회장내 설치하는 봉안당으로서 제2종 근린생활시설에 해당하지 아니하는 것	100
		운동시설	24	◦ 골프장, 스키장, 자동차경주장, 승마장, 수영장, 볼링장, 스케이트장, 종합체육시설업	125
			25	◦ 체육시설의설치및이용에관한법률에 따른 시설 중 용도번호 24에 속하지 아니하는 것	105
		의료시설	26	◦ 종합병원	125
			27	◦ 일반병원, 치과병원, 한방병원, 정신병원, 요양병원, 격리병원(전염병원, 마약진료소 등)	110
		업무시설	28	◦ 오피스텔(주거용, 사무용)	135
			29	◦ 사무소, 금융업소, 결혼상담소 등 소개업소, 출판사, 신문사 등으로서 제2종 근린생활시설에 해당하지 아니하는 것	115
		방송통신 시 설	30	◦ 방송국(방송프로그램제작시설 및 송신·수신·중계시설을 포함), 촬영소 ◦ 전신전화국, 통신용시설, 데이터센터 ◦ 위에 열거되지 않은 기타 비슷한 시설	110
		관광휴게 시 설	31	◦ 야외음악당, 야외극장, 어린이회관, 관망탑, 휴게소 ◦ 공원·유원지, 관광지에 부수되는 시설	110
		교육연구 시 설	32	◦ 학원(자동차학원·무도학원 및 정보통신기술을 활용하여 원격으로 교습하는 것은 제외), 교습소(자동차교습·무도교습 및 정보통신기술을 활용하여 원격으로 교습하는 것은 제외)으로서 제2종 근린생활시설에 해당하지 않는 것	107
			33	◦ 학교, 교육원(연수원 포함), 직업훈련소(운전 및 정비관련 직업훈련소는 제외), 연구소, 도서관으로 제2종 근린생활시설에 해당하지 않는 것	100
		노유자 시 설	34	◦ 아동관련시설(제1종 근린생활시설에 해당하는 것은 제외) 및 노인복지시설(단독주택 및 공동주택에 해당하는 것은 제외), 기타 사회복지시설 및 근로복지시설	109
			35	◦ 고아원 ◦ 노인주거복지시설(양로원 등) 및 경로당 ◦ 용도번호 34번을 제외한 기타 이와 유사한 시설	83
		수련시설	36	◦ 청소년수련관, 청소년문화의집, 청소년특화시설, 유스호스텔, 청소년수련원, 청소년야영장, 기타 이와 유사한 것	110

구분	용 도		번호	대 상 건 물	지수
Ⅱ	상업용 및 업무용 건 물	근린생활 시 설	37	◦ 목욕장으로서 바닥면적의 합계가 3,000㎡ 이상인 것	130
			38	◦ 목욕장으로서 바닥면적의 합계가 1,000㎡ 이상~3,000㎡ 미만인 것	115
			39	◦ 목욕장으로서 바닥면적의 합계가 1,000㎡ 미만인 것	110
			40	◦ 풍속영업시설 – 단란주점으로서 바닥면적의 합계가 150㎡ 미만인 것 – 인터넷컴퓨터게임시설제공업의 시설로서 바닥면적 합계가 500㎡ 이상인 것 – 청소년게임제공업시설, 일반게임제공업시설, 복합유통게임제공업시설 – 사행성게임물제공업시설, 사행행위영업시설 – 비디오물감상실, 안마시술소, 노래연습장	105
			41	◦ 제1종 · 제2종 근린생활시설 – 슈퍼마켓 등 일용품 소매점으로서 바닥면적 합계가 1,000㎡ 미만인 것 – 일반음식점, 휴게음식점, 제과점, 기원, 서점 – 이용원, 미용원, 세탁소(공장부설 세탁소는 제외) – 의원, 치과의원, 한의원, 침술원, 접골원, 조산원, 산후조리원 및 안마원 – 테니스장·체력단련장·에어로빅장·볼링장·당구장·실내낚시터·골프연습장·탁구장·체육도장·놀이형시설로서 바닥면적 합계가 500㎡ 미만인 것 – 종교집회장·공연장이나 비디오물소극장으로서 바닥면적 합계가 500㎡ 미만인 것 – 금융업소, 사무소, 부동산중개사무소, 결혼상담소 등 소개업소, 출판사 등 일반업무시설로서 바닥면적 합계가 500㎡ 미만인 것 – 제조업소, 수리점 등으로서 바닥면적 합계가 500㎡ 미만인 것 – 인터넷컴퓨터게임시설제공업의 시설로서 바닥면적 합계가 500㎡ 미만인 것 – 사진관, 표구점, 학원(바닥면적 합계가 500㎡ 미만인 것에 한하며, 자동차학원 · 무도학원 · 정보통신기술을 활용하여 원격으로 교습하는 것은 제외), 교습소(바닥면적의 합계가 500㎡ 미만인 것에 한하며, 자동차교습 · 무도교습 · 정보통신기술을 활용하여 원격으로 교습하는 것은 제외), 직업훈련소(바닥면적 합계가 500㎡ 미만인 것에 한하며, 운전정비관련 직업훈련소는 제외), 장의사, 동물병원, 동물미용실, 독서실, 총포판매소 등 – 자동차영업소로서 바닥면적 합계가 1,000㎡ 미만인 것 – 다중생활시설(바닥면적 합계가 500㎡ 미만인 것) – 지역아동센터(단독주택과 공동주택에 해당하지 아니한 것) – 변전소, 도시가스배관시설, 통신용 시설(바닥면적 합계가 1,000㎡ 미만인 것), 정수장, 양수장 등 – 위에 열거되지 않은 기타 제1종·제2종 근린생활시설	95
		묘지관련 시 설	42	◦ 화장시설 ◦ 봉안당(종교시설에 해당하는 것 제외) ◦ 묘지와 자연장지에 부수되는 건축물	130
			43	◦ 동물화장시설, 동물건조장(乾燥葬) 시설 및 동물 전용의 납골시설	105
		장례식장	44	◦ 장례식장(종합병원 부속 장례식장 포함)	115
			45	◦ 동물 전용 장례식장	105

구분	용 도		번호	대 상 건 물	지수
Ⅲ	산업용 및 기타 특수용 건 물	공 장	46	◦ 지식산업센터(아파트형공장)[1]	115
			47	◦ 냉동공장 ◦ 반도체 및 평면디스플레이 공장[2]	100
			48	◦ 기타 물품의 제조·가공·수리에 계속적으로 이용되는 건축물로서 제1종·제2종 근린생활시설, 위험물저장 및 처리시설, 자동차 관련 시설, 자원순환 관련 시설 등으로 따로 분류되지 아니한 것	78
		발전시설	49	◦ 원자력 발전시설	300
			50	◦ 발전소(제1종 근린생활시설에 해당되는 것은 제외)	90
		창고시설	51	◦ 냉동창고, 냉장창고	105
			52	◦ 냉동·냉장창고외의 창고 ◦ 하역장, 물류터미널, 집배송시설	75
		위 험 물 저 장 및 처리시설	53	◦ 주유소(기계식 세차설비 포함) 및 석유판매소 ◦ 액화석유가스충전소·판매소·저장소(기계식 세차설비 포함), 위험물제조소·저장소·취급소, 액화가스취급소·판매소, 유독물보관·저장·판매시설, 고압가스충전소·판매소·저장소, 도료류판매소, 도시가스제조시설, 화약류저장소, 기타 위험물저장 및 처리시설 ◦ 주유소의 캐노피	90
		자원순환 관련 시설	54	◦ 하수 등 처리시설 ◦ 고물상 ◦ 폐기물재활용시설, 폐기물 처분시설 및 폐기물감량화시설	80
		자 동 차 관련시설	55	◦ 자동차매매장, 운전학원·정비학원(운전 및 정비관련 직업훈련시설 포함)	75
			56	◦ 세차장, 폐차장, 검사장, 정비공장, 차고 및 주기장	67
			57	◦ 주차장(자주식 주차전용빌딩 포함, 주택의 차고 제외)	60
		동 · 식물 관련시설	58	◦ 가축용운동시설, 인공수정센터, 관리사, 동물검역소, 실험동물사육시설, 경주용마사	70
			59	◦ 축사(양잠·양봉·양어·양돈·양계·곤충사육시설 및 부화장 포함) ◦ 가축시설(가축용 창고, 가축시장, 퇴비장 등) ◦ 도축장, 도계장, 작물재배사, 종묘배양시설	55
			60	◦ 화초 및 분재 등의 온실 ◦ 기타 동·식물관련시설(동·식물원 제외)	50
Ⅳ	기계식주차전용 빌 딩		61	◦ 기준시가 = 6,000,000원 × 경과연수별잔가율(내용연수 : 30년) × 주차대수	

1) 지식산업센터(아파트형 공장)는 토지를 효율적으로 이용하고 주로 중소기업의 조업안정을 도모할 목적으로 산업집적활성화및공장설립에관한법률 제2조 제13호 등의 규정에 의하여 동일 건축물에 제조업, 지식산업 및 정보통신산업을 영위하는 자와 지원시설이 복합적으로 입주할 수 있는 다층형 집합건축물로서 6개 이상의 공장이 입주할 수 있는 지상 3층 이상의 집합건축물을 말한다.

2) 평면디스플레이 공장은 LCD, PDP, LED, FED, 유기EL(OLED, ELD)관련 제조 또는 수리에 계속적으로 이용되는 건축물을 말한다.

제9조(위치지수) 위치지수는 다음과 같이 한다.

번호	건물 부속토지의 ㎡당 개별공시지가	지수	번호	건물 부속토지의 ㎡당 개별공시지가	지수
1	20,000원 미만	78	24	4,500,000원 이상~5,000,000원 미만	124
2	20,000원 이상~30,000원 미만	83	25	5,000,000원 이상~5,500,000원 미만	126
3	30,000원 이상~50,000원 미만	85	26	5,500,000원 이상~6,000,000원 미만	128
4	50,000원 이상~70,000원 미만	86	27	6,000,000원 이상~7,000,000원 미만	130
5	70,000원 이상~100,000원 미만	87	28	7,000,000원 이상~8,000,000원 미만	132
6	100,000원 이상~130,000원 미만	88	29	8,000,000원 이상~9,000,000원 미만	134
7	130,000원 이상~150,000원 미만	89	30	9,000,000원 이상~10,000,000원 미만	137
8	150,000원 이상~180,000원 미만	90	31	10,000,000원 이상~15,000,000원 미만	140
9	180,000원 이상~200,000원 미만	91	32	15,000,000원 이상~20,000,000원 미만	143
10	200,000원 이상~300,000원 미만	92	33	20,000,000원 이상~25,000,000원 미만	146
11	300,000원 이상~350,000원 미만	93	34	25,000,000원 이상~30,000,000원 미만	149
12	350,000원 이상~500,000원 미만	94	35	30,000,000원 이상~35,000,000원 미만	152
13	500,000원 이상~650,000원 미만	97	36	35,000,000원 이상~40,000,000원 미만	155
14	650,000원 이상~800,000원 미만	100	37	40,000,000원 이상~45,000,000원 미만	158
15	800,000원 이상~1,000,000원 미만	102	38	45,000,000원 이상~50,000,000원 미만	161
16	1,000,000원 이상~1,200,000원 미만	105	39	50,000,000원 이상~55,000,000원 미만	164
17	1,200,000원 이상~1,600,000원 미만	108	40	55,000,000원 이상~60,000,000원 미만	167
18	1,600,000원 이상~2,000,000원 미만	111	41	60,000,000원 이상~65,000,000원 미만	170
19	2,000,000원 이상~2,500,000원 미만	114	42	65,000,000원 이상~70,000,000원 미만	173
20	2,500,000원 이상~3,000,000원 미만	116	43	70,000,000원 이상~75,000,000원 미만	176
21	3,000,000원 이상~3,500,000원 미만	118	44	75,000,000원 이상~80,000,000원 미만	179
22	3,500,000원 이상~4,000,000원 미만	120	45	80,000,000원 이상	182
23	4,000,000원 이상~4,500,000원 미만	122	–	–	–

제10조(경과연수별잔가율) ① 대상건물별 내용연수와 최종잔존가치율 및 상각방법은 다음과 같다.

적용대상	Ⅰ그룹	Ⅱ그룹	Ⅲ그룹	Ⅳ그룹
내 용 연 수	50년	40년	30년	20년
최종잔존가치율	10%	10%	10%	10%
상 각 방 법	정액법	정액법	정액법	정액법
연상각률	0.018	0.0225	0.03	0.045

② 신축연도별 잔가율은 다음 각 호와 같다.

1. 「상속세 및 증여세법」 제61조제1항제2호에 따라 건물의 기준시가를 계산하는 경우 적용하는 신축연도별 잔가율은 다음과 같다.

Ⅰ그룹 내용연수 50년		Ⅱ그룹 내용연수 40년		Ⅲ그룹 내용연수 30년		Ⅳ그룹 내용연수 20년	
신축연도	잔가율	신축연도	잔가율	신축연도	잔가율	신축연도	잔가율
2025	1.000	2025	1.0000	2025	1.000	2025	1.000
2024	0.982	2024	0.9775	2024	0.970	2024	0.955
2023	0.964	2023	0.9550	2023	0.940	2023	0.910
2022	0.946	2022	0.9325	2022	0.910	2022	0.865
2021	0.928	2021	0.9100	2021	0.880	2021	0.820
2020	0.910	2020	0.8875	2020	0.850	2020	0.775
2019	0.892	2019	0.8650	2019	0.820	2019	0.730
2018	0.874	2018	0.8425	2018	0.790	2018	0.685
2017	0.856	2017	0.8200	2017	0.760	2017	0.640
2016	0.838	2016	0.7975	2016	0.730	2016	0.595
2015	0.820	2015	0.7750	2015	0.700	2015	0.550
2014	0.802	2014	0.7525	2014	0.670	2014	0.505
2013	0.784	2013	0.7300	2013	0.640	2013	0.460
2012	0.766	2012	0.7075	2012	0.610	2012	0.415
2011	0.748	2011	0.6850	2011	0.580	2011	0.370
2010	0.730	2010	0.6625	2010	0.550	2010	0.325
2009	0.712	2009	0.6400	2009	0.520	2009	0.280
2008	0.694	2008	0.6175	2008	0.490	2008	0.235
2007	0.676	2007	0.5950	2007	0.460	2007	0.190
2006	0.658	2006	0.5725	2006	0.430	2006	0.145
2005	0.640	2005	0.5500	2005	0.400	2005 이하	0.100
2004	0.622	2004	0.5275	2004	0.370		
2003	0.604	2003	0.5050	2003	0.340		
2002	0.586	2002	0.4825	2002	0.310		
2001	0.568	2001	0.4600	2001	0.280		
2000	0.550	2000	0.4375	2000	0.250		
1999	0.532	1999	0.4150	1999	0.220		
1998	0.514	1998	0.3925	1998	0.190		
1997	0.496	1997	0.3700	1997	0.160		
1996	0.478	1996	0.3475	1996	0.130		
1995	0.460	1995	0.3250	1995 이하	0.100		
1994	0.442	1994	0.3025				
1993	0.424	1993	0.2800				
1992	0.406	1992	0.2575				
1991	0.388	1991	0.2350				
1990	0.370	1990	0.2125				
1989	0.352	1989	0.1900				
1988	0.334	1988	0.1675				
1987	0.316	1987	0.1450				
1986	0.298	1986	0.1225				
1985	0.280	1985 이하	0.1000				
1984	0.262						
1983	0.244						
1982	0.226						
1981	0.208						
1980	0.190						
1979	0.172						
1978	0.154						
1977	0.136						
1976	0.118						
1975 이하	0.100						

□ 리모델링(대수선)한 건축물의 경과연수별잔가율 산정방법
Rn(잔존가치율) = 1-(1-R) × (n-0.3ⓝ)/N
R : 최종잔존가치율　N : 대상건물의 내용연수　n : 대상건물의 경과연수
ⓝ : 리모델링시점의 경과연수 다만, ⓝ은 항상 N보다 작거나 같고 n-0.3ⓝ> N이면 Rn=R

2. 「소득세법」 제99조제1항제1호나목에 따라 건물의 기준시가를 계산하는 경우 적용하는 신축연도별 잔가율은 다음과 같다.

Ⅰ그룹 내용연수 50년		Ⅱ그룹 내용연수 40년		Ⅲ그룹 내용연수 30년		Ⅳ그룹 내용연수 20년	
신축연도	잔가율	신축연도	잔가율	신축연도	잔가율	신축연도	잔가율
2025	1.000	2025	1.0000	2025	1.000	2025	1.000
2024	0.982	2024	0.9775	2024	0.970	2024	0.955
2023	0.964	2023	0.9550	2023	0.940	2023	0.910
2022	0.946	2022	0.9325	2022	0.910	2022	0.865
2021	0.928	2021	0.9100	2021	0.880	2021	0.820
2020	0.910	2020	0.8875	2020	0.850	2020	0.775
2019	0.892	2019	0.8650	2019	0.820	2019	0.730
2018	0.874	2018	0.8425	2018	0.790	2018	0.685
2017	0.856	2017	0.8200	2017	0.760	2017	0.640
2016	0.838	2016	0.7975	2016	0.730	2016	0.595
2015	0.820	2015	0.7750	2015	0.700	2015	0.550
2014	0.802	2014	0.7525	2014	0.670	2014	0.505
2013	0.784	2013	0.7300	2013	0.640	2013	0.460
2012	0.766	2012	0.7075	2012	0.610	2012	0.415
2011	0.748	2011	0.6850	2011	0.580	2011	0.370
2010	0.730	2010	0.6625	2010	0.550	2010	0.325
2009	0.712	2009	0.6400	2009	0.520	2009	0.280
2008	0.694	2008	0.6175	2008	0.490	2008	0.235
2007	0.676	2007	0.5950	2007	0.460	2007	0.190
2006	0.658	2006	0.5725	2006	0.430	2006	0.145
2005	0.640	2005	0.5500	2005	0.400	2005 이하	0.100
2004	0.622	2004	0.5275	2004	0.370		
2003	0.604	2003	0.5050	2003	0.340		
2002	0.586	2002	0.4825	2002	0.310		
2001	0.568	2001	0.4600	2001	0.280		
2000	0.550	2000	0.4375	2000	0.250		
1999	0.532	1999	0.4150	1999	0.220		
1998	0.514	1998	0.3925	1998	0.190		
1997	0.496	1997	0.3700	1997	0.160		
1996	0.478	1996	0.3475	1996	0.130		
1995	0.460	1995	0.3250	1995 이하	0.100		
1994	0.442	1994	0.3025				
1993	0.424	1993	0.2800				
1992	0.406	1992	0.2575				
1991	0.388	1991	0.2350				
1990	0.370	1990	0.2125				
1989	0.352	1989	0.1900				
1988	0.334	1988	0.1675				
1987	0.316	1987	0.1450				
1986	0.298	1986	0.1225				
1985	0.280	1985 이하	0.1000				
1984	0.262						
1983	0.244						
1982	0.226						
1981	0.208						
1980	0.190						
1979	0.172						
1978	0.154						
1977	0.136						
1976	0.118						
1975 이하	0.100						

③ 그룹별 건물구조는 다음 각 호와 같다.

1. Ⅰ그룹은 통나무조 · 철골(철골철근)콘크리트조 · 철근콘크리트조 · 석조 · 프리캐스트 콘크리트조 · 목구조 · 라멘조의 모든 건물

2. Ⅱ그룹은 연와조 · 목조 · 시멘트벽돌조 · 보강콘크리트조 · ALC조 · 철골조 · 스틸하우스조 · 보강블록조 · 와이어패널조의 모든 건물

3. Ⅲ그룹은 경량철골조 · 석회 및 흙벽돌조 · 돌담 및 토담조 · 황토조 · 시멘트블록조 · 조립식패널조의 모든 건물, 기계식주차전용빌딩

4. Ⅳ그룹은 철파이프조 · 컨테이너건물의 모든 건물

제11조(개별건물의 특성에 따른 조정률) 「상속세 및 증여세법」 제61조제1항제2호에 따라 기준시가를 계산하는 경우 적용하는 개별건물의 특성에 따른 조정률은 다음과 같다. 다만, 「소득세법」 제99조제1항제1호나목에 따라 기준시가를 계산하는 경우에는 이를 적용하지 아니한다.

구분	적 용 대 상	번호	지수	적 용 범 위	비 고
Ⅰ	◦ 지붕재료			◦구조지수가 100미만인 경우에만 적용한다.	
	– 슬래브, 기와, 토기와, 시멘트기와, 한식기와, 오지기와, 아스팔트 슁글, 동슁글, 천연슬레이트, 동판, 구리, 징크(아연), 기타 신소재	1	100		
	– 패널(칼라아연도강판 포함), 유리(폴리카보네이트, FRP포함), 슬레이트(강판 슬레이트 포함)	2	80		
	– 함석, 자연석, 천막, 초가, 썬라이트, 너와, 기타 이와 유사한 것	3	60		
Ⅱ	◦ 최고층수			◦최고층수 계산시 지하층 및 옥탑은 제외	해당하는 항목 중 가장 높은 지수 하나만 적용한다. 중복 적용을 방지하기 위해 가장 높은 지수 하나만 적용한다.
	– 5층 이하	4	90		
	– 6층 이상~10층 이하	5	100		
	– 11층 이상~15층 이하	6	110	◦건물구조가 통나무조인 것은 적용 제외	
	– 16층 이상~20층 이하	7	120		
	– 21층 이상	8	130		
	◦ 연면적				
	– 1천㎡ 미만	9	90	◦주거용건물은 아파트에 한해 최고층수기준만 적용한다.	
	– 1천㎡ 이상~5천㎡ 미만	10	100		
	– 5천㎡ 이상~1만㎡ 이상	11	110		
	– 1만㎡ 이상~5만㎡ 미만	12	120		
	– 5만㎡ 이상	13	130		
	◦ 인텔리전트시스템빌딩			◦지능형건축물의 인증에 관한 규칙 제8조에 따라 단 1회라도 인증서를 발급받은 경우 적용한다.	
	– 지능형 건축물 인증 3등급·4등급	14	110		
	– 지능형 건축물 인증 1등급·2등급	15	120		

구분	적 용 대 상	번호	지수	적 용 범 위	비 고
Ⅲ	◦ 단독주택 – 연면적 264㎡이상~331㎡미만 – 연면적 331㎡이상 ◦ 공동주택 – 전용면적 149㎡이상~215㎡미만 – 전용면적 215㎡이상	 16 17 18 19	 120 140 120 140	◦공동주택에는 도시형생활주택을 포함하고 기숙사를 포함하지 아니한다.	해당하는 항목 중 가장 높은 지수 하나만 적용한다.
Ⅳ	◦ 상가의 1층 ◦ 상가의 2층 ◦ 최고층수 5층 이하 건물의 지하 1층 ◦ 최고층수 5층 이하 건물의 지하 2층 이상 ◦ 건물 부속(지하 포함) 주차장 및 기계실, 보일러실, 대피소, 옥탑 ◦ 주택간이부속건물(창고, 화장실, 세면장 등)	20 21 22 23 24 25	120 105 80 70 60 60	◦집합건물의 경우에는 공용면적을 포함한 전체면적에 대해 적용한다. ◦주차전용빌딩은 적용하지 아니한다.	해당하는 항목 중 가장 낮은 지수 하나만 적용한다. 단, 20~23에 해당하며 24~25인 경우에는 지수 60을 적용한다.
Ⅴ	◦ 일부 개축건물 – 1회 개축 – 2회 이상 개축	 26 27	 110 120	◦개축부분에 한하여 적용한다.	전부 개축인 경우에는 조정률을 적용하지 아니한다(개축년도를 신축년도로 한다).
Ⅵ	◦ 무벽건물의 무벽면적비율 – 1/4초과~2/4미만 – 2/4이상~3/4미만 – 3/4이상	 28 29 30	 80 70 60	◦무벽건물조정률은 벽면 상하의 전부 또는 일부가 공간인 경우에 면적비율에 의하여 판정한다.	납세자가 사실관계를 입증하는 경우에 한하여 적용한다.
Ⅶ	◦ 건물에 대한 구조안전진단을 받은 경우 – B급 : 보조부재 경미결함 – C급 : 보조부재 손상 – D급 : 주요부재 손상 – E급 : 주요부재 심각한 결함 ◦ 법령에 의한 철거대상 건물 – 건물을 사용하는 경우 – 건물을 사용하지 않는 경우 ◦ 화재, 지진 등의 원인에 의하여 건물의 일부가 훼손 또는 멸실된 경우 → 정상적으로 사용되는 면적비율을 조정률로 적용한다.	 31 32 33 34 35 36 37	 90 80 60 30 30 0 정상 사용 비율	◦철거대상 건물로서 철거보상금을 받는 경우에는 당해 보상금으로 평가한다.	평가기준일 현재 관계행정기관에 신고한 경우로서 납세자가 사실관계를 입증하는 경우에 한하여 가장 낮은 지수 하나만 적용한다.

부칙 (2024.12.31. 국세청 고시 제2024-38호)

제1조(시행일) 이 고시는 2025년 1월 1일부터 시행한다.

제2조(적용례) 이 고시는 2025년 1월 1일 이후 최초로 상속개시 또는 증여하거나 양도하는 분부터 적용한다.

7 지방세 시가표준액 조사 · 산정 기준 (행정안전부)

일부개정 2024. 12. 27. 행정안전부훈령 제371호

제1장 총칙

제1조(목적) 이 기준은 「지방세법」(이하 "법"이라 한다) 제4조제2항, 같은 조 제3항 및 같은 법 시행령 제4조제1항에 따라 건축물과 선박, 항공기 및 그 밖의 과세대상에 대한 시가표준액을 조사 ·산정하기 위한 세부적인 절차와 방법 등을 정함을 목적으로 한다.

제2조(정의) 이 기준에서 사용하는 용어의 정의는 다음과 같다

1. "시가표준액"이란 시가 그 자체는 아니지만 지방세 세목별 과세표준의 기준이 되는 물건의 적정가액으로서 지방자치단체의 장이 결정한 가액을 말한다.

2. "표준가격기준액"이란 「지방세법 시행령」(이하 "영"이라 한다) 제4조제1항제1호에서 정한 물건의 시가표준액 산정 기준이 되는 가액으로서 같은 호에 따라 행정안전부장관이 산정 · 고시하는 금액을 말한다.

3. "건물신축가격기준액"이란 영 제4조제1항제1의2호에서 정한 물건의 시가표준액 산정 기준이 되는 가액으로서 같은 호에 따라 행정안전부장관이 산정 · 고시하는 금액을 말한다.

4. "기준가격"이란 영 제4조제1항제2호부터 제11호 및 제136조제1항제3호에서 정한 물건의 시가표준액 산정 기준이 되는 가액으로서 행정안전부장관이 산정 · 고시한 가격을 말한다. 다만, 광업권의 경우 지방자치단체의 장이 직접 조사하여 산정한 가격을 말한다.

5. "기타물건"이란 영 제4조제1항제2호부터 제9호까지 정한 과세대상을 말한다.

제3조(적용범위) 시가표준액의 조사 · 산정은 지방세법령에서 따로 정한 것 외에는 이

기준이 정하는 바에 따르고, 이 기준에서 정하지 아니한 사항은 시가표준액 조사·산정 업무요령에 따른다.

제4조(조사·산정원칙) ① 시가표준액은 건축물대장 등 객관적인 자료를 기준으로 일반적인 이용현황에 따라 조사·산정하여야 한다.

② 시가표준액 조사·산정시 납세의무자가 갖는 주관적 가치나 특별한 용도에 사용할 것을 전제로 한 것은 고려하지 아니한다.

제2장 시가표준액 산정을 위한 조사·산정 절차

제1절 표준가격기준액의 조사·산정절차

제5조(조사 절차) 표준가격기준액을 조사·산정하는 기관은 표준가격기준액을 조사·산정할 때 다음 각 호의 절차를 따른다.

1. 조사의뢰 대상 분석

2. 거래 및 임대 가격자료의 수집 및 분석

3. 지역별 부동산 시장 동향 및 가격분석

4. 표준가격기준액 산정

5. 표준가격기준액안 가격균형성 검증

6. 표준가격기준액 조사·산정보고서의 작성

제6조(조사의뢰 대상 분석) 표준가격기준액을 조사·산정할 때에는 공부조사 및 현황조사를 통해 다음 각 호의 사항에 대한 대상의 특성 자료를 분석한다.

1. 소재지, 지번, 명칭, 동호수

2. 구조, 용도, 건축연도, 면적

3. 위치 및 주변 환경 등 지역적 특성

4. 물건의 유형 및 형태 등 개별적 특성

5. 그 밖에 가격형성에 영향을 미치는 요인

제7조(거래 및 임대 가격자료의 수집 및 분석) 표준가격기준액을 조사·산정할 때에는 다음 각 호의 사항에 대한 가격 자료를 수집·분석한다.

1. 취득세 신고자료 및 실거래신고

2. 부동산 매물 가격 자료

3. 부동산 임대 가격

4. 그 밖에 인근지역의 가격 및 임대 자료

제8조(지역별 부동산 시장 동향 및 가격분석) 표준가격기준액을 조사·산정할 때에는 부동산시장 동향 및 가격분석을 통해 다음 각 호의 사항에 대한 지역의 가격 동향 및 가격 추세를 분석한다.

1. 조사 대상 소재지의 부동산 시장 특성

2. 조사 대상 유형의 부동산 가격 동향

3. 조사 대상 부동산 가격 추세 및 전망

4. 그 밖에 지역의 부동산 시장 동향 및 가격에 대한 종합의견

제9조(표준가격기준액 산정) 표준가격기준액을 산정할 때에는 실거래가격, 개별공시지가 등을 고려하여야 한다.

제10조(표준가격기준액안 가격균형성 검증) ① 표준가격기준액을 산정한 경우 가격균형성에 대한 검증 절차를 거쳐야 한다.

② 제1항에 따른 가격균형성 검증을 위해서는 다음 각 호의 사항을 검토하여야 한다.

1. 표준가격기준액의 수준에 관한 사항

2. 전년도 표준가격기준액과의 균형유지에 관한 사항

3. 인근 표준가격기준액과의 균형유지에 관한 사항

4. 그 밖에 표준가격기준액의 적정성 검토를 위해 필요한 사항

제11조(표준가격기준액 조사 · 산정보고서 작성) ① 표준가격기준액을 조사 · 산정하는 기관은 지역 특성을 반영한 종합적인 분석 보고서를 작성하여야 한다.

② 제1항에 따라 작성된 표준가격기준액 조사 · 산정보고서에는 대상 물건별 표준가격기준액조사표를 부록으로 첨부하여야 한다. 다만, 부록으로 첨부가 불가능한 경우 이는 전산으로 제출할 수 있다.

제2절 기준가격의 조사 · 산정절차

제12조(조사 절차) 기준가격을 조사 · 산정하는 기관은 기준가격을 조사 · 산정할 때 다음 각 호의 절차를 따른다.

1. 조사 대상 목록 확정

2. 가격자료 수집 및 분석

3. 기준가격 산정

4. 기준가격 균형성 검증

5. 조사 · 산정보고서의 작성

제13조(조사 대상 목록 확정) 기준가격을 조사 · 산정할 때에는 과년도의 기준가격 조사 목록, 과세대상별 등록부, 인 · 허가 자료 등을 참고하여 조사대상 목록을 확정한다.

제14조(가격자료 수집 및 분석) 기준가격을 조사 · 산정할 때에는 판매가격, 수입가격, 과세자료 등 가격 결정에 참고 되는 자료를 수집하여 이를 분석한다.

제15조(기준가격 산정) ① 거래사례 등을 참작하여 기준가격을 산정한 때에는 조사된 가격의 분포를 고려하여 물건 간 가격균형이 유지되도록 산정하여야 한다.

② 기준가격은 물건의 특성에 따라 정해진 단위당 가격으로 표시한다.

제16조(기준가격 가격균형성 검증) ① 기준가격을 산정한 경우 가격균형성에 대한 검증 절차를 거쳐야 한다.

② 제1항에 따른 가격균형성 검증을 위해서는 다음 각 호의 사항을 검토해야 한다.

1. 유형별 기준가격 수준에 관한 사항

2. 전년도 기준가격과의 균형유지에 관한 사항

3. 가격수준 목표 설정과 균형유지에 관한 사항

4. 그 밖에 기준가격의 적정성 검토를 위해 필요한 사항

제17조(기준가격 조사·산정보고서 작성) ① 기준가격을 조사·산정하는 기관은 조사 대상 유형별 특성을 반영한 종합적인 분석 보고서를 작성하여야 한다.

② 제1항에 따라 작성된 기준가격 조사·산정보고서에는 조사 대상 유형별 기준가격을 부록으로 첨부하여야 한다. 다만, 부록으로 첨부가 불가능한 경우 이는 전산으로 제출할 수 있다.

제3장 시가표준액 산정방법

제1절 건축물 시가표준액의 산정방법

제18조(오피스텔의 시가표준액) ① 오피스텔에 대한 시가표준액은 아래의 계산식에 따라 산정한다. 이 경우 산정한 제곱미터당 금액에서 1,000원 미만 숫자는 버린다. 다만, 제곱미터당 금액이 1,000원 미만일 때는 1,000원으로 한다.

표준가격기준액 × 용도지수 × 층지수 × 면적 × 가감산율

② 제1항에 따른 지수와 가감산율은 다음 각 호와 같다.

1. 용도지수 : 별표 1

2. 층지수 : 별표 2

3. 가감산율 : 별표 3

③ 제1항에도 불구하고, 표준가격기준액이 고시되지 아니한 경우에는 다음 각 호에 따라 시가표준액을 산정한다.

1. 「지방세법」 제6조제5호 및 제6호 가목에 따라 납세의무가 성립하는 경우 : 제19조제1항, 제20조제1항, 제21조제3항을 적용

2. 제1호 외의 사유로 납세의무가 성립하는 경우 : 「지방세기본법」 제151조에 따른 지방세연구원에서 산정한 가액에 제18조제1항을 적용

제19조(오피스텔 외 건축물의 시가표준액) ① 오피스텔 외 건축물에 대한 시가표준액은 아래의 계산식에 따라 산정한다. 이 경우 산정한 제곱미터당 금액에서 1,000원 미만 숫자는 버린다. 다만, 제곱미터당 금액이 1,000원 미만일 때는 1,000원으로 한다.

건물신축가격기준액 × 구조지수 × 용도지수 × 위치지수 × 경과연수별 잔가율 × 면적 × 가감산율

② 제1항에 따른 지수, 경과연수별 잔가율, 가감산율은 다음 각 호와 같다.

1. 구조지수 : 별표 4

2. 용도지수 : 별표 5

3. 위치지수 : 별표 6

4. 경과연수별 잔가율 : 별표 7

5. 가감산율 : 별표 8

③ 제2항의 지수와 가감산율은 다음 각 호의 기준에 따라 적용한다.

1. 구조지수 : 주된 재료와 기둥을 기준으로 지수를 적용한다. 다만, 공적 장부상 구조와 현황상 구조가 다른 경우 세무공무원이 조사한 사항을 기준으로 지수를 적용할 수 있다.

2. 용도지수 : 1구 또는 1동의 건축물이 둘 이상의 용도에 사용되는 경우에는 각각의 용도대로 구분한다. 다만, 공용부분은 전용면적 비율로 안분하되 안분할 수 없는 부분은 사용면적이 가장 큰 용도의 건물에 부속된 것으로 본다.

3. 위치지수 : 납세의무 성립일 현재의 개별공시지가를 기준으로 한다.

4. 가감산율 : 둘 이상의 항목에 해당하는 경우 각각의 가산율 또는 감산율을 더하여 적용한다.

제20조(증축 및 개축건축물의 시가표준액) ① 증축 및 개축건축물에 대한 시가표준액은 아래의 계산식에 따라 산정한다. 이 경우 제곱미터당 시가표준액 산정비율은 별표 9에 의한다.

㎡당 신축건축물 시가표준액 × ㎡당 시가표준액 산정비율 × 면적 × 가감산율

② 제1항 계산식에 따른 제곱미터당 신축건축물 시가표준액은 아래의 계산식에 따라 산정한다. 이 경우 1,000원 미만의 끝수가 있는 경우에는 그 끝수금액을 버리고, 끝수가 1,000원 미만인 경우에는 이를 1,000원으로 한다.

건물신축가격기준액 × 구조지수 × 용도지수 × 위치지수 × 경과연수별 잔가율

③ 증축 및 개축한 부분에 대하여 제곱미터당 신축건축물 시가표준액을 계산할 때에는 증축 및 개축연도를 신축연도로 보아 경과연수별 잔가율을 적용한다.

제21조(대수선건축물의 시가표준액) ① 대수선건축물에 대한 시가표준액은 아래의 계산식에 따라 산정한다.

건물신축가격기준액 × 구조지수 × 용도지수 × 위치지수 × 변경된 경과연수별 잔가율 × 면적 × 가감산율

② 제1항 계산식에 따른 변경된 경과연수별 잔가율은 기존 건축연도에 대수선으로 인해 증가한 내용연수를 가산하여 계산한 연도를 신축연도로 보아 적용하는 경과연수별 잔가율을 말한다. 이 경우 적용하는 신축연도는 아래의 계산식에 따라 산정한 연도(소수점 이하는 버린다)로 한다.

신축연도 = 기존 건축연도 + (대수선 완료 시점의 경과연수 × 0.4)

③ 제2항 후단에도 불구하고 「건축법」 제14조에 따라 건축신고에 의해 대수선하는 건축물의 신축연도는 아래의 계산식에 따라 산정한 연도(소수점 이하는 버린다)로 한다.

신축연도 = 기존 건축연도 + (대수선 완료 시점의 경과연수 × 0.4 × 0.7)

④ 제1항부터 제3항까지의 규정에도 불구하고 법 제10조의4제2항에 따른 시가표준액은 아래의 계산식에 따라 산정한다. 다만, 미관지구 안에서 건축물 외부형태를 변경하여 변경층의 외부벽면 중 2분의 1 이하를 변경한 경우에는 아래의

계산식에 따라 산정된 시가표준액의 100분의 50을 적용한다.

㎡당 신축건축물 시가표준액 × ㎡당 시가표준액 산정비율 × 면적 × 가감산율

⑤ 제4항 계산식에 따른 제곱미터당 신축건축물 시가표준액은 아래의 계산식에 따라 산정한다.

건물신축가격기준액 × 구조지수 × 용도지수 × 위치지수

⑥ 제4항 계산식에 따른 제곱미터당 시가표준액 산정비율은 별표 10에 의한다.

제22조(의견청취 및 직권변경 시 시가표준액의 가감산특례) ① 영 제4조의2제3항 및 규칙 제2조제4항에 따른 의견청취 및 직권변경 시 적용되는 건축물 시가표준액은 아래의 계산식에 따라 변경한다.

산정 건축물 시가표준액 × (1 ± 가감산율)

② 제1항에 따른 가감산율은 아래의 계산식에 따른 산정시가표준액 대비 조사가격(건축물가액+토지가액)의 비율을 기준으로 별표 11에 의한다.

$$\frac{\text{조사가격(건축물가액 + 토지가액)}}{\text{산정시가표준액(산정 건축물 시가표준액 + 토지 시가표준액)}}$$

③ 제2항에 따른 조사가격은 시장·군수·구청장이 거래가격 등을 조사하여 해당 거래와 유사한 상황에서 통상적인 시장에서 정상적인 거래가 이루어지는 경우 성립될 가능성이 가장 높다고 인정되는 가액, 전문평가기관의 감정가액 등으로 할 수 있다.

④ 시장·군수·구청장이 건축물 중 상업용 건축물의 조사가격을 산정할 때 한국

지방세연구원장은 인근 상업용 건축물의 표준임대료, 카드매출 지수 및 유동인구 지수 등을 반영하여 산정한 상업용 건축물의 수익가격 또는 인근 상업용 건축물의 실제 거래가격에 지역별 투자수익률, 건물유형 등을 반영하여 산정한 상업용 건축물의 매물가격을 제공할 수 있다.

⑤ 시장 · 군수 · 구청장은 제2항에 따라 산정한 가감산율이 불합리하다고 판단되는 경우에는 달리 정하여 결정할 수 있다.

제23조(구분지상권의 시가표준액) ① 구분지상권의 시가표준액은 아래의 계산식에 따라 산정한다.

당해 구분지상권 설정 토지의 개별공시지가에 설정된 토지 면적 × 입체이용저해율 × 토지 면적

제24조(시설의 시가표준액) ① 시설의 시가표준액은 기준가격에 잔가율을 반영하여 산정한다. 이 경우 경과연수별 잔가율은 별표 12에 의한다.

② 시설을 개수한 경우 시가표준액은 아래의 계산식에 따라 산정한다.

개수 시가표준액 = 기준가격 × 잔가율 × 개수비율

제25조(시설물의 시가표준액) ① 시설물의 시가표준액은 기준가격에 잔가율을 반영하여 산정한다. 이 경우 경과연수별 잔가율은 별표 13에 의한다.

② 시설물을 수선하는 경우 산출된 시가표준액에 100분의 20을 적용한다.

제2절 기타물건 시가표준액의 산정방법

제26조(선박의 시가표준액) ① 선박의 시가표준액은 아래의 계산식에 따라 산정한다. 이 경우 경과연수별 잔가율은 별표 14에 의한다.

(최고톤수가격 + 톤당 기준가격 × 최고톤수의 초과톤수) × 경과연수별 잔가율

② 수리로 인해 용도가 변경된 선박의 시가표준액은 변경된 선박 전체 시가표준액의 100분의 25로 하고, 적재정량이 변경된 선박의 시가표준액은 증가된 시가표준액의 100분의 80을 적용한다.

제27조(차량의 시가표준액) ① 차량의 시가표준액은 아래의 계산식에 따라 산정한다. 이 경우 경과연수별 잔가율은 별표 15에 의한다.

기준가격 × 경과연수별 잔가율

② 용도가 변경된 차량의 경우 각각의 용도로 사용된 연수에 해당하는 감가상각률을 적용하여 산출한다. 이 경우 별표 16를 적용한다. 다만, 「자동차관리법」에 따른 자동차매매업자로부터 매매용 차량을 취득하는 경우에는 자동차매매업자 취득 전 사용 용도의 잔가율을 적용한다.

③ 차량의 원동기 또는 차체를 변경함으로써 그 가격이 증가된 경우에는 행정안전부장관이 고시하는 원동기·차체변경 기준가격을 시가표준액으로 한다. 다만, 법인장부 등 객관적인 자료에 의하여 사실상 증가액이 입증되는 경우에는 이를 따른다.

제28조(기계장비의 시가표준액) 기계장비의 시가표준액은 아래의 계산식에 따라 산정한다. 이 경우 경과연수별 잔가율은 별표 17에 의한다.

기준가격 × 경과연수별 잔가율

제29조(입목의 시가표준액) 입목에 대한 시가표준액은 다음 각 호의 계산식에 따라 산정한다.

1. 산림목

㎡당 기준가격 × 재적(또는 간재적 × 본수)

2. 유실수

본당 기준가격 × 본수

제30조(항공기의 시가표준액) 항공기의 시가표준액은 아래의 계산식에 따라 산정한다. 이 경우 경과연수별 잔가율은 별표 18에 의한다.

기준가격 × 경과연수별 잔가율

제31조(광업권의 시가표준액) 광업권의 시가표준액은 다음 각 호의 계산식에 따라 산정한다.

1. 정상적으로 생산중에 휴업한 광산과 조업중인 광산으로서 거래사례가 있는 경우

가. 가채광량(可採鑛量)을 알 수 있을 때

[(톤당순수입가격) × 매장량] − (기계 및 시설비 + 기계설비이전비)] × 0.7

나. 가채광량(可採鑛量)을 알 수 없을 때

[인근 광구의 비준가격 − (기계 및 시설비 + 기계설비이전비)] × 0.7

2. 탐광단계에 있으나 광물의 생산량이 없는 광산과 채광 미착수 광산인 경우

[(광업권 설정비 + 시설비) + (매장량 × 톤당순수입가격) − (기계 및 시설비) + 기계설비이전비] × 0.7

제32조(어업·양식업권의 시가표준액) 어업·양식업권의 시가표준액은 아래의 계산식에 따라 산정한다. 다만, 기준가격이 없는 경우 직접 조사하여 산정할 수 있다.

기준가격 × 면적(ha)

제33조(회원권의 시가표준액) 회원권에 대한 시가표준액은 행정안전부장관이 고시하는 기준가격으로 한다.

제34조(지하자원의 시가표준액) 영 제136조제1항제3호에 따른 지하자원의 시가표준액은 행정안전부장관이 고시한 기준가격으로 한다.

제35조(재검토기한) 행정안전부장관은 「훈령·예규 등의 발령 및 관리에 관한 규정」에 따라 이 훈령에 대해 2024년 1월 1일 기준으로 매 3년이 되는 시점(매 3년째의 12월 31일까지를 말한다.)마다 그 타당성을 검토하여 개선 등의 조치를 해야 한다.

부칙 〈제371호, 2024. 12. 27.〉

제1조(시행일) 이 훈령은 2025년 1월 1일부터 시행한다. 다만, 제18조부터 제23조까지의 개정규정은 2025년 6월 1일부터 시행한다.

제2조(적용례) 이 훈령은 시행일 이후 납세의무가 성립하는 분부터 적용한다.

[별표 1] 오피스텔 용도지수(제18조 관련)

번 호	기 준	지 수
1	별도 신청이 없는 경우	1.000
2	주택으로 신청한 경우	1.050

[별표 2] 오피스텔 층지수(제18조 관련)

번 호	기 준(상대층수)	주거용 지수	사무용 지수
1	0.2 이하	0.999	1
2	0.2초과~0.4 이하	1	1
3	0.4 초과~0.6 이하	1.001	1
4	0.6 초과~0.8 이하	1.002	1
5	0.8 초과~1이하	1.003	1
6	지하층	0.9	0.9

주 : 상대층수 = (오피스텔 당해층 - 오피스텔 최저층) / (오피스텔 최고층 - 오피스텔 최저층)

[별표 3] 오피스텔 가감산율(제18조 관련)

번 호	기 준	가감산율
1	50㎡이하	1,000/1,000
2	50㎡초과～100㎡이하	999/1,000
3	100㎡초과～150㎡이하	998/1,000
4	150㎡초과～200㎡이하	997/1,000
5	200㎡초과～250㎡이하	996/1,000
6	250㎡초과～300㎡이하	995/1,000
7	300㎡초과～350㎡이하	994/1,000
8	350㎡초과～400㎡이하	993/1,000
9	400㎡초과～450㎡이하	992/1,000
10	450㎡초과～	991/1,000

[별표 4] 건축물 구조지수(제19조 관련)

구조번호	구 조 별	지 수
1	통나무조	1.35
2	목구조	1.25
3	철골(철골철근)콘크리트조	1.20
4	철근콘크리트조, 라멘조, 석조, 스틸하우스조, 프리캐스트 콘크리트조, 철골조, 연와조	1.00
5	보강콘크리트조, 보강블록조	0.95
6	황토조, ALC조, 시멘트벽돌조	0.90
7	목조	0.83
8	경량철골조	0.65
9	시멘트블록조, 와이어패널조	0.60
10	조립식패널조, FRP 패널조	0.55
11	석회 및 흙벽돌조, 돌담 및 토담조	0.35
12	컨테이너건물	0.30
13	철파이프조	0.30

[별표 5] 건축물 용도지수(제19조 관련)

구 분	용 도		번 호	대상건물	지 수
I	주거용	주거 시설	1	◦ 공동주택 : 아파트	1.00
			2	◦ 공동주택 : 연립주택, 다세대주택	0.91
			3	◦ 단독주택 : 단독주택, 다중주택, 다가구주택	0.91
			4	◦ 도시형 생활주택 : 소형주택, 단지형 연립주택, 단지형 다세대주택	0.91
			5	◦ 전업농어가주택, 광산주택 등 기타 주거용건물	0.87
		준주택 시설	6	◦ 기숙사(학생복지주택 포함), 다중생활시설, 노인복지주택	0.91
			7	◦ 주거용 오피스텔	1.23
II	상업용	판매 및 영업시설	1	◦ 유통산업발전법 제2조제3호에 따른 대형마트, 전문점, 백화점, 쇼핑센터, 복합쇼핑몰, 그 밖의 대규모 점포	1.29
			2	◦ 소매시장, 도매시장, 재래(전통)시장	1.05
			3	◦ 상점(식품·잡화·의류·완구·서적·건축자재·의약품·의료기기 등 일용품을 판매하는 소매점 등) ◦ 일반음식점, 휴게음식점, 제과점, 기원, 서점 ◦ 사진관, 표구점, 독서실, 총포판매소 등 ◦ 안마원 ◦ 자동차영업소 ◦ 동물병원, 동물미용실 및 동물 위탁관리업을 위한 시설 ◦ 위에 열거되지 않은 기타 판매 및 영업시설	1.12

구 분	용 도		번 호	대상건물	지 수
		숙박시설	4	◦ 관광호텔(5성급 · 4성급) : 관광진흥법상 관광숙박시설	1.39
			5	◦ 관광호텔(3성급 이하), 수상관광호텔, 한국전통호텔, 가족호텔 및 휴양콘도미니엄, 의료관광호텔	1.29
			6	◦ 호텔(공중위생관리법상 숙박업을 말한다) ◦ 펜션(관광진흥법상 관광편의시설) ◦ 한옥체험시설(관광진흥법상 관광편의시설) ◦ 생활숙박시설(건축법 시행령[별표1]제15호가목의 생활숙박시설을 말함)	1.24
			7	◦ 여관(모텔 포함) ◦ 호스텔(관광진흥법 시행령 제2조제1항제2호 마목에 따라 호스텔업에 사용되는 것을 말함) ◦ 일반펜션(관광진흥법상 관광편의시설을 제외한 그 외의 펜션)	1.20
			8	◦ 외국인관광 도시민박(관광진흥법상 관광편의시설), 여인숙	0.96
			9	◦ 농어촌정비법에 의한 농어촌 민박	1.00
			10	◦ 다중생활시설	1.12
		위락시설	11	◦ 투전기업소 및 카지노업소 ◦ 무도장	1.29
			12	◦ 유흥주점 및 이와 유사한 것	1.24
			13	◦ 단란주점	1.21
			14	◦ 관광진흥법에의한 유원시설업 및 기타 이와 유사한 것 (운동시설에 해당되는 것은 제외)	1.20

구 분	용 도		번 호	대상건물	지 수
			15	◦ 무도학원	1.18
			16	◦ 노래연습장, 안마시술소, 비디오물감상실	1.12
			17	◦ 청소년게임제공업시설, 일반게임제공업시설, 인터넷컴퓨터게임시설제공업시설, 복합유통게임제공업시설	1.12
		의료 시설	18	◦ 종합병원	1.24
			19	◦ 일반병원, 치과병원, 한방병원, 정신병원, 요양병원, 격리병원(전염병원, 마약진료소 등) ◦ 종합병원부속장례식장	1.20
			20	◦ 의원, 치과의원, 한의원, 침술원, 접골원, 조산원, 산후조리원	1.12
		일반업무 시설	21	◦ 사무용 오피스텔	1.08
			22	◦ 사무실용 건물(금융업소, 사무소, 부동산중개사무소, 결혼상담소, 소개업소, 출판사, 신문사 등)	1.12
		자동차 시설	23	◦ 주차장	0.71
			24	◦ 주차전용빌딩	0.62
			25	◦ 세차장, 폐차장, 검사장, 정비공장, 차고 및 주기장	0.71
			26	◦ 자동차매매장	1.12
		공중위생 시설	27	◦ 일반목욕장(연면적 3,000㎡ 이상)	1.29
			28	◦ 일반목욕장(연면적 1,000㎡ 이상 3,000㎡ 미만)	1.20
			29	◦ 일반목욕장(연면적 1,000㎡ 미만)	1.12
			30	◦ 이용원, 미용원, 세탁소	1.12

구 분	용 도		번 호	대상건물	지 수
III	공업용	공장 시설	1	◦ 공장(기타 물품의 제조·가공·수리에 계속적으로 이용되는 건축물로서 자동차관련시설, 자원순환 관련 시설 등으로 따로 분류되지 아니한 것)	0.80
			2	◦ 공장사무실	0.80
			3	◦ 산업집적활성화 및 공장설립에 관한 법률 제2조 제13호에 따른 지식산업센터 내 공장 ◦ 지식산업센터 내 기숙사	1.00
			4	◦ 제조업소, 수리점 등으로서 바닥면적의 합계가 500㎡ 미만인 제조업소	0.95
		창고 시설	5	◦ 공업용 냉동·냉장창고	0.95
			6	◦ 하역장, 물류터미널, 집배송시설 ◦ 대형창고	0.85
			7	◦ 창고(냉동·냉장창고, 주거용 창고, 사무실용 창고 및 전업농어가주택 창고 제외)	0.80
		위험물저장 및 처리시설	8	◦ 주유소(기계식세차설비 포함) 및 석유 판매소 ◦ 액화석유가스충전소·판매소·저장소, 위험물제조소·저장소·취급소, 액화가스취급소·판매소, 유독물보관·저장·판매시설, 고압가스충전소·판매소·저장소, 도료류판매소, 도시가스 제조시설, 화약류 저장소, 기타 위험물저장 및 처리시설 ◦ 주유소의 캐노피	1.26
		자원순환 관련 시설	9	◦ 정수장, 하수 등 처리시설 ◦ 고물상 ◦ 폐기물 재활용 시설, 폐기물 처분시설 및 폐기물 감량화시설	0.80

구 분	용 도		번 호	대상건물	지 수
Ⅳ	농수산용	축산시설	1	◦ 가축용운동시설, 인공수정센터, 관리사, 동물검역소, 실험동물사육시설 ◦ 양수장, 경주용마사 ◦ 도축장, 도계장	0.99
			2	◦ 축사(양잠·양봉·양돈·양계 및 부화장 포함) ◦ 가축시설(퇴비장, 가축용창고, 가축시장)	0.37
		수산시설	3	◦ 농수산용 냉동·냉장창고	1.17
			4	◦ 육상양식장(양어시설 및 부화장 포함)	0.37
		농업시설	5	◦ 작물재배사, 종묘배양시설, 건조장 ◦ 화초 및 분재 등의 온실 ◦ 기타 식물관련시설(동·식물원 제외)	0.37
			6	◦ 전업농어가 창고	0.49
			7	◦ 저온저장고	0.74
			8	◦ 농촌체류형 쉼터	0.85
Ⅴ	문화·복지·교육용	문화 및 집회시설	1	◦ 예식장 ◦ 공연장(극장, 영화관, 연예장, 음악당, 서커스장, 비디오물소극장 등) ◦ 집회장(공회장, 회의장, 경마·경륜·경정 장외발매소 및 전화투표소 등) ◦ 전시장(박물관, 미술관, 과학관, 문화관, 체험관, 기념관, 산업전시장, 박람회장 등) ◦ 관람장(경마장, 경륜장, 경정장, 자동차경기장, 기타 이와 유사한 것)	1.12
			2	◦ 대형수족관	0.89
			3	◦ 동물원, 식물원, 그 외 수족관	0.80
		관광휴게시설	4	◦ 야외음악당, 야외극장, 어린이회관, 관망탑, 휴게소 ◦ 공원, 유원지 또는 관광지에 부수되는 시설	0.80

구 분	용 도		번 호	대상건물	지 수
		종교시설	5	◦ 교회 · 성당 · 사찰 · 기도원 · 수도원 · 수녀원 등 종교집회장과 종교집회장 내 설치하는 봉안당	1.04
			6	◦ 사우(재실, 정각 포함)	0.71
		운동시설	7	◦ 골프장, 스키장, 자동차경주장, 승마장, 옥내수영장, 옥내빙상장, 종합체육시설업	1.13
			8	◦ 롤러스케이트장, 체육시설의 설치 · 이용에 관한 법률에 따른 시설 중 용도번호 Ⅴ-7에 속하지 않는 것	1.04
		교육연구시설	7	◦ 학교, 교육원(연수원), 직업훈련소, 연구소, 도서관	1.03
			8	◦ 학원(무도학원제외), 운전학원, 정비학원, 교습소	1.13
		수련시설	11	◦ 청소년수련관, 청소년문화의집, 청소년특화시설, 유스호스텔, 청소년수련원, 청소년야영장, 기타 이와 유사한 것	1.04
		야영장시설	12	◦ 일반야영장	1.13
				◦ 야영장 시설로 관리동, 샤워실, 대피소 등	0.80
		노유자시설	13	◦ 아동관련시설 ◦ 노인복지시설 ◦ 기타 사회복지시설 및 근로복지시설	1.03
			14	◦ 고아원 ◦ 노인주거복지시설(양로시설 등) 및 노인여가복지시설(경로당 등) ◦ 용도번호 Ⅴ-13 제외한 기타 이와 유사한 시설	0.54
		묘지관련시설	15	◦ 화장시설 ◦ 봉안당(종교시설에 해당하는 것 제외) ◦ 묘지와 자연장지에 부수되는 건축물	0.81

구 분	용 도		번 호	대상건물	지 수
		장례시설	16	◦ 장례식장(종합병원부속장례식장 제외)	1.20
				◦ 동물전용의 장례식장	0.81
				◦ 장의사	1.16
		주민공동이용시설	17	◦ 마을회관	0.54
VI	공공용	공공업무시설	1	◦ 국가 및 지방자치단체, 외국공관의 건축물	0.91
		교정 및 군사시설	2	◦ 교정시설(보호감호소, 구치소 및 교도소를 말함) ◦ 갱생보호시설, 그 밖에 범죄자의 갱생 · 보육 · 교육 · 보건 등의 용도로 쓰이는 시설 ◦ 소년원 및 소년분류심사원 ◦ 국방 · 군사시설	0.91
		발전시설	3	◦ 원자력발전시설(원자로·터빈·보조·핵(연료)폐기물 저장 · 방사성 폐기물 처리 건물에 한함)	3.01
			4	◦ 발전시설(용도번호VI-3에 해당되는 것 제외), 변전소	1.10
		운수시설	5	◦ 여객자동차터미널, 철도시설, 공항시설, 항만시설	0.91
		방송통신시설	6	◦ 방송국(방송프로그램 제작 시설 및 송신 · 수신 · 중계시설을 포함) ◦ 전신전화국 ◦ 촬영소 ◦ 통신용시설	1.14
			7	◦ 무선기지국, 간이 TV 중계소	0.73

[별표 6] 건축물 위치지수(제19조 관련)

(단위 : 천원 / ㎡)

지역번호	건물부속토지가격	지 수	지역번호	건물부속토지가격	지 수
1	10이하	0.80	17	3,000초과 ~ 4,000이하	1.18
2	10초과 ~ 30이하	0.82	18	4,000초과 ~ 5,000이하	1.21
3	30초과 ~ 50이하	0.84	19	5,000초과 ~ 6,000이하	1.24
4	50초과 ~ 100이하	0.86	20	6,000초과 ~ 7,000이하	1.27
5	100초과 ~ 150이하	0.88	21	7,000초과 ~ 8,000이하	1.30
6	150초과 ~ 200이하	0.90	22	8,000초과 ~ 9,000이하	1.33
7	200초과 ~ 350이하	0.92	23	9,000초과 ~ 10,000이하	1.36
8	350초과 ~ 500이하	0.94	24	10,000초과 ~ 20,000이하	1.40
9	500초과 ~ 650이하	0.96	25	20,000초과 ~ 30,000이하	1.45
10	650초과 ~ 800이하	0.98	26	30,000초과 ~ 40,000이하	1.50
11	800초과 ~ 1,000이하	1.00	27	40,000초과 ~ 50,000이하	1.55
12	1,000초과 ~ 1,200이하	1.03	28	50,000초과 ~ 60,000이하	1.60
13	1,200초과 ~ 1,600이하	1.06	29	60,000초과 ~ 70,000이하	1.63
14	1,600초과 ~ 2,000이하	1.09	30	70,000초과 ~ 80,000이하	1.66
15	2,000초과 ~ 2,500이하	1.12	31	80,000초과	1.69
16	2,500초과 ~ 3,000이하	1.15			

[별표 7] 건축물 경과연수별 잔가율(제19조 관련)

건물구조 구 분	철골 (철골철근) 콘크리트조, 통나무조	철근 콘크리트조 라멘조, 석조, 프리캐스트 콘크리트조, 목구조	철골조, 스틸하우스조, 연와조, 보강콘크리트조, 보강블록조, 황토조, 시멘트벽돌조, 목조, ALC조, 와이어패널조	시멘트블록조, 경량철골조, 조립식패널조, FRP 패널조	석회 및 흙벽돌조, 돌담 및 토담조, 철파이프조, 컨테이너건물
내 용 연 수	50	40	30	20	10
최종연도 잔가율	10%	10%	10%	10%	10%
매 년 상각률	0.018	0.0225	0.030	0.045	0.090
경 과 연수별 잔가율	1-(0.018 × 경과연수)	1-(0.0225 × 경과연수)	1-(0.030 × 경과연수)	1-(0.045 × 경과연수)	1-(0.090 × 경과연수)

[별표 8] 건축물 가감산율

□ 가산대상 및 가산율

구분	가산율 적용대상 건물기준	가산율	가산율 적용 제외부분
Ⅰ	(1) 특수설비가 설치되어 있는 건물 ○ 인텔리전트 빌딩시스템 시설 - 빌딩관리요소 4가지 - 빌딩관리요소 5가지이상	 0.05 0.10	○ 공동주택(기숙사 제외), 복합건물내 주택, 생산설비를 설치한 공장용 건물, 주차전용 건축물(「주차장법」제2조제1호에 따른 건축물, 이하 같다)
Ⅱ	(2) 특수건물 ○ 건물의 1개층 높이가 다른층의 높이 보다 2배이상 되는 건물(해당 층 부분) ※ 층별로 높이가 다른 층이 3개이상 있는 경우에는 층고가 가장 낮은 층을 기준으로 하여 계산함	0.05	○ 동일건물 내 복층 구조가 병존할 경우 당해 복층 부분
	○ 건물의 1개층 높이가 8m이상이 되는 건물. 단, 높이가 4m 추가될 때마다 5%씩 추가 가산. (예 : 7.9m는 0, 8m는 5/100, 12m는 10/100가산) ※ 특수건물의 층수높이 계산시 지하층 및 옥탑은 제외하며, 1개층 높이가 8m이상인 건물에 대하여는 "1개층 높이가 다른 층보다 2배 이상되는 건물" 가산율 규정은 적용하지 아니함	0.05	
Ⅲ	(3) 5층미만 건물 ○ 1층 상가부분	0.17	○ 단층건물 ○ 오피스텔(용도번호 Ⅰ-7 주거용 오피스텔 및 Ⅱ-21 사무용 오피스텔), 제조시설을 지원하기 위한 공장구내의 사무실(용도 번호 Ⅲ-2) ○ 용도번호Ⅱ-6, 7의 호텔, 펜션, 생활숙박시설, 여관 등이 구분등기가 된 경우
	(4) 5층이상 10층이하 건물 ○ 1층 상가부분	0.27	
	(5) 11층이상 20층이하 건물 ○ 1층 상가부분	0.32	
	(6) 21층이상 30층이하 건물 ○ 1층 상가부분	0.36	
	(7) 30층초과 건물 ○ 1층 상가부분 ※ 지하층 및 옥탑 등은 층수계산시 제외	0.46	

구분	가산율 적용대상 건물기준	가산율	가산율 적용 제외부분
Ⅳ	(8) 11층이상 20층이하 건물 ○ 2층 상가부분	0.04	○ 오피스텔(용도번호 Ⅰ-7 주거용 오피스텔 및 Ⅱ-21 사무용 오피스텔), 제조시설을 지원하기 위한 공장구내의 사무실(용도 번호 Ⅲ-2) ○ 용도번호Ⅱ-6, 7의 호텔, 펜션, 생활숙박시설, 여관 등이 구분등기가 된 경우
	(9) 21층이상 30층이하 건물 ○ 2층 상가부분	0.05	
	(10) 30층초과 건물 ○ 2층 상가부분	0.06	
	※ 지하층 및 옥탑 등은 층수계산시 제외		
Ⅴ	(11) 원자력발전시설	0.50	○ 원자로·터반보조·핵(연료)폐기물 저장·방사성 폐기물 처리 건물 이외의 건물
Ⅵ	(12) 수상건축물	0.10	-
Ⅶ	(13) 고층건축물	0.01	-
	(14) 초고층 건축물		
	○ 59층이하	0.06	
	○ 60층이상 80층미만	0.07	
	○ 80층이상	0.08	

□ 감산대상 및 감산율

구분	감산율 적용대상 건축물기준	가산율	감산율 적용 제외부분
Ⅰ	[단독주택]		
	(1) 1구의 연면적이 60㎡초과 85㎡이하	0.03	○ 다가구주택
	(2) 1구의 연면적이 60㎡이하	0.05	
Ⅱ	(3) 주택의 차고	0.45	○ 복합건축물의 차고
Ⅲ	(4) 특수구조 건물		○ 농수산용 건축물(용도번호 Ⅳ-2, Ⅳ-5)
	○ 무벽 면적비율 1/4이상 ~ 2/4미만	0.20	
	○ 무벽 면적비율 2/4이상 ~ 3/4미만	0.30	
	○ 무벽 면적비율 3/4이상	0.40	

<table>
<tr><th>구분</th><th>감산율 적용대상 건축물기준</th><th>가산율</th><th>감산율 적용 제외부분</th></tr>
<tr><td rowspan="9">Ⅳ</td><td>(5) 지하2층이상 상가부분(지식산업센터 공장 포함)</td><td>0.40</td><td rowspan="9">○ 오피스텔(용도번호 Ⅰ-7 주거용 오피스텔 및 Ⅱ-21 사무용 오피스텔)</td></tr>
<tr><td>(6) 지하1층 상가부분(지식산업센터 공장 포함)</td><td></td></tr>
<tr><td>○ 10층이하 건물</td><td>0.25</td></tr>
<tr><td>○ 10층초과 건물</td><td>0.20</td></tr>
<tr><td>(7) 5층이상 10층이하 건물
○ 5층이상 상가부분</td><td>0.12</td></tr>
<tr><td>(8)11층이상 20층이하 건물
○ 5층이상 상가부분</td><td>0.05</td></tr>
<tr><td>(9)21층이상 30층이하 건물
○ 5층이상 상가부분</td><td>0.02</td></tr>
<tr><td>(10) 30층초과 건물
○ 5층이상 상가부분</td><td>0.01</td></tr>
<tr><td>※ 지하층 및 옥탑 등은 층수계산시 제외</td><td></td></tr>
<tr><td>Ⅴ</td><td>(11) 주차장
○ 주차장으로 사용되고 있는 2층이상 건축물
※ 지하층 및 옥탑 등은 층수계산시 제외</td><td>0.10</td><td>○ 지하층</td></tr>
<tr><td rowspan="3">Ⅵ</td><td>(12) 철골조 건축물(벽면 구조)
○ 조립식패널, 칼라강판, 시멘트블록, 슬레이트벽</td><td>0.10</td><td rowspan="3"></td></tr>
<tr><td>(13) 연면적 30m² 이하 컨테이너 구조 가설건축물</td><td>0.20</td></tr>
<tr><td>※ 2개이상의 컨테이너를 상하 또는 좌우로 붙여서 한 곳에 설치한 경우에는 모두 합산하여 연면적을 계산함</td><td></td></tr>
</table>

[별표 9] 증축 및 개축 건축물 시가표준액 산정비율(제20조 관련)

구분 / 구조 번호	㎡당 시가표준액 산출비율 (%)			비 고
	기초공사를 한 건축물	기초공사를 하지 않은 건축물	기초공사를 하지 않은 건축물 중 1개층을 복층으로 증축하는 건축물	
1	100	80	60	○ "기초공사를 한 건축물"이란 건축시 건물의 하중을 견딜 수 있도록 토지에 공사를 한 경우로 본다.
2	100	80	60	
3	100	80	60	
4	100	80	60	
5	100	80	60	
6	100	85	65	
7	100	85	65	
8	100	85	65	
9	100	85	65	
10	100	85	65	
11	100	85	65	
12	100	85	65	
13	100	85	65	

[별표 10] 대수선건축물 시가표준액 산정비율(제21조 관련)

구분 구조 번호	㎡당 시가표준액 산출비율 (%)		비 고
	대수선 허가	대수선 신고	
1	25	18	
2	25	18	
3	25	18	
4	25	18	
5	25	18	
6	25	18	
7	35	25	
8	35	25	
9	35	25	
10	35	25	
11	30	25	
12	30	21	
13	30	21	

[별표 11] 조사가격 비율에 따른 차등 가감산율표(제22조 관련)

감산 대상 건축물	감산율
– 산정시가표준액 대비 조사가격 비율 0% 초과 ~ 10% 이하	90/100
– 산정시가표준액 대비 조사가격 비율 10% 초과 ~ 20% 이하	80/100
– 산정시가표준액 대비 조사가격 비율 20% 초과 ~ 30% 이하	70/100
– 산정시가표준액 대비 조사가격 비율 30% 초과 ~ 40% 이하	60/100
– 산정시가표준액 대비 조사가격 비율 40% 초과 ~ 50% 이하	50/100
– 산정시가표준액 대비 조사가격 비율 50% 초과 ~ 60% 이하	40/100
– 산정시가표준액 대비 조사가격 비율 60% 초과 ~ 70% 이하	30/100
– 산정시가표준액 대비 조사가격 비율 70% 초과 ~ 75% 이하	25/100
– 산정시가표준액 대비 조사가격 비율 75% 초과 ~ 80% 이하	20/100
– 산정시가표준액 대비 조사가격 비율 80% 초과 ~ 85% 이하	15/100
– 산정시가표준액 대비 조사가격 비율 85% 초과 ~ 90% 이하	10/100
– 산정시가표준액 대비 조사가격 비율 90% 초과 ~ 95% 이하	5/100

가산 대상 건축물	가산율
– 산정시가표준액 대비 조사가격 비율 105% 초과 ~ 110% 이하	5/100
– 산정시가표준액 대비 조사가격 비율 110% 초과 ~ 115% 이하	10/100
– 산정시가표준액 대비 조사가격 비율 115% 초과 ~ 120% 이하	15/100
– 산정시가표준액 대비 조사가격 비율 120% 초과 ~ 125% 이하	20/100
– 산정시가표준액 대비 조사가격 비율 125% 초과 ~ 130% 이하	25/100
– 산정시가표준액 대비 조사가격 비율 130% 초과 ~ 140% 이하	30/100
– 산정시가표준액 대비 조사가격 비율 140% 초과 ~ 150% 이하	40/100
– 산정시가표준액 대비 조사가격 비율 150% 초과 ~ 160% 이하	50/100
– 산정시가표준액 대비 조사가격 비율 160% 초과 ~ 170% 이하	60/100
– 산정시가표준액 대비 조사가격 비율 170% 초과 ~ 180% 이하	70/100
– 산정시가표준액 대비 조사가격 비율 180% 초과 ~ 190% 이하	80/100
– 산정시가표준액 대비 조사가격 비율 190% 초과 ~ 200% 이하	90/100
– 산정시가표준액 대비 조사가격 비율 200% 초과	100/100

8 종합부동산세 제도 개요

가. 종합부동산세

○ 일정금액을 초과하는 부동산 보유자에게 부과되는 세금

- 1차로 부동산 소재지 관할 시 · 군 · 구에서 관내 부동산을 과세유형별로 구분하여 재산세를 과세

- 2차로 국가에서 일정기준금액 초과분에 대하여 주소지(본점 소재지) 관할 세무서에서 종합부동산세를 과세

○ 주택 및 토지 공시가격

구 분	단독주택	공동주택	토 지
공시일자	4월 30일	4월 30일	5월 31일
공시기관	관할 지자체	국토교통부	관할 지자체

나. 과세대상 및 기준금액

○ 과세대상

- 주택(부속토지 포함), 종합합산토지(나대지, 잡종지 등), 별도합산토지(건축물의 부속토지로서 기준면적 이내 토지 등)로 구분하여 일정 기준금액 초과시 과세대상이 됨

○ 기준금액 : 과세대상 유형별로 구분하여 인별로 전국합산한 공시가격이 아래의 과세기준금액을 초과하는 경우에만 과세

과세대상 유형 및 과세단위의 구분		과세기준금액
주 택	인별 전국 합산	주택공시가격 9억원 (1세대 1주택자 12억원)
종합합산토지 (나대지, 잡종지 등)		토지공시가격 5억원
별도합산토지 (건축물의 부속토지로 기준면적 이내 토지 등)		토지공시가격 80억원

○ 부동산 유형별 과세대상의 구분

구 분		부동산의 종류	재산세	종합부동산세
건 물	주거용	주택(아파트, 단독·다가구·다세대), 오피스텔(주거용)	○	○
		별장(주거용 건물로서 휴양·피서용으로 사용되는 것)	○	×
		일정한 건설임대주택·매입임대주택 등 장기임대주택, 미분양 매입임대주택, 미임대건설임대주택	○	×
		일정한 미분양주택·사원용 주택·기숙사·가정어린이집용주택	○	×
	기타	일반건축물(상가·사무실·빌딩·공장·기타 사업용 건물)	○	×
토 지	종합합산	나대지, 잡종지, 일부농지·임야·목장용지 등	○	○
		재산세 분리과세대상 토지 중 기준초과 토지	○	○
		재산세 별도합산과세대상 토지 중 기준초과 토지	○	○
		재산세 분리과세·별도합산과세대상이 아닌 모든 토지	○	○
		주택건설사업자의 일정한 주택신축용 토지	○	×
	별도합산	일반건축물의 부속토지(기준면적 범위내의 것)	○	○
		법령상 인·허가 받은 사업용 토지, 철거·멸실된 건축물의 부속토지	○	○
	분리과세	일부 농지, 임야, 목장용지 (재산세 0.07%)	○	×
		공장용지(기준면적 범위내의 것), 공급목적 보유토지 (재산세 0.2%)	○	×
		골프장, 고급오락장용 토지 (재산세 4.0%)	○	×

※ 재산세가 비과세·면제되는 경우에는 종합부동산세도 비과세·면제되므로 납세의무 없음

다. 과세표준의 계산

○ 주택에 대한 종합부동산세의 과세표준은 납세의무자별로 주택의 공시가격을 합산한 금액에서 9억원(과세기준일 현재 1세대1주택자의 경우 12억원)을 공제한 금액에 공정시장가액비율을 곱한 금액을 과세표준으로 함

○ 토지에 대한 종합부동산세의 과세표준은 납세의무자별로 종합합산과세 대상토지, 별도합산과세 대상토지를 각각 구분하여 공시가격을 합산한 금액에서 공제금액을 공제한 금액에 공정시장가액비율을 곱한 금액을 과세표준으로 함

○ 주택(부속토지 포함)

- (주택공시가격을 인별로 전국합산한 가액 - 9억원(법인 0원)) × 공정시장가액비율

※ 1세대 1주택자는 12억원을 공제(3억원 추가공제)

* 공정시장가액비율 2020년 : 90%, 2021년 : 95%, 2022년~ : 60%

○ 종합합산토지(나대지, 잡종지 등)

- (토지공시가격을 인별로 전국합산한 가액 - 5억원) × 공정시장가액비율

* 공정시장가액비율 2020년 : 90%, 2021년 : 95%, 2022년~ : 100%

○ 별도합산토지(건축물의 부속토지로서 기준면적 이내의 토지 등)

- (토지공시가격을 인별로 전국합산한 가액 - 80억원) × 공정시장가액비율

* 공정시장가액비율 2020년 : 90%, 2021년 : 95%, 2022년 : 100%

라. 종합부동산세 과세표준 합산배제

○ 합산배제 임대주택(종부세법 제8조②항1호, 같은법 시행령 제3조)

- 지자체 임대사업자등록 및 세무서 주택임대업 사업자등록을 한 자로 과세기준일 현재 실제 임대 개시를 하고 있는 주택

임대주택유형	전용면적	주택가격	주택수	임대기간	임대료
매입임대 (장기일반민간 임대주택[1])	–	6억원 이하 (비수도권 3억원)	전국 1호 이상	10년 이상[3]	증가율(5%) 재증액(1년) 제한[4]
건설임대 (장기일반민간 임대주택[1])	149㎡ 이하	9억원 이하[2]	전국 2호 이상	10년 이상[3]	
기존임대[5]	국민주택규모[6] 이하	3억원 이하	전국 2호 이상	5년 이상	5년 이상
미임대 건설임대(민간)	149㎡ 이하	9억원 이하[2]	–	–	–
리츠·펀드 매입임대	149㎡ 이하	6억원 이하	비수도권 5호 이상	10년 이상	10년 이상
미분양 매입임대	149㎡ 이하	3억원 이하	비수도권 5호 이상	5년 이상	5년 이상

1) 2018.4.1.이후에 임대사업자등록과 사업자등록을 한 주택은 장기일반민간임대주택과 공공지원민간임대주택에 한정
2) 2021.2.16. 이전에 사용승인서를 받은 주택은 6억원 이하
3) 2018.3.31. 이전에 임대사업자등록과 사업자등록을 한 주택은 5년 이상, 2020.8.17. 이전에 임대사업자등록 신청을 한 주택은 8년 이상
4) 2019.2.12. 이후 최초로 체결(갱신)하는 임대차계약부터 적용
5) 2005.1.5. 이전 임대사업자등록을 하고 임대하고 있는 경우
6) 전용면적 85㎡(단, 수도권을 제외한 도시지역이 아닌 읍면 지역은 100㎡ 이하)

○ 합산배제 사원용 주택 등(종합부동산세법 제8조②항2호, 같은법 시행령 제4조)

- 사원용 주택 : 종업원에게 무상 또는 저가로 제공하는 국민주택규모 이하 또는 과세기준일 현재 공시가격 6억원 이하인 주택

※ 다만, 친족(개인)이나 과점주주(법인)인 종업원에게 주택을 제공하는 경우 제외

- 기숙사 : 공장등의 종업원 공동취사용 주택(건축법 시행령 별표1 제2호 라목)
- 주택건설업자의 미분양주택 : 주택건설업자(주택법의 사업계획승인이나 건축법의 허가를 받은 자) 소유의 미분양주택으로 재산세 납세의무가 최초로 성립하는 날부터 5년이 경과하지 아니한 주택

※ 미분양주택 합산배제 적용사례

적용 구분		합산배제연도				
		2023년	2024년	2025년	2026년	2027년
사용승인서 교부일	'23. 6. 2. ~ '24. 6. 1.	○	○	○	○	○

- 가정어린이집용 주택 : 과세기준일(6. 1.)까지 자치단체장 인가 및 세무서에서 고유번호 부여받아 5년 이상 계속하여 가정어린이집로 운영하거나 계속하여 운영하는 것으로 보는 주택
- 시공자가 대물변제 받은 미분양주택 : 시공자가 주택건설업자로부터 주택의 공사대금으로 대물변제 받은 미분양주택(공사대금 받은 이후 최초 납세의무 성립일로부터 5년 이내)
- 연구기관의 연구원용 주택 : 정부출연기관이 해당 연구기관의 연구원에게 제공하는 주택으로서 2008년 12월31일 현재 보유하고 있는 주택
- 등록문화유산 주택 : 「문화유산법」에 따른 등록문화유산에 해당하는 주택
- 기업구조조정부동산투자회사 등이 취득한 일정요건을 갖춘 미분양주택
- 기업구조조정부동산투자회사 등과 매입약정에 따라 취득한 미분양주택
- 신탁업자가 취득한 일정요건을 갖춘 미분양주택
- 노인복지법에 따라 노인복지주택을 설치한 자가 임대하는 노인복지주택
- 향교재산법에 따른 향교 또는 향교재단이 소유한 주택의 부속토지
- 세일앤리스백 리츠 등이 매입하는 주택 : 주택도시기금과 한국토지주택공사가 공동으로 출자하여 설립한 부동산투자회사 등이 주택담보대출차주에게 5년 이상 임대하고 임대기간 종료 후 그 주택을 재매입할 수 있는 권리를 부여하는 등 요건을 갖춘 주택('18. 2. 13. 개정)
- 토지임대부 분양주택 부속토지 : 주택법에 따른 토지임대부 분양주택의 부속토지

○ 합산배제 신고절차

- 먼저, 임대사업자등록 및 사업자등록을 하여야 함

※ 2012년부터는 6월 1일 현재 임대를 개시한 자가 합산배제 신고기한인 9월30일까지 임대사업자등록(시·군·구에 신청)및 사업자 등록(세무서에 신청)을 하는 경우 6월 1일 현재 임대사업자등록 및 사업자등록을 한 것으로 봄

※ 건설·매입·미임대건설·리츠펀드매입·미분양매입 임대주택 : 과세기준일(매년 6월 1일)까지 임대사업자등록(시·군·구에 신청)과 사업자등록(세무서에 신청)을 하여야 함

※ 기존임대주택 : 2005년 1월 5일 이전에 이미 임대사업자등록이 되어 있는 사업자만 해당되며 과세기준일 (매년 6월 1일)까지 사업자등록을 하여야 함

※ 다가구임대주택 : 임대주택법의 등록기준(다가구는 전체를 1호로 보고 있음) 호수에 미달하여 임대사업자등록이 되지 아니하는 사업자는 과세기준일(매년 6월 1일)까지 사업자등록을 하여야 함

- 가정 어린이집용 주택 : 과세기준일(매년 6월 1일)까지 보육시설 설치 인가(시청·군청·구청) 및 고유번호 신청(세무서)을 하여야 함

- 합산배제 대상인 임대주택 등을 보유한 납세의무자는 해당연도 9월 16일부터 9월 30일까지 해당 주택의 보유현황을 관할세무서장에게 신고하여야 함 (향교 소유 주택부속토지는 신고 제외)

마. 세율 및 세액

○ 세율

- 종합부동산세는 납세의무자가 소유한 과세대상별 과세표준에 아래의 세율을 적용하여 계산한 금액을 그 세액으로 함

▮ 종합부동산세 과세대상별 세율표 ▮

구분	주택		종합합산			별도합산		
과세 표준	2주택 이하 세율	3주택 이상 세율	과세 표준	세율	누진 공제	과세 표준	세율	누진 공제
3억원 이하	0.5%	0.5%	15억원 이하	1%	-	200억원 이하	0.5%	-
6억원 이하	0.7%	0.7%						
12억원 이하	1.0%	1.0%	45억원 이하	2%	1,500만원	400억원 이하	0.6%	2,000만원
25억원 이하	1.3%	2.0%						
50억원 이하	1.5%	3.0%						
94억원 이하	2.0%	4.0%	45억원 초과	3%	6,000만원	400억원 초과	0.7%	6,000만원
94억원 초과	2.7%	5.0%						

※ 법인 주택 : (2주택 이하) 2.7%, (3주택 이상) 5.0%

※ 과세표준 = (유형별 공시가격 합계액 – 공제금액) × 공정시장가액비율

○ 세액 계산 절차

▮ 종합부동산세 세액계산 흐름도 ▮

① 과세표준	(과세유형별로 각각 합산한 금액 – 공제금액) × 공정시장가액비율
② 세율	과세표준 구간별 누진세율 적용
③ 종합부동산세액	① 과세표준 × ② 세율
④ 공제할재산세액	해당연도 재산세로 부과된 세액의 합계액 × 과세표준에 대하여 재산세 표준세율로 계산한 재산세상당액 주택 또는 토지(종합합산, 별도합산 구분)를 각각 합산하여 표준세율로 계산한 재산세 상당액
⑤ 산출세액	③ 종합부동산세액 – ④ 공제할재산세액

세 액 공 제	⑥ 고 령 자	산출세액 × [60세 이상(20%), 65세 이상(30%), 70세 이상(40%)]
	⑦ 장기보유자	산출세액 × [5년 이상(20%), 10년 이상(40%), 15년 이상(50%)]
⑧ 세부담상한초과세액		(재산세 + 세부담상한전 종부세액[1]) – {전년(재산세+종부세)×150%} 1) ⑤ 산출세액 – 세액공제액(⑥+⑦)
⑨ 결 정 세 액		⑤ 산출세액 – (⑥ 고령자 + ⑦ 장기보유자) – ⑧ 세부담상한초과세액

※ 세액 공제액은 주택분 종합부동산세 납세의무자가 1세대 1주택자에 해당하는 경우 산출세액에서 연령 또는 보유기간에 따라 공제율을 곱한금액을 산출세액에서 공제할 수 있으며, 세액 공제액은 공제율 합계 80% 범위 내에서 중복하여 적용이 가능함

바. 세부담상한액

○ 세부담의 상한은 과세유형별(주택, 종합합산토지, 별도합산토지)로 구분하여 적용

○ 해당연도 주택 · 토지를 기준으로 합산한 후 계산한 총세액 상당액을 직전연도의 경우와 비교 · 계산

– 해당연도에 보유중인 주택 및 토지를 직전연도에도 보유한 것으로 보아 계산한 총세액 상당액을 비교 · 계산

세부담상한 초과세액
(재산세 + 세부담상한전 종부세액) – {전년*(재산세 + 종부세) × 150%}

* 직전연도 세액계산시 재산세 표준세율에 의하여 계산하므로 세부담상한에 관한 규정은 적용하지 아니함

※ 세부담상한액을 초과하는 경우 그 초과금액은 주택분 종합부동산세액, 토지분 종합합산세액, 토지분 별도합산세액에서 각각 공제하여 세부담의 급격한 증가를 방지

사. 종합부동산세 고지 · 납부

○ 매년 6월 1일 현재 소유 부동산을 기준으로 종합부동산세 과세 대상 여부를 판정

○ 2008년부터는 관할세무서장이 납부할 세액을 결정 · 고지하며, 납세의무자는 납부기간(12월 1일 ~ 12월 15일)에 금융기관에 또는 세무서에 납부. 다만, 신고 · 납부방식으로 납부하고자 하는 납세의무자는 위 납부기간에 신고 · 납부하여야 하며, 이 경우 당초 고지결정은 없었던 것으로 함

아. 종합부동산세 분할납부

○ 납부할 세액이 250만원 초과시 납부기한 지난 날부터 6개월 이내 분납 가능

- 납부할 세액이 250만원 초과 500만원 이하 : 250만원을 초과하는 금액
- 납부할 세액이 500만원 초과하는 때 : 납부할 세액의 1/2이하의 금액

자. 농어촌특별세

○ 종합부동산세가 과세되는 경우에는 종합부동산세로 납부할 세액의 20%의 농어촌특별세도 함께 납부하여야 함

9 지방세

가. 재산세

○ 매년 6월 1일 현재 토지와 건물 등을 사실상 보유한 자에 대하여 다음과 같이 재산세가 부과됨

– 납부기한

대 상	납부기한	납부방법	소관기관
• 건물분 재산세 • 주택분 재산세 1/2	7.16 ~ 7.31	고지납부	시·군·구
• 토지분 재산세 • 주택분 재산세 1/2	9.16 ~ 9.30		

※ 주택분 재산세액이 20만원 이하인 경우 조례에 근거하여 7월에 전액 고지할 수 있음

※ 재산세 납부세액이 250만원을 초과하는 경우 2개월 이내에 분할납부 가능

– 과세표준

구 분	과세대상	시가표준액	재산세과표
주택분	주택과 부속토지	주택공시가격	시가표준액 × 60% (1세대1주택 43 ~ 45%)
건물분	일반건물	지방자치단체장이 결정한 가액	시가표준액 × 70%
토지분	종합합산토지 별도합산토지 분리과세토지	개별공시지가	시가표준액 × 70%

※ 주택분과 건물분 재산세는 1개 물건별 개별과세

※ 토지분 재산세는 과세대상 각각 지방자치단체별 관내 토지를 인별로 합산하여 과세

– 세율 : "마. 세율표" 참조

나. 지방교육세

○ 지방교육세는 재산세에 부가하여 과세

– 과세표준 및 세율

과세표준	세 율
재산세 납부세액(도시지역분 제외)	20%

다. 재산세 도시지역분

○ 도시계획에 필요한 비용을 충당하기 위하여 지정한 토지, 건축물에 부과하는 세금

– 과세표준 및 세율

과세표준	세 율
재산세 과세표준	0.14%

라. 지역자원시설세

○ 지역자원시설세는 지역의 균형개발 및 수질개선과 수자원 보호 등에 드는 재원을 확보하거나 소방시설, 오물처리시설, 수리시설 및 그 밖의 공공시설에 필요한 비용을 충당하기 위하여 부과되는 지방세로 종전 공동시설세와 지역개발세가 통합된 것으로 소방시설, 오물처리시설, 수리시설, 그 밖의 공공시설로 인하여 이익을 받는 특정 부동산 소유자가 납부하는 세금

– 세율 : "마. 세율표" 참조

마. 세율표

세 목	과세대상	과세표준	세 율		비 고
재산세	주택		기본	1세대1주택 특례	
		6천만원 이하	0.1%	0.05%	
		1.5억원 이하	6만원+6천만원 초과금액의 0.15%	3만원+6천만원 초과금액의 0.1%	
		3억원 이하	19.5만원+1.5억원 초과금액의 0.25%	12만원+1.5억원 초과금액의 0.2%	
		3억원 초과	57만원+ 3억원 초과금액의 0.4%	42만원+3억원 초과금액의 0.35%	
	건축물	골프장, 고급오락장	4%		과밀억제권역 안의 공장 신 · 증설 (5년간 1.25%)
		주거지역 및 지정지역내 공장용 건축물	0.5%		
		기타건축물	0.25%		
	종합합산 과세대상 토지	5천만원 이하	0.2%		
		1억원 이하	10만원+5천만원 초과금액의 0.3%		
		1억원 초과	25만원 + 1억원 초과금액의 0.5%		
	별도합산 과세대상 토지	2억원 이하	0.2%		
		10억원 이하	40만원+ 2억원 초과금액의 0.3%		
		10억원 초과	280만원+10억원 초과금액의 0.4%		
	분리과세 대상 토지	전 · 답 · 과수원 · 목장용지 및 임야	0.07%		지방세법 제106조 제1항
		골프장 및 고급오락장용 토지	4%		
		위 이외의 토지	0.2%		
지역자원시설세	건축물	600만원 이하	0.04%		화재위험 건축물 중 4층 이상 10층 이하는 당해 세율의 2배, 11층 이상은 3배 중과세
		1,300만원 이하	2,400원+ 600만원 초과금액의 0.05%		
		2,600만원 이하	5,900원+1,300만원 초과금액의 0.06%		
		3,900만원 이하	13,700원+2,600만원 초과금액의 0.08%		
		6,400만원 이하	24,100원+3,900만원 초과금액의 0.10%		
		6,400만원 초과	49,100원+6,400만원 초과금액의 0.12%		

바. 세부담 상한

○ 해당 재산에 대한 재산세의 산출세액이 직전연도의 해당 재산에 대한 재산세액의 100분의 150을 초과하는 경우 100분의 150에 해당하는 금액을 해당 연도에 징수할 재산세액으로 함. 단, 주택(법인소유 제외)의 경우 다음의 세부담 상한액을 적용

주택공시가격 또는 관할 지자체장이 산정한 가액	세부담 상한
3억원 이하	직전연도 당해주택에 대한 재산세액의 105%
3억원 초과 6억원 이하	직전연도 당해주택에 대한 재산세액의 110%
6억원 초과	직전연도 당해주택에 대한 재산세액의 130%

※ 「지방세법」 제122조의 개정규정 시행(2022.1.1.) 직전 연도에 주택으로 보아 재산세가 부과된 건축물로서 허가 등이나 사용승인(임시사용승인을 포함한다)을 받지 아니한 건축물에 대해서는 해당 건축물을 계속하여 주거용으로 사용하는 기간까지는 제106조제2항제2호의2 및 같은 조 제3항의 개정규정에도 불구하고 주택으로 보아 재산세를 부과한다.

10 일반건축물대장 양식

■ 건축물대장의 기재 및 관리 등에 관한 규칙 [별지 제1호서식] <개정 2018. 12. 4.> (3쪽 중 제1쪽)

일반건축물대장(갑)

고유번호			명칭	호수/가구수/세대수
대지위치		지번	도로명주소	
※대지면적 ㎡	연면적 ㎡	※지역	※지구	※구역
건축면적 ㎡	용적률 산정용 연면적 ㎡	주구조	주용도	층수 지하: 층, 지상: 층
※건폐율 %	※용적률 %	높이 m	지붕	부속건축물 동 ㎡
※조경면적 ㎡	※공개 공지·공간 면적 ㎡	※건축선 후퇴면적 ㎡	※건축선 후퇴거리 m	

건축물 현황					소유자 현황			
구분	층별	구조	용도	면적(㎡)	성명(명칭) 주민(법인)등록번호 (부동산등기용등록번호)	주소	소유권 지분	변동일 변동원인

이 등(초)본은 건축물대장의 원본내용과 틀림없음을 증명합니다.

발급일: 년 월 일

담당자:
전 화:

특별자치시장·특별자치도지사 또는 시장·군수·구청장 인

※ 표시 항목은 총괄표제부가 있는 경우에는 적지 않을 수 있습니다.

297㎜×210㎜[백상지 80g/㎡]

■ 건축물대장의 기재 및 관리 등에 관한 규칙 [별지 제1호서식] (3쪽 중 제2쪽)

고유번호		명칭	호수/가구수/세대수
대지위치	지번	도로명주소	

구분	성명 또는 명칭	면허(등록)번호	※주차장					승강기		허가일
건축주			구분	옥내	옥외	인근	면제	승용 대	비상용 대	착공일
설계자								※하수처리시설		사용승인일
공사감리자			자주식	대 ㎡	대 ㎡	대 ㎡		형식		관련 주소
공사시공자 (현장관리인)			기계식	대 ㎡	대 ㎡	대 ㎡	대	용량		지번

※제로에너지건축물 인증		※건축물 에너지효율등급 인증		※에너지성능지표 (EPI) 점수	※녹색건축 인증		※지능형건축물 인증	
등급		등급		점	등급		등급	
에너지자립률	%	1차에너지 소요량 (또는 에너지절감률)	kWh/㎡(%)	※에너지소비총량	인증점수	점	인증점수	점
유효기간: . . . ~ . . .		유효기간: . . . ~ . . .		kWh/㎡	유효기간: . . . ~ . . .		유효기간: . . . ~ . . .	

도로명			
내진설계 적용 여부	내진능력	특수구조 건축물 (해당, 미해당)	특수구조 건축물 유형
지하수위 G.L m	기초형식 (지내력기초, 파일기초)	설계지내력(지내력기초인 경우) t/㎡	구조설계 해석법 (등가정적해석법, 동적해석법)

변동사항

변동일	변동내용 및 원인	변동일	변동내용 및 원인	그 밖의 기재사항

※ 표시 항목은 총괄표제부가 있는 경우에는 적지 않을 수 있습니다

■ 건축물대장의 기재 및 관리 등에 관한 규칙 [별지 제1호서식] (3쪽 중 제3쪽)

건축물현황도

고유번호		명칭	호수/가구수/세대수
대지위치	지번	도로명주소	

도면의 종류	축척 1 :	도면 작성자 (서명 또는 인)

11 재산세(주택)과세대장 양식

■ 지방세법 시행규칙 [별지 제69호서식]

재산세(주택) 과세대장

관리번호							
시군구	읍 · 면 · 동	특	본번	부번	동	호	가지

작성번호	

1. 납세의무자 현황

가. 건 물

	성 명(법인명)	주 소	주 민(법 인) 등 록 번 호	지분	취득일자	변동일자	변동사유	비고
납세의무자								

나. 토 지

	성 명(법인명)	주 소	주 민(법 인) 등 록 번 호	지분	취득일자	변동일자	변동사유	비고
납세의무자								

2. 건물 현황

배치번호	구조 / 용도	신축연도	취득일자	면 적(㎡)		목층면적	층수	가구수	과표가감	중과감면		과세특례		지역자원시설세		비고
				본 면 적	지하대피소					코드	코드명	코드	코드명	코드	코드명	
				지 하 면 적	지 상 차 고					면적		면적		면적		
				공 유 면 적	지 하 차 고											
							/									
							/									

3. 토지 현황

일련번호	시군구 / 법정동 / 행정동	동리 / 본번 / 동	특 / 부번 / 호수	순번	지목		개별공시지가	적용비율	면적	중과 감면		과세특례		취득일자	비고
					공부	현황				코드	코드명	코드	코드명		
										면적		면적			

210mm×297mm(보존용지(1종) 70g/㎡)

4. 변동사항 관리

가. 납세의무자 변동

①건 물

성명(법인명)	주소	주민(법인)등록번호	지분	취득일자	변동일자	변동사유	비고
		-					
		-					

②토 지

성명(법인명)	주소	주민(법인)등록번호	지분	취득일자	변동일자	변동사유	비고
		-					
		-					

나. 건물 변동

배치번호	구조 / 용도	신축연도	취득일자	면적(㎡) 본면적 / 지하면적 / 공유면적	면적(㎡) 지하대피소 / 지상차고 / 지하차고	복층면적	층수	가구수	과표가감	중과감면 코드	중과감면 코드명	과세특례 코드	과세특례 코드명	지역자원시설세 코드	지역자원시설세 코드명	변동일자	변동사유
							/			면적		면적		면적			
							/			면적		면적		면적			

다. 토지 변동

일련번호	시군구 / 법정동 / 행정동	동리 / 본번 / 통	특 / 부번 / 호수	순번	지목 공부	지목 현황	개별공시지가	적용률	면적	중과감면 코드	중과감면 코드명	과세특례 코드	과세특례 코드명	변동일자	변동사유
										면적		면적			
										면적		면적			

라. 주택공시가격 변동 (단위: 천원)

연도					
가격					

(주) 본 서식의 점선부분은 시장·군수·구청장이 조정하여 사용할 수 있습니다.

12 일단지의 조사

가. 일단지 조사의 근거 및 필요성(Ⅱ. 주택특성조사 제2항 관련)

1) 일단지라 함은 용도상 불가분의 관계에 있는 2필지 이상의 일단의 토지를 의미하며, 용도상 불가분의 관계라 함은 지적공부상 2필지 이상의 토지가 일단을 이루어 같은 용도로 이용되고 있으며, 이러한 이용이 사회적·경제적·행정적 측면에서 합리적이고 해당 토지의 가치형성 측면에서도 타당하다고 인정되는 관계에 있는 경우를 말함

2) 2필지 이상의 토지가 일단을 이루어 이용되는 것은 토지의 합리적·최유효이용의 결과로 볼 수 있으며, 일반적으로 거래도 일단으로 이루어진다고 볼 수 있으므로 표준주택가격조사의 경우에 이를 반영하여 하나의 주택부지로 보고 조사하는 것이 현실에 부합되며, 일단의 토지를 지적공부상의 개별적인 토지로 보고 조사하는 경우에는 부당하게 낮거나 높은 가격으로 조사될 수 있음

나. 일단지 조사·산정의 범위

1) 용도상 불가분의 관계의 판정

- 일단지의 범위는 용도상 불가분의 관계의 범위와 직접 관련이 있음. 용도상 불가분의 관계의 판정은 용도상 불가분의 관계의 현실적이고 외부적인 인식 및 사회관념에의 적합성 등을 참작하여 개별적인 토지용도별로 구체적으로 판정될 수 있음

2) 「공간정보의 구축 및 관리 등에 관한 법률」 상의 지목과의 관계

- 일단지의 범위는 용도상 불가분의 관계를 기준으로 판정하므로 「공간정보의 구축 및 관리 등에 관한 법률」 상의 지목개념과는 반드시 일치하는 것은 아니며, 용도상 가치가 명확하게 구분되어 사회통념상 가치형성이 달라 용도상 불가분의 관계가 명확하지 않다고 인정되는 경우에는 용도상 불가분의 관계로 볼 수 없음

3) 토지소유권과의 관계

- 일단으로 이용되고 있는 2필지 이상의 토지는 일반적으로 토지소유자가 1인이거나 공유관계에 있는 것이 대부분이지만, 각각의 토지소유자가 다른 경우에도 토지의 최유효이용의 결과로서 주택특성조사에 관한 사항 제2항의 규정에 따라 용도상 불가분의 관계에 있는 경우에는 일단지로 조사함

4) 일단지와 일시적인 이용상황

- 표준주택가격 조사 · 산정에 있어서 일시적인 이용상황은 배제하고 있으므로 현재의 이용상황은 주위환경 등의 사정으로 보아 일시적인 것으로 인정되는 경우에는 일단지의 판정기준이 되는 용도상 불가분의 관계에 대한 확정성이 결여되므로 일단지로 보지 않는 것이 타당함

다. 일단지 조사 · 산정과 주택특성의 조사

특성항목	조사방법
면적	2필지 이상의 토지를 일단의 주택부지로 이용중인 표준주택의 경우 2필지 이상의 전체 대지면적을 합산하여 기재하되, 일단지로 조사 · 산정된 사항을 표시
용도지역	일단지 전체를 1필지로 보고 용도지역을 조사하여 기재 - 일단지 내 필지가 둘 이상의 용도지역으로 구분·지정되어 있는 경우에는 일단지 전체 기준 각 용도지역별 면적의 비율로 표준주택 용도지역별 면적을 계산하여 기재
용도지구	일단지 전체를 1필지로 보고 용도지구를 조사하여 기재
기타제한	일단지 전체를 1필지로 보고 기타제한을 조사하여 기재
도시자연공원구역, 일시적 규제지역 또는 비오톱	일단지 전체면적에 대한 지정면적의 비율을 기재
기타제한 (제주도)	일단지 토지 중 일부 필지에 대하여 지역·지구가 지정된 경우에는 일단지 전체면적에 대한 저촉면적의 비율을 기재
도시 · 군계획시설	일단지 토지 중 일부 필지만이 도시·군계획시설에 저촉되는 경우에는 일단지 전체면적에 대한 저촉면적의 비율을 기재
토지용도	일단지 전체를 1필지로 보고 토지용도를 조사하여 기재

<table>
<tr><th>특성항목</th><th>조사방법</th></tr>
<tr><td>고저</td><td>일단지 전체의 고저를 기준으로 특성을 조사하여 기재</td></tr>
<tr><td>형상</td><td>일단지 전체를 1필지의 토지로 보고 특성을 조사하여 기재</td></tr>
<tr><td>방위</td><td>일단지 전체의 방위를 기준으로 특성을 조사하여 기재</td></tr>
<tr><td>도로접면</td><td>일단지 전체를 1필지의 토지로 보고 특성을 조사하여 기재</td></tr>
<tr><td>철도·고속국도 등과의 거리</td><td rowspan="3">일단지 내 토지는 해당시설물을 포함하는 주택부지의 경계로부터 일단지 전체를 기준으로 한 도면상 최단직선거리 또는 실제 접근가능한 직선거리를 조사하여 기재</td></tr>
<tr><td>폐기물처리시설 및 수질오염방지시설 등과의 거리</td></tr>
<tr><td>변전소와의 거리</td></tr>
</table>

2026년 표준주택가격 조사·산정 업무요령

초판 인쇄 2025년 12월 02일
초판 발행 2025년 12월 06일

저　자 국토교통부, 한국부동산원
발행인 김갑용

발행처 진한엠앤비
주소 서울시 서대문구 독립문로 14길 66 205호(냉천동 260)
전화 02) 364 - 8491(대) / 팩스 02) 319 - 3537
홈페이지주소 http://www.jinhanbook.co.kr
등록번호 제25100-2016-000019호 (등록일자 : 1993년 05월 25일)

ISBN 979-11-290-6220-8 (93320) [정가 32,000원]